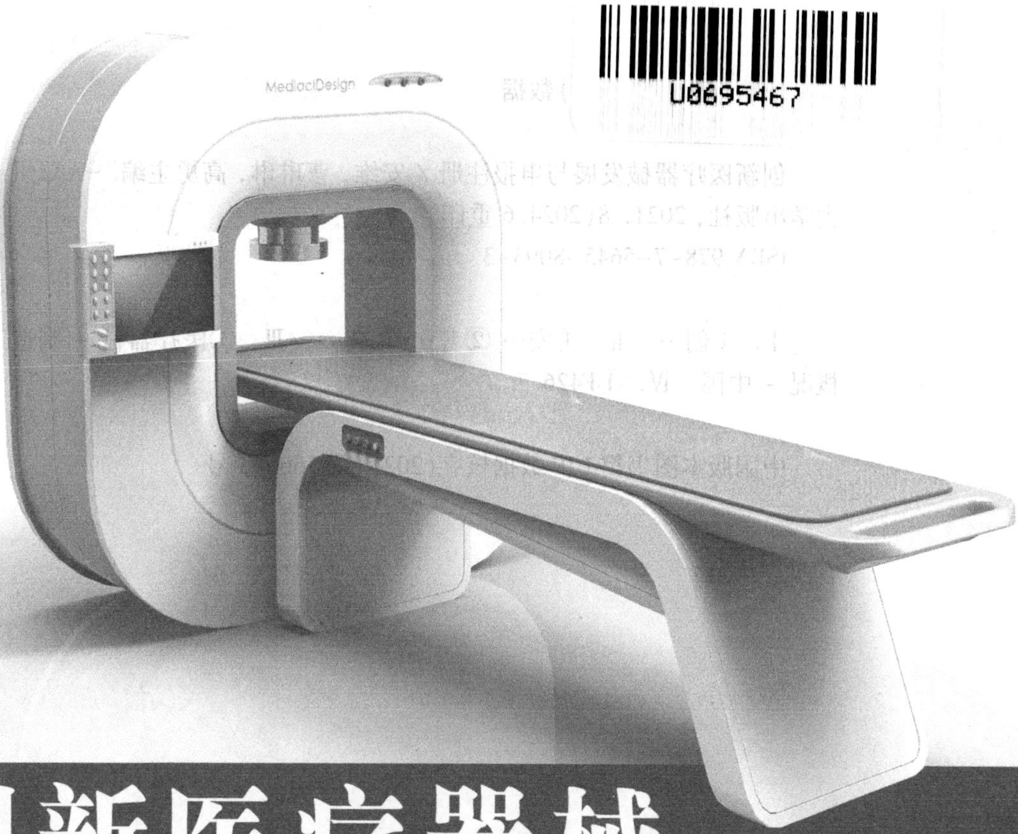

# 创新医疗器械发展与申报注册

主编　安维　曹琳琳　高勇

郑州大学出版社

**图书在版编目(CIP)数据**

创新医疗器械发展与申报注册 / 安维，曹琳琳，高勇主编. — 郑州：郑州大学出版社，2021. 8(2024.6 重印)
ISBN 978-7-5645-8093-3

Ⅰ. ①创… Ⅱ. ①安… ②曹… ③高… Ⅲ. ①医疗器械 - 制造工业 - 概况 - 中国 Ⅳ. ①F426.7

中国版本图书馆 CIP 数据核字(2021)第 166062 号

**创新医疗器械发展与申报注册**
CHUANGXIN YILIAO QIXIE FAZHAN YU SHENBAO ZHUCE

| | | | |
|---|---|---|---|
| 策划编辑 | 李龙传 | 封面设计 | 曾耀东 |
| 责任编辑 | 薛 晗 杨 鹏 | 版式设计 | 曾耀东 |
| 责任校对 | 张彦勤 | 责任监制 | 李瑞卿 |

| | | | |
|---|---|---|---|
| 出版发行 | 郑州大学出版社 | 地 址 | 郑州市大学路 40 号(450052) |
| 出 版 人 | 孙保营 | 网 址 | http://www.zzup.cn |
| 经 销 | 全国新华书店 | 发行电话 | 0371-66966070 |
| 印 刷 | 廊坊市印艺阁数字科技有限公司 | | |
| 开 本 | 787 mm×1 092 mm 1 / 16 | | |
| 印 张 | 15.5 | 字 数 | 360 千字 |
| 版 次 | 2021 年 8 月第 1 版 | 印 次 | 2024 年 6 月第 2 次印刷 |

| | | | |
|---|---|---|---|
| 书 号 | ISBN 978-7-5645-8093-3 | 定 价 | 98.00 元 |

# 作者名单

**主　编**

安　维　曹琳琳　高　勇

**副主编**

师咏梅　胡春月　和玉净
克迎迎　朱　程　安恒辉
武永勇　万　焱　杨丽丽
殷鹏辉　千安泰

**编　委**

陈连东　刘春华　程文虎
曹漫征　陈　敏　叶　冰
王长之　王新茹　夏　兵
魏永涛　崔书玉　余春霞
王华栋　邢彦君　李彩艳
韩亚丽　刘灵飞　任永成

# 前 言

科技创新是国家和社会发展的最根本动力,医疗科技创新更是与国计民生紧密相关的国家战略。医疗器械是多学科、综合性、知识密集和技术含量高的产业,涉及医学、机械、计算机、生物材料、光电、信息、核技术及塑料等多个行业。医疗器械科技创新是新时代的一项重要课题。随着我国医疗器械自主创新能力的提高,创新医疗器械产品也越来越多,部分高端医疗器械产品将不再被外资品牌所垄断。医疗器械科技创新对降低医疗费用,满足人民群众的要求,起到了很好的推动作用。为了促进创新医疗器械行业的快速发展,编者根据多年从事医疗器械审评、审批、查验的工作经验,编写了《创新医疗器械发展与申报注册》这本专著。

全书包括两部分内容,第一部分分为七章:第一章为医疗器械的概述,包括定义、分类、发展作用等;第二章为创新医疗器械的解析,包括概念、价值、发展策略等;第三章为专利申请与创新医疗器械,包括专利战略、专利技术、专利布局、专利申请人,以及国内外差异等;第四章为我国医疗器械注册与管理,包括注册与审批概述、程序、制度建设发展趋势、各项管理等;第五章为我国创新医疗器械注册与管理,包括注册与管理要求 、流程、注意事项、2017—2020 年创新医疗器械注册审批情况;第六章为国外创新医疗器械注册与管理经验对我国的启示;第七章为我国创新医疗器械的未来发展与展望。第二部分以附录形式添加医疗器械创新注册管理相关法规文件,以给读者提供参考。

本书可作为医疗器械研发、生产、检验、教学及临床应用方面的参考书,也可作为监管人员从事医疗器械监管工作的工具书,适用于从事创新医疗器械产品研发、生产经营人员、审评、审批人员,也可供参与创新医疗器械审评的专家学者阅读。由于本书出版后可能还会有新法规发布,本书所依据的法规截止日期是 2021 年 7 月 30 日。

本书在编写过程中,由河南省药品监督管理局医疗器械注册管理处、河南省食品药品审评查验中心、河南省食品药品评价中心、河南中医药大学、河南省疾病预防控制中心、河南省医疗器械商会与河南翔宇医疗设备有限责任公司等有关专家、老师和技术人员参与。

本书的出版,特此感谢相关单位及编写人员;同时感谢郑州大学出版社的编辑人员。感谢单位领导对编者的大力帮助和支持,感谢许许多多幕后默默支持和帮助的人。

由于编者的水平有限,时间仓促,国家医疗器械创新发展速度及相关创新法规出台更新速度较快,书中内容难免有不妥和疏漏,热切希望专家、学者和广大读者不吝赐教,批评指正。

安维

2021 年 8 月

# 目　录

# 第一章　医疗器械的概述

## 第一节　医疗器械发展史

### 一、中国古代医疗器械的发展

医疗器械是医疗过程中极其重要的工具，医生为我们看病治病，少不了各种医疗器械。这些医疗器械都有不同的来历，经历了漫长的变迁，才成为我们现在看到的样子，而且随着科技的发展，他们还有未来的样子。

中国是一个具有悠久历史的文明古国，过去很长一段时间里，医疗器械是随着中国传统医学的发展而发展的。早在人类历史最初阶段的石器时代，中国就有砭石的出现。砭石是经磨制而成的尖石和石片，可以用来刺激体表某些部位，或刺破皮下浅表皮肤血管进行放血，或切开脓包进行排脓等。它是针灸治疗的前身，是最早的医疗器械。

河南安阳殷墟出土的公元前16世纪的甲骨文中记载有“头有创则沐，身有疡则浴”；而成书于公元前11世纪的《山海经》则记载了“薰草”“配之可以已疠”“黄石浴之已疥”“又可以已附”“绒羊其脂可以已腊”。这些可以说明当时已有相当的佩带、沐浴、涂复等药物外治的简单医疗器械了。到了青铜器时代，即中国的商代（公元前16—11世纪），由于冶炼技术的发展，石针也就被金属针取代。

中国汉代（公元前2世纪—公元2世纪）张仲景所著《伤寒杂病论》中，还记载了灌肠、熏洗、引导、吹粉、通便等多种医疗器械治病的方法。晋代（公元3、4世纪）葛洪的《肘后备急方》除介绍了各科的治疗方要外，还介绍了各种灸法，包括拔火罐、拔管子、吸筒等简单的医疗器具。这说明在公元2、3世纪时，中国的医疗器械有了发展。

到了公元4、5世纪的南北朝，已有了镊子的记载。唐代（公元6—9世纪）诗人贾岛的诗句“白发无心镊，青山去意多”中也提到了镊子。宋代（公元9—12世纪）则进一步发明了医用“镰”，即长而有薄棱的类似箭头的钩子。而王惟一则于1027年首先创铸了铜人，刻示经络穴位模型。至此，可以说，已形成了“一针二灸三火罐”的传统医学的医疗器械，以及药物外治器具的系列了。

到了元代（公元13—14世纪），制造工艺已经很发达了，当时就有了医用刀、剪、锥、凿、烙的器械，与近代的外科手术器械相似。明朝（公元13～16世纪）的宋应星的《天工开物》中，则记载了锤、锻、铸造工艺，以及锥、锯、凿、针和陶瓷的制造工艺。

至明清（公元16—19世纪）两代，医疗器械又不断发展，使用了银蓖、磁烽、通脓管、喉针、舌压、钩针、治管等器械，以及药布、药棉、药巾、药袋、药包等卫生材料和敷、贴、吸、灌、熨等治疗器具。

由此可见，在中国古代，经过了几千年的发展，已经开创了具有中国特色的、以针灸为基础的治疗器械，并形成了与手术器械相类似的简易医疗器械系列。

## 二、中国近、现代医疗器械的发展

清末、民初（公元19世纪末、20世纪初）西方医疗技术开始以较快的速度传入中国，西医的医疗器械也随之进入。但是，直至20世纪50年代之前，中国医疗器械的生产发展缓慢，工艺技术不高，经营的品种很少。那时，主要产地是北京、上海、山东和辽宁等省市，全国仅有70家小修造厂，从业人员不足1 200人，品种和产量都很少。国内所需的医疗器械，甚至是体温表、注射器、听诊器等，也都依赖进口。

20世纪40年代，在极其困难的战争条件下，解放区建立了一些医疗器械生产厂，有的还是随部队一起行动的“马背工厂”。当时，在山东的胶东地区建立的制药厂，除生产药品外，也生产一些简单的手术器械。1948年迁至山东张店，扩大为华东新华制药厂，下设6个厂，其中第二厂是医疗器械厂、第五厂是敷料厂、第六厂是玻璃厂。第二厂有职工287人，生产医用镊、止血钳等。后来，在东北也建立了医疗器械厂，并在1949年11月扩建为东北医疗器械厂，有职工331人，生产刀、剪、钳、镊4个品种的医疗器械。

据统计，截至1949年10月，全国的医疗器械年产量仅为人民币200万元（相当于100万美元）。1950年起，随着经济的发展，在短短几年中，医疗器械的生产规模和职工队伍不断扩大，技术水平有了提高。到了1956年末，医疗器械的工业总产值达到人民币3 853万元（相当于2 000万元），为1949年的19倍。产品发展到手术器械、注射穿刺器械、X线设备、医院设备、医化设备、理疗设备、牙科设备、医用敷料、医用器皿和整形辅助器材等十一大类，500多个品种规格。而且，这些医疗器械主要是充分利用中国的原材料制成的，基本上摆脱了依靠进口的局面，为经济建设和国防事业提供了大量的医疗器械和卫生材料。

在此期间，试制并生产了轻便手术床、消毒煮沸器、高压消毒柜、200 mA X线机、直流感应治疗机、共鸣火花辐射器、超声波电疗仪、心电图机和眼科手术器械包。这一时期，中国的医疗器械行业，已从单纯的修修配配和生产简易的手术器械，走向了能够生产小型的仪器和设备性的医疗器械。

1958年，全行业开展了以革新工艺、改进设备为中心的技术革新和技术改造，使医疗器械生产逐步摆脱了手工操作，提高了机械化程度。至1965年全国已有23个省、市、自治区设有医疗器械厂，生产值达到人民币1.24亿元（相当于4 000万美元），为1956年末的3倍多，生产的品种规格超过1 600个。在此期间，采用了锻坯、辊轧、静电喷涂等新工艺，试制和生产了高速离心机、鼓泡式人工心肺机、放射性同位素诊断仪、钴 60 治疗仪、20 万倍电子显微镜、腹腔镜、电鼻咽镜、超声切面显像仪、不锈钢手术剪与止血钳、风动骨锯、无损伤缝合针、人工心脏瓣膜等，有的技术已接近于当时的国际先进水平。20 世纪 60—70 年代，在当时的条件下，尽管困难很多，医疗器械工业还是有所发展。特别是对一些结构复杂、技术难度大、配套要求高的科研新产品进行协作攻关，研制成心脏去颤起搏器、流动高压氧舱治疗车、光纤胃镜、裂隙灯角膜显微镜、人工肾、医用电子直线加速器等新产品 400 余项。

### 三、改革开放以来中国医疗器械的发展

1980 年，中国的医疗器械年产值达到了人民币 6 亿元（相当于 2 亿美元）。改革开放以来，经过调整，医疗器械得到了稳步的发展，已形成了以机电一体化产品为主的大产品群。截至 1990 年，全国生产企业职工总数达到 14 万人，年工业总产值为人民币 30 亿元（相当于 4 亿美元），平均年递增率为 14.7%，还出口到 20 个国家和地区，出口总值达人民币 2 亿多元（相当于 2 500 万美元）。每年约有 300 多项新产品投入生产，研制成功 X 线 CT、大型 X 线机组、B 型超声波诊断仪、体外震波碎石装置、驻波直线加速器、磁共振成像装置，伽马照相装置、病人监护仪、激光治疗仪、呼吸麻醉机等。

1991—1995 年的“八五”期间，医疗器械的工业年产值递增率达到了 30%，远远高于国民经济的平均发展速度。

2008—2015 年，行业的总产值逐年稳步提高，增幅也保持在较高的水平。2010 年行业工业总产值突破 1000 亿元大关。2015 年，我国医疗器械行业工业总产值为 2 361.24 亿元，同比增长 8.52%。

## 第二节 医疗器械的定义

### 一、概述

医疗设备是指单独或者组合使用于人体的仪器、设备、器具、材料或者其他物品，也包括所需要的软件。医疗设备是医疗、科研、教学、机构、临床学科工作最基本要素，既包括专业医疗设备，也包括家用医疗设备。

医疗设备的发展是不断提高医学科学技术水平的基本条件，也是现代化程度的重要标志，医疗设备已成为现代医疗的一个重要领域。医疗的发展在很大程度上取决于仪器的发展，甚至在医疗行业发展中，在其突破瓶颈的过程中也起到了决定性的作用。

全球广泛使用的医疗器械质量管理体系 ISO13485，对医疗器械下的定义：制造商的预期用途是为下列一个或多个特定目的用于人类的，不论单独使用或组合使用的仪器、

设备、器具、机器、用具、植入物、体外试剂或校准器、软件、材料或者其他相似或相关物品。这些目的是:①疾病的诊断、预防、监护、治疗或者缓解;②损伤的诊断、监护、治疗、缓解或者补偿;③解剖或生理过程的研究、替代或者调节;④支持或维持生命;⑤妊娠控制;⑥医疗器械的消毒;⑦通过对取自人体的样本进行体外检查的方式来提供医疗信息。

其作用于人体体表或体内的主要设计作用不是用药理学、免疫学或代谢的手段获得,但可能有这些手段参与并起一定辅助作用。

## 二、不同国家对医疗器械的定义

### (一)美国对医疗器械的定义

首先,我们来看看美国医疗器械监管部门,美国食品药品监督管理局(Food and Drug Administration,FDA)对医疗器械的定义:医疗器械是指符合以下条件的仪器、设备、器具、机器、用具、植入物、体外试剂或校准器,或者其他相似或相关物品,包含零部件或配件,它是:记载于正式的国家处方,或美国药典,或其附录;疾病的诊断、预防、监护、治疗或者缓解,作用于人类或者其他动物影响人体或其他动物的结构或功能,并且不是通过在人体或动物体内的化学反应来达到既定预期用途,也不是依靠产生代谢变化来获得任何其既定预期用途。

### (二)欧盟对医疗器械的定义

然后,我们再来看看另一个医疗器械大市场——欧盟对医疗器械的定义。欧盟医疗器械指令(MDD,93/42/EEC)对医疗器械的定义:制造商预定用于人体以下目的的任何仪器、装置、器具、材料或其他物品,无论它们是单独使用还是组合使用,包括为其正常使用所需的软件:①疾病的诊断、预防、监视、治疗或减轻;②损伤或残障的诊断、监视、治疗、减轻或修补;③解剖学或生理过程的探查,替换或变更;④妊娠的控制。

医疗器械不是通过药理学、免疫学或代谢作用等方式在人体内或人体上达到其预定的主要作用,但这些方式有助于其功能的实现。

由于欧盟对体外诊断试剂和有源植入医疗器械另有特殊要求,所以该定义并不包含以上两类,但该定义的描述也基本囊括了大部分的医疗器械。同时,该定义与国际通用的 ISO13485 标准也十分类似。

### (三)中国对医疗器械的定义

2014 年,国务院发布了医疗器械行业最高级别的法规性文件《医疗器械监督管理条例》,《医疗器械监督管理条例》第七十六条明确了医疗器械的定义,医疗器械是指直接或者间接用于人体的仪器、设备、器具、体外诊断试剂及校准物、材料及其他类似或者相关的物品,包括所需要的计算机软件;其效用主要通过物理等方式获得,不是通过药理学、免疫学或者代谢的方式获得,或者虽然有这些方式参与但是只起辅助作用;其目的是:①疾病的诊断、预防、监护、治疗或者缓解;②损伤的诊断、监护、治疗、缓解或者功能补偿;③生理结构或者生理过程的检验、替代、调节或者支持;④生命的支持或者维持;⑤妊娠控制;⑥通过对来自人体的样本进行检查,为医疗或者诊断目的提供信息。

通过对比可知,我国基本沿用了 ISO13485 对医疗器械的定义,充分表明国家推动医疗器械行业国际化的决心。

## 三、医疗器械的分类

### (一)各国(地区)分类管理法规体系基本情况介绍

由于各国(地区)医疗器械监管法律体系存在差异,与之相适应的分类管理法规体系也就呈现出不同特点。

1. 美国医疗器械分类管理法规体系

在美国《食品、药物与化妆品法案》第513条"人用器械的分类"中,根据保障产品安全、有效所需采用措施的不同,将人用器械分为Ⅰ、Ⅱ、Ⅲ三类,分别采用一般控制、特殊控制、上市前批准审批的措施进行管理。

和我国、欧盟都采用分类规则指导医疗器械分类不同,美国FDA没有医疗器械分类规则,而是依据风险分析的基本原则,对各种产品进行逐个具体分析,确定产品管理类别。美国FDA将所有医疗器械(含IVD)按照一定原则划分为19个医学专业类别(medical specialty),每个专业类别项下,按照产品的使用目的或该类产品的特性等,再分为若干子类别,子类别下规定具体的产品种类,每个产品种类项下包含有编号、名称、定义、分类、管控措施等内容。对19个医学专业类别的表述可在美国联邦规章典(Code of Federal Regulations,CFR)中找到,分别为:麻醉学、心血管、牙科、耳鼻喉、胃肠病学和泌尿科、一般及整形外科、一般医院用品、神经病学、妇产科、眼科、整形外科、物理医学、放射学/成像、临床化学、临床毒理学、病理学、血液学、免疫学、微生物学。这些类别分别划入了CFR从Part 862到Part 892共16个文件中,其中临床化学和毒理学、血液学和病理学、免疫和微生物学分别合并为CFR Part 862、864、866。为确保分类体系的实用性、可操作性,FDA对这16个CFR文件中的1800个产品种类进行了进一步细分,建立了包含6000多个具体产品品种的分类数据库(product classification database),该数据库每周更新,作为网上公开数据库,供公众查询。

2. 欧盟医疗器械分类管理法规体系

欧盟的医疗器械监管相关法令主要有3个,分别应用于有源植入医疗器械(AIMD,90/385/EEC)、普通医疗器械(MD,93/42/EEC)和体外诊断医疗器械(IVDMD,98/79/EC)。有源植入医疗器械属于高风险,按最严的措施进行管控。普通医疗器械指令中,采用18条分类规则将器械按照风险由低到高分为Ⅰ、Ⅱa、Ⅱb和Ⅲ类。在此基础上,为了便于对分类规则的理解和使用,欧盟发布了指令93/42/EEC的应用指导原则"医疗器械分类",对相关概念和规则进行进一步的阐述和举例说明。和普通医疗器械分类思路不同,目前指令98/79/EC对于体外诊断医疗器械的分类采用了List(清单)的形式,对不同风险特征的产品进行了区分,在该指令Article 9 Conformity assessmentprocedures(符合性评估程序)中将产品划分为属于ANNEXII中List A、ListB以及不属于List的产品,并提出了对应的符合性评估要求。近年来,欧盟为加强医疗器械的准入和监管,于2012年提出新的法规提案对93/42/EEC等3个主要的指令进行了调整和修改。新的提案将有源植入医疗器械90/385/EEC)和普通医疗器械(93/42/EEC)的指令进行了合并,形成了一个新的法规（Regulation，由 Directive 到 Regulation，法律层级上升），其中 Annex Ⅷ Classification criteria 对分类标准进行了阐述，分类规则增至 21 条。与之同步，体外诊断医疗器械（IVDMD）方面，其监管文件同样从指令（Directive）上升到了法规（Regulation），其中关 IVDMD 分类思路也发生了重大改变，将之前的清单改为基于规则的分类体系，利用 7 条分类规则将 IVDMD 类产品依据风险从低到高分为 A、B、C、D 4 个管理类别。

3. 日本医疗器械分类管理法规体系

日本医疗器械管理的基本法为《药事法》，而医药器械、体外诊断试剂进行等级分类规则是按照 2013 年 5 月 10 日厚生劳动省医药食品局长通知的《高度管理医疗器械、管理医疗器械以及一般医疗器械有关的等级分类规则修改》，通过厚生劳动省大臣告示的方式让业界了解。按照医药品医疗器械等法律的规定，日本根据产品发生问题对人体影响程度的差异将医疗器械分为Ⅰ、Ⅱ、Ⅲ、Ⅳ共 4 个等级。等级Ⅳ和等级Ⅲ医疗器械为高度管理医疗器械，等级Ⅱ医疗器械为管理医疗器械，等级Ⅰ医疗器械为一般管理医疗器械。其中，高度管理需要日本药品和医疗器械管理机构（pharmaceuticals and medical devices agency，PMDA）审查，厚生劳动省大臣认可；管理需要第三方认可；一般管理则备案即可。体外诊断试剂则根据诊断信息风险，进行等级分类，分为Ⅰ、Ⅱ、Ⅲ共三个等级。具体的分类实践中，厚生省综合参考 GHTF 分类规则进行的分类和现有分类的两方面信息，建立了 JMDN 数据库，其中包含名称、定义、管理类别、管控措施等方面内容。该数据库由厚生劳动省医药食品局进行维护更新。

4. 加拿大医疗器械分类管理法规体系

加拿大医疗器械监管法规 *Medical Devices Regulations*（SOR/98-282，最后一次修订时间为 2011 年 12 月 16 日中规定了分类管理的相关内容，其医疗器械采用基于风险的分类规则系统，其中非 IVD 医疗器械分类规则 16 条，IVD 器械分类规则 9 条，将器械按照风险水平从低到高分为Ⅰ、Ⅱ、Ⅲ、Ⅳ共四个类别。为了帮助各方面深入了解其分类体系，加拿大卫生部的健康产品与食品管理部门发布指导文件 *Guidance on the Risk-based Classification System for Non-In Vitro Diagnostic Devices*（*non-IVDDs*）（2015-04-23 发布）对非 IVD 医疗器械分类规则进行解释和举例说明。

5. IMDRF（GHTF）医疗器械分类文件

作为医疗器械法规的国际协调组织，国际医疗器械监管者论坛（International Medical Device Regulators Forum，IMDRF）的前身——全球协调工作组（The Global Harmonization Task Force，GHTF）发布了指导文件 *Principles of Medical Devices Classification*（2012）、*Principles of in Vitro Diagnostic*（*ivd*）*Medicaldevicesclassification*（2008），作为各国建立其分类管理系统的基础。欧盟、日本、新加坡都不同程度地采用了 GHTF 的指导原则。GHTF 的指导文件中通过 17 条规则，将非 IVD 的医疗器械依据危险从低到高分为 A、B、C、D 4 个管理类别；IVD 医疗器械则是以 7 条规则，同样分为 4 类。

6. 我国医疗器械分类管理法规体系

分类是医疗器械监管的基础，关系研制、生产、流通和使用各环节具体制度的建立。我国的分类管理法规体系是以《医疗器械监管条例》为基础，以《医疗器械分类规则》为指导，具体体现为《医疗器械分类目录》。根据《医疗器械监管条例》，我国对医疗器械按风险高低进行分类管理，其管理类别是划分不同层级监管职能、实施不同层级注册审批制度的重要依据，我国医疗器械实行三级分类管理，按照风险程度由低到高，管理类别依次分为第一类、第二类和第三类。

第一类是风险程度低，实行常规管理可以保证其安全、有效的医疗器械。

第二类是具有中度风险，需要严格控制管理以保证其安全、有效的医疗器械。

第三类是具有较高风险，需要采取特别措施严格控制管理以保证其安全、有效的医疗器械。

评价医疗器械风险程度，应当考虑医疗器械的预期目的、结构特征、使用形式、使用状态、是否接触人体等因素。值得注意的是，如果一医疗器械含有一类和二类，那么此医疗器械就是二类。如果一医疗器械含有二类和三类，那么此医疗器械就属于三类。依此类推，大家可以得出同样的结论。

国务院食品药品监督管理部门负责制订医疗器械的分类规则和分类目录，并根据医疗器械生产、经营、使用情况，及时对医疗器械的风险变化进行分析、评价，对分类目录进行调整。

相应的主要管控措施为：第一类医疗器械实行产品备案管理，向所在地市级食药监部门提交资料；第二类、第三类医疗器械实行产品注册管理，其中第二类产品注册，向所在地省级食药监部门提交资料，第三类产品注册，向国务院食药监部门提交注册申请资料。近几年，为了配合医疗器械监管全面改革，食药监总局不断深化医疗器械分类管理体制改革，组织专项工作对《医疗器械监管条例》《医疗器械分类规则》《医疗器械分类目录》进行修订，并着手组建专门的医疗器械分类专家组织。目前，新版的《医疗器械监管条例》《医疗器械分类规则》《医疗器械分类目录》已分别于2014、2015、2017年发布，医疗器械分类技术委员会也于2015年11月宣告成立。

**（二）医疗器械分类目录**

医疗器械品种繁多，专业跨度也非常大，具有多学科覆盖、知识密集的特点，涉及机械、电子、材料、生命科学等众多学科，既具有很强的专业性，又具有跨专业的综合性，产品众多，组成各异，风险跨度大，从最简单的纱布、棉签，到植入人体支持维持生命的心脏起搏器、血管支架等，都属于医疗器械。医疗器械的这些特点，决定了对其管理应当按照风险等级对其安全性有效性实行分类管理，以符合医疗器械的客观规律和发展要求。我国实行分类规则指导下的分类目录制，即分类规则和分类目录并存，以分类目录优先。《医疗器械分类规则》和《医疗器械分类目录》作为《医疗器械监督管理条例》配套的涉及分类管理的规章和规范性文件，由国家食品药品监督管理部门制订。作为医疗器械审评审批制度改革的基础性工作，食品药品监督管理总局于2014年启动了对《医疗器械分类目录》(2002版)的修订工作，目前已形成相对完善的新版《医疗器械分类目录》。

**1. 中国医疗器械分类目录发展的历史沿革**

随着市场经济的发展，我国自1989年开展医疗器械市场准入工作，以确保上市产品的安全有效。特别是2000年，国务院颁布《医疗器械监督管理条例》后，标志着我国的医疗器械监管进入了法制化的轨道。我国的医疗器械监管体系借鉴了欧盟的分类规则制和美国的目录制度，实施分类规则指导下的分类目录制度，同时发布一系列分类界定规范性文件作为补充,进一步明确了几千个产品的管理类别,实现了覆盖整个产品品种的分类监管体系。

(1)在2002年国家药品监督管理局《关于2002版〈医疗器械分类目录〉有关问题的批复》中,对于97版《医疗器械分类目录》与2002版《医疗器械分类目录》的关系做了9点批复。说明1997年我国就已经发布过医疗器械目录,用于产品注册,遗憾的是,由于年代久远,在国家食品药品监督管理总局的网站上已经查不到这个目录。

(2)2002年8月28日,国家药品监督管理局发布《医疗器械分类目录》,这个目录沿用至今。2002版《医疗器械分类目录》依据2000年发布的《医疗器械监督管理条例》(国务院276号令)和《医疗器械分类规则》(局令第15号)制订。共分43个子目录,包括265个产品类别,列举了1400余个典型产品名称。

(3)2012年8月28日,国家食品药品监督管理局发布《医用X射线设备等4个医疗器械分类目录子目录》(食药监办械〔2012〕108号),对《医疗器械分类目录》(2002版)中的《6823医用超声仪器及有关设备》《6830医用X射线设备》《6831医用X射线附属设备及部件》《6834医用射线防护用品、装置》4个子目录进行了修订。这4个子目录在2002版《医疗器械分类目录》中的相应子目录的基础上,扩展了产品类别,在相应产品类别下增加了"产品类别名称""产品描述"和"预期用途",并扩充了品名举例的数量。原《医疗器械分类目录》中相应子目录予以废止。

(4)2013年11月26日,为加强体外诊断试剂分类管理,食品药品监管总局发布《6840体外诊断试剂分类子目录(2013版)》(食药监械管〔2013〕242号)。该目录根据体外诊断试剂的特点编制而成,目录结构中设置了"序号""产品类别""产品分类名称""预期用途""管理类别"5个部分,对766个体外诊断试剂类产品类别进行了明确。

(5)2014年5月30日,食品药品监管总局发布《第一类医疗器械产品目录》(国家食品药品监督管理总局通告2014年第8号)。该目录是对2002版《医疗器械分类目录》和相关分类界定文件中第一类医疗器械的归纳和整理。在保留2002版《医疗器械分类目录》43个子目录框架的基础上,每个子目录结构扩展为一级产品类别和二级产品类别,在相应二级产品类别下增加了"产品描述"和"预期用途"。期间,国家食品药品监督管理局还组织征求2005版《医疗器械分类目录》以及《6822医用光学器具仪器和内窥镜设备》《6824医用激光仪器设备》《6825医用高频仪器设备》《6826物理治疗及康复设备》《6829眼科仪器和器具》《6870医用软件》《6863口腔科材料》《6864医用卫生材料及敷料》《6865医用缝合材料及黏合剂》9个子目录修订草案的意见,但均未正式发布。为补充分类目录,食品药品监管总局多次发布产品分类界定公告、通知等文件,据不完全统计,自2001年1月至2016年6月共计发布106个关于产品分类界定的公告、通知。

2.2002版《医疗器械分类目录》修订的背景和必要性

我国医疗器械分类实行分类规则指导下的分类目录制,分类规则和分类目录并存,以分类目录优先。2002版《医疗器械分类目录》实施以来,在指导医疗器械产品科学分类方面发挥了积极作用。但是历经10余年的发展,医疗器械新技术、新产品不断涌现,2002版《医疗器械分类目录》逐渐显现出层级结构不合理、内容单一、产品覆盖面小、更新维护不及时等问题,难于满足快速发展的监管和产业需求。虽然食品药品监管总局尝试对部分目录开展修订或发布分类界定文件，但由于缺乏系统性，难免出现产品归属子目录划分不清、同类产品类别前后不一致等现象，影响注册和监管工作。因此，为保障新版条例的顺利实施，作为医疗器械审评审批制度改革重要的基础性工作，需对《医疗器械分类目录》开展系统性修订工作，完善分类管理。2015 年 7 月 14 日，食品药品监管总局发布《医疗器械分类规则》（国家食品药品监督管理总局令第 15 号），该规则已于 2016 年 1 月 1 日起施行。随着新版《医疗器械分类规则》的发布实施，《医疗器械分类目录》的修订工作正式启动。

3.《医疗器械分类目录》修订的主要过程

按照食品药品监督管理总局医疗器械分类管理改革工作总体安排，医疗器械标准管理中心（以下简称标管中心）牵头组织开展医疗器械分类目录修订工作，中国食品药品检定研究院等 11 个医疗器械检测中心作为子目录修订承担单位。同时，为加强统筹管理，标管中心和各子目录修订承担单位选派专业技术人员成立了 15 人集中工作组，协调整体目录修订工作。目录修订过程中，各单位深入研究欧盟、美国、日本等发达国家和地区的分类管理模式，全面分析中国医疗器械监管和产业特点，广泛查阅国内外术语和定义及我国医疗器械注册数据库、GMDN 数据库、FDA 数据库等资料，科学确定产品类别，规范产品名称及描述。为广泛听取吸收各方意见，提高目录修订质量，标管中心、集中工作组和各承担单位根据工作进度组织了不同范围、不同层次的专家研讨共计 26 次，逐步解决了各子目录交叉重复、产品遗漏、产品管理类别不统一及产品描述不规范等问题。标管中心还通过医疗器械分类界定信息平台，向社会广泛征求意见。针对反馈意见，标管中心组织集中工作组和各子目录修订承担单位认真研究并修改完善目录内容，有效提高了目录质量的同时，也给参与讨论的监管、审评和企业等相关机构提前进行了宣贯和培训，为今后目录顺利过渡和实施奠定了扎实的基础。

4. 新版《医疗器械分类目录》的主要变化

相比 2002 版《医疗器械分类目录》，新版目录（修订草案）无论是整体目录框架还是层级结构均有较大调整。主要修改的内容包括以下几个方面。

（1）目录框架调整：为科学设置目录层级，着力解决产品归类交叉矛盾、覆盖面不足等问题，经充分调研，确定了以《欧盟公告机构用框架目录》为基础，借鉴美国医疗器械分类目录管理模式，结合中国监管和行业现状来设置分类目录框架的思路，将整体框架由 2002 版目录中的 43 个子目录整合为 22 个一级目录。新版目录不包含《体外诊断试剂分类目录》。一级目录设置基本按照以技术为主线，兼顾临床和法规需求，主要变化包括：一是将原 6801“基础外科手术器械”、6809“泌尿肛肠外科手术器械”、6812“妇产科用手术器械”、6813“计划生育手术器械”、6820“普通诊察器械”等子目录大部分重复使用手术器械，考虑其影响管理类别的因素一致性较高，除几个特殊专科外，统一合并为无源手术器械。二是原 6821《医用电子仪器》子目录，按照临床用途和临床使用形式归类到相应的新版子目录 07“医用诊察和监护器械”、08“呼吸、麻醉和急救器械”和 12“有源植入器械”。三是在整合原 6826“物理治疗及康复设备”子目录、6823“医用超声仪器及有关设备”、6824“医用激光仪器设备”相关物理治疗产品为 09“物理治疗器械”，涵盖力、热、电、光、磁、超声、高频等治疗因子。四是根据《医疗器械监督管理条例》中对中医、康复器械特殊管理规定，单独设置19“医用康复器械”和20“中医器械”子目录。2015年12月，新版《医疗器械分类目录》框架送审稿提交总局医疗器械分类技术委员会第一届执行委员会第一次会议审议后，表决通过。国家食品药品监督管理总局于2017年8月31日发布《医疗器械分类目录》(以下简称新《分类目录》)，自2018年8月1日起施行。

(2)目录层级扩充：新版目录极大扩充了目录层级和结构。在每个子目录下，设立一级产品类别(对应产品大类)和二级产品类别。新版目录将2002版《分类目录》的265个产品种类细化、补充为205个一级产品类别和1 094个二级产品类别。每个二级产品类别又分别对应“产品描述”“预期用途”“管理类别”和“品名举例”。其中，“产品描述”和“预期用途”中的内容，是对每个二级产品类别下相关产品具有的共性内容的基本描述，用于指导具体产品所属类别的判定。

(3)“品名举例”丰富：在2002版《分类目录》1 000余个产品名称举例的基础上，补充到6 000余个典型产品名称举例，考虑和《医疗器械通用名称命名规则》(国家食品药品监督管理总局令第19号)等法规文件的衔接性，所列举的产品名称不是对该类所有已注册产品名称的穷举，而是该类产品中常见的和具有代表性的名称，以增强同类产品正确归类的指导性，医疗器械监管、审评和企业应避免在注册或备案时一一对应查找，应综合考虑产品名称、预期用途以及产品描述等因素科学判定。为保证修订目录和现有注册情况的有效对接，集中工作组已初步完成对2006年12月前的近8万条注册产品信息和修订目录各品名举例进行关联，以帮助今后监管人员通过关联数据精准定位产品归属。

(4)调整、规范管理类别：目录修订充分贯彻《国务院关于改革药品和医疗器械审评审批的意见》(国发【2015】44号)，并参考国际医疗器械分类实践，通过对医疗器械风险变化进行分析评价，共降低40个小类产品的管理类别，规范200余个小类产品管理类别。

(5)新产品、新技术的处理原则：新版目录充分考虑未来产业和技术的发展需求，为相对较成熟的产品留出空间，如在06“医用成像器械”中为PEC/CT等多种技术融合产品单独设置三级目录。但部分尚不成熟的新技术如3D打印、纳米技术等生产的定制式产品暂不列入目录，仍需深入研究后确定其管理属性。

(6)组合包类产品的处理原则：因组合包类产品的组成差别大，以包类注册的产品，一个注册证有多个产品，其包中会有单独取得注册证产品，也有未取得注册证产品，注册信息库的信息不全，很难以固定的形式将包类产品纳入目录，故本次目录修订未列入组合包类产品。

5. 新《分类目录》简述

首先，新《分类目录》按技术专业和临床使用特点分为22个子目录，子目录由一级产品类别、二级产品类别、产品描述、预期用途、品名举例和管理类别组成。判定产品的管理类别时，应当根据产品的实际情况，结合新《分类目录》中产品描述、预期用途和品名举例进行综合判定。

22个子目录设置情况如下。

编码和名称分别为：01有源手术器械，02无源手术器械，03神经和心血管手术器械，04骨科手术器械，05放射治疗器械，06医用成像器械，07医用诊察和监护器械，08呼吸、麻醉和急救器械，09物理治疗器械，10输血、透析和体外循环器械，11医疗器械消毒灭菌器械,12 有源植入器械,13 无源植入器械,14 注输、护理和防护器械,15 患者承载器械,16 眼科器械,17 口腔科器械,18 妇产科、生殖和避孕器械,19 医用康复器械,20 中医器械,21 医用软件,22 临床检验器械。其中数字序号为子目录编码。

使用新分类目录时应注意的问题及建议如下。

(1)子目录范围:每个子目录说明中都给定其所归属的医疗器械种类,故在使用新分类目录时首先要确认产品是否在规定的范围内以避免误判。如子目录 16 眼科器械主要涵盖眼科器械类医疗器械,包括眼科诊察、手术、治疗、防护所使用的各类眼科器械及相关辅助器械;不包括眼科康复训练类器械(19 医用康复器械)。即眼科康复训练类器械属于医用康复子目录而不是眼科器械子目录。

(2)产品描述和预期用途:新分类目录中的产品描述和预期用途是用于判定产品的管理类别,不代表相关产品注册内容的完整表述。

(3)分类编码确定原则:为产品上市后科学监管提供支持,在相关医疗器械监管法规中明确要求医疗器械注册证须明确子目录分类编码、生产许可证需要分类编码标示至一级产品类别等。因监管的需要,确定医疗器械产品分类编码时应根据产品描述和预期用途以及子目录的范围,遵循医疗器械产品归属子目录的优先原则。

第一,临床专科优先原则:如妇科红外治疗仪为妇科专用的物理治疗设备,该产品的子目录编码应为 18 而非 09。

第二,多功能产品依次按照主要功能、高风险功能、新功能优先顺序;如动静脉采血针是具有穿刺功能并主要用于动静脉血取样,子目录编码为 22,而不是 14。

第三,医疗器械管理的附件类产品,优先归属整机所在子目录或者产品类别。如放射治疗用的体部热塑板子目录编码为 05。

(4)使用新分类目录进行管理类别确认采用综合判定原则:在确认医疗器械产品管理类别时应当根据产品的实际情况,结合新《分类目录》中产品描述、预期用途和品名举例进行综合判定,不能仅从部分内容来判定。如表 1-1 典型产品举例表中列举的产品。确定超声耦合剂类产品管理类别的关键是预期用途的超声探头与患者的接触途径,而不是产品描述和品名举例。然而施夹器类产品判定管理类别的关键因素则为产品描述中的在体内滞留时间、是否含有血管闭合夹、产品是否无菌提供等内容。

(5)品名举例:实际拟注册/备案产品名称可使用新《分类目录》的品名举例,或根据《医疗器械通用名称命名规则》拟定产品名称。如由陶瓷材料制成的手术刀,其产品名称可选用品名举例中的产品名称手术刀,也可拟定为符合《医疗器械通用名称命名规则》要求的陶瓷手术刀。

另外,新《分类目录》不包括体外诊断试剂,体外诊断试剂产品类别应当按照《体外诊断试剂注册管理办法》(国家食品药品监督管理总局令第 5 号,以下简称 5 号令)、《体外诊断试剂注册管理办法修正案》(总局令第 30 号,以下简称 30 号令)、《6840 体外诊断试剂分类子目录(2013 版)》及后续发布的分类界定文件中有关体外诊断试剂的分类界定意见进行判定,分类编码继续延用 6840。

最后,新《分类目录》不包括组合包类产品,组合包类产品的类别应当依据《医疗器械分类规则》(国家食品药品监督管理总局令第 15 号令、5 号令、30 号令等相关规定进行判定。

表 1-1 典型产品举例

| 二级产品类别 | 产品描述 | 预期用途 | 品名举例 | 管理类别 |
| --- | --- | --- | --- | --- |
| 超声耦合剂 | 超声诊断或治疗操作中,充填或涂敷于皮肤-黏膜与探头(或治疗头)辐射面之间,用于透射声波的中介媒质 | 用于改善探头与患者之间的超声耦合效果。包括术中超声、穿刺活检等侵入性操作,经直肠、经阴道、经食管等接触黏膜的操作及对非完好皮肤和新生儿进行的操作 | 医用超声耦合剂、超声耦合剂 | Ⅱ |
| | | 改善探头与患者之间的超声耦合效果,用于完好皮肤上 | 医用超声耦合剂、超声耦合剂 | Ⅰ |
| 施夹器 | 通常由钳喙、关节、柄部和血管闭合夹组成。血管闭合夹一般采用纯钛或高分子材料制成,在体内滞留时间≥30 d | 用于钳闭血管闭合夹,使其闭合血管 | 一次性使用无菌施夹钳(带夹) | Ⅲ |
| | 通常由钳喙、关节、柄部组成,不含血管闭合夹,无菌提供,一次性使用 | 用于钳闭血管闭合夹,使其闭合血管 | 一次性使用无菌施夹钳(不带夹) | Ⅱ |
| | 通常由钳喙、关节、柄部组成,不含血管闭合夹,非无菌提供 | 用于钳闭血管闭合夹,使其闭合血管 | 施夹钳(不带夹) | Ⅰ |

6. 思考与建议

回顾整体目录修订工作,新版《医疗器械分类目录》(修订草案)的框架设置更合理、层级结构更丰富、产品覆盖更全面,目录的科学性和指导性明显提升,但也尚存在调整的空间,为了更好地保障新版目录的顺利实施,对下一步工作提出以下建议:①建议针对部分产品如何科学监管的共性问题进一步深入研究,如部件/附件/组件类的监管模式、含壳聚糖产品的管理属性、含透明质酸盐类敷料等的管理属性进一步深入研究,由监管部门进一步明确其管理属性。②建议尽快建立并出台定期维护更新《医疗器械分类目录》的工作机制。对于新判定或注册的产品,及时更新并补充在《医疗器械分类目录》中。逐步形成医疗器械产品风险变化评估机制,适时动态调整医疗器械类别,提升分类的科学性。在修订和完善《医疗器械分类目录》的基础上,逐步建立医疗器械分类数据库,并和命名术语数据库有效对接,逐步形成动态更新的医疗器械分类、通用名称信息系统。

③根据《医疗器械分类规则》,“国家食品药品监督管理总局可以组织医疗器械分类专家委员会制订、调整医疗器械分类目录”。2015年11月26日,国家食品药品监督管理总局正式成立医疗器械分类技术委员会,作为医疗器械分类及相关工作的技术支撑。分类技术委员会由执行委员会(以下简称执委会)和16个专业组组成,秘书处设在标管中心。建议从临床、检验、审评、监管、科研等领域遴选熟悉医疗器械产品分类法规、了解医疗器械产品分类情况的专家,组成分技术领域专业组,定期对相关领域医疗器械分类进行研究,提出医疗器械产品分类及调整的建议,及时更新维护《医疗器械分类目录》。作为《医疗器械监督管理条例》配套的规范性文件,新版《医疗器械分类目录》将有效解决原目录产品种类少、信息少等长期困扰监管和企业的分类问题,指导监管部门和企业快速准确判断医疗器械管理类别,更合理地配置审评审批资源,推动医疗器械审评审批制度改革,提高行政效能,保障医疗器械安全有效的同时,加快产品上市步伐,促进产业发展,对于完善我国医疗器械监管法规体系,夯实监管基础意义重大。

### (三)医疗器械分类规则

1. 医疗器械分类规则介绍

医疗器械按照风险程度由低到高,管理类别依次分为第一类、第二类和第三类。医疗器械风险程度,应当根据医疗器械的预期目的,通过结构特征、使用形式、使用状态、是否接触人体等因素综合判定。

依据影响医疗器械风险程度的因素,医疗器械可以分为以下几种情形。

(1)根据结构特征的不同,分为无源医疗器械和有源医疗器械。

无源医疗器械:不依靠电能或者其他能源,但是可以通过由人体或者重力产生的能量,发挥其功能的医疗器械。

有源医疗器械:任何依靠电能或者其他能源,而不是直接由人体或者重力产生的能量,发挥其功能的医疗器械。

(2)根据是否接触人体,分为接触人体器械和非接触人体器械。

接触人体器械指直接或间接接触患者或者能够进入患者体内的医疗器械。

(3)根据不同的结构特征和是否接触人体,医疗器械的使用形式如下。

无源接触人体器械:液体输送器械、改变血液体液器械、医用敷料、侵入器械、重复使用手术器械、植入器械、避孕和计划生育器械、其他无源接触人体器械。

无源非接触人体器械:护理器械、医疗器械清洗消毒器械、其他无源非接触人体器械。

有源接触人体器械:能量治疗器械、诊断监护器械、液体输送器械、电离辐射器械、植入器械、其他有源接触人体器械。

有源非接触人体器械:临床检验仪器设备、独立软件、医疗器械消毒灭菌设备、其他有源非接触人体器械。

(4)根据不同的结构特征、是否接触人体以及使用形式,医疗器械的使用状态或者其产生的影响包括以下情形。

无源接触人体器械:根据使用时限分为暂时使用、短期使用、长期使用;接触人体的部位分为皮肤或腔道(口)、创伤或组织、血液循环系统或中枢神经系统。

无源非接触人体器械：根据对医疗效果的影响程度分为基本不影响、轻微影响、重要影响。

有源接触人体器械：根据失控后可能造成的损伤程度分为轻微损伤、中度损伤、严重损伤。

有源非接触人体器械：根据对医疗效果的影响程度分为基本不影响、轻微影响、重要影响。

(5)可根据医疗器械分类判定表（表1-2）判断医疗器械管理类别。

**表1-2　医疗器械分类判定表**

| | | | 接触人体器械 | | | | | | | | |
|---|---|---|---|---|---|---|---|---|---|---|---|
| | 使用状态 | | 暂时使用 | | | 短期使用 | | | 长期使用 | | |
| | 使用形式 | | 皮肤/腔道（口） | 创伤/组织 | 血循环/中枢 | 皮肤/腔道（口） | 创伤/组织 | 血循环/中枢 | 皮肤/腔道（口） | 创伤/组织 | 血循环/中枢 |
| 无源医疗器械 | 1 | 液体输送器械 | Ⅱ | Ⅱ | Ⅲ | Ⅱ | Ⅱ | Ⅲ | Ⅱ | Ⅲ | Ⅲ |
| | 2 | 改变血液体液器械 | – | – | Ⅲ | – | – | Ⅲ | – | – | Ⅲ |
| | 3 | 医用敷料 | Ⅰ | Ⅱ | Ⅱ | Ⅰ | Ⅱ | Ⅱ | – | Ⅲ | Ⅲ |
| | 4 | 侵入器械 | Ⅰ | Ⅱ | Ⅲ | Ⅱ | Ⅱ | Ⅲ | – | – | – |
| | 5 | 重复使用手术器械 | Ⅰ | Ⅰ | Ⅱ | – | – | – | – | – | – |
| | 6 | 植入器械 | – | – | – | – | – | – | Ⅲ | Ⅲ | Ⅲ |
| | 7 | 避孕和计划生育器械（不包括重复使用手术器械） | Ⅱ | Ⅱ | Ⅲ | Ⅱ | Ⅲ | Ⅲ | Ⅲ | Ⅲ | Ⅲ |
| | 8 | 其他无源器械 | Ⅰ | Ⅱ | Ⅲ | Ⅱ | Ⅱ | Ⅲ | Ⅱ | Ⅲ | Ⅲ |
| | 使用状态 / 使用形式 | | 轻微损伤 | | | 中度损伤 | | | 严重损伤 | | |
| 有源医疗器械 | 1 | 能量治疗器械 | Ⅱ | | | Ⅱ | | | Ⅲ | | |
| | 2 | 诊断监护器械 | Ⅱ | | | Ⅱ | | | Ⅲ | | |
| | 3 | 液体输送器械 | Ⅱ | | | Ⅱ | | | Ⅲ | | |
| | 4 | 电离辐射器械 | Ⅱ | | | Ⅱ | | | Ⅲ | | |
| | 5 | 植入器械 | Ⅲ | | | Ⅲ | | | Ⅲ | | |
| | 6 | 其他有源器械 | Ⅱ | | | Ⅱ | | | Ⅲ | | |

**续表 1–2**

<table>
<tr><td colspan="6">非接触人体器械</td></tr>
<tr><td rowspan="4">无源医疗器械</td><td colspan="2">使用状态 / 使用形式</td><td>基本不影响</td><td>轻微影响</td><td>重要影响</td></tr>
<tr><td>1</td><td>护理器械</td><td>Ⅰ</td><td>Ⅱ</td><td>–</td></tr>
<tr><td>2</td><td>医疗器械清洗消毒器械</td><td>–</td><td>Ⅱ</td><td>Ⅲ</td></tr>
<tr><td>3</td><td>其他无源器械</td><td>Ⅰ</td><td>Ⅱ</td><td>Ⅲ</td></tr>
<tr><td rowspan="5">有源医疗器械</td><td colspan="2">使用状态 / 使用形式</td><td>基本不影响</td><td>轻微影响</td><td>重要影响</td></tr>
<tr><td>1</td><td>临床检验仪器设备</td><td>Ⅰ</td><td>Ⅱ</td><td>Ⅲ</td></tr>
<tr><td>2</td><td>独立软件</td><td>–</td><td>Ⅱ</td><td>Ⅲ</td></tr>
<tr><td>3</td><td>医疗器械消毒灭菌设备</td><td>–</td><td>Ⅱ</td><td>Ⅲ</td></tr>
<tr><td>4</td><td>其他有源器械</td><td>Ⅰ</td><td>Ⅱ</td><td>Ⅲ</td></tr>
</table>

注：1. 本表中“Ⅰ”、“Ⅱ”、“Ⅲ”分别代表第一类、第二类、第三类医疗器械；2. 本表中“–”代表不存在这种情形。

（6）需注意有以下情形的，还应当结合下述原则进行分类。

如果同一医疗器械适用两个或者两个以上的分类，应当采取其中风险程度最高的分类；由多个医疗器械组成的医疗器械包，其分类应当与包内风险程度最高的医疗器械一致。

可作为附件的医疗器械，其分类应当综合考虑该附件对配套主体医疗器械安全性、有效性的影响；如果附件对配套主体医疗器械有重要影响，附件的分类应不低于配套主体医疗器械的分类。

监控或者影响医疗器械主要功能的医疗器械，其分类应当与被监控、影响的医疗器械的分类一致。

以医疗器械作用为主的药械组合产品，按照第三类医疗器械管理。

可被人体吸收的医疗器械，按照第三类医疗器械管理。

对医疗效果有重要影响的有源接触人体器械，按照第三类医疗器械管理。

医用敷料如果有以下情形，按照第三类医疗器械管理，包括：预期具有防组织或器官粘连功能，作为人工皮肤，接触真皮深层或其以下组织受损的创面，用于慢性创面，或者可被人体全部或部分吸收的。

以无菌形式提供的医疗器械，其分类应不低于第二类。

通过牵拉、撑开、扭转、压握、弯曲等作用方式，主动施加持续作用力于人体，可动态调整肢体固定位置的矫形器械（不包括仅具有固定、支撑作用的医疗器械，也不包括配合外科手术中进行临时矫形的医疗器械或者外科手术后或其他治疗中进行四肢矫形的医疗器械),其分类应不低于第二类。

具有计量测试功能的医疗器械,其分类应不低于第二类。

如果医疗器械的预期目的是明确用于某种疾病的治疗,其分类应不低于第二类。

用于在内窥镜下完成夹取、切割组织或者取石等手术操作的无源重复使用手术器械,按照第二类医疗器械管理。

2. 如何正确理解和使用《医疗器械分类规则》

首先,确定一个医疗器械的管理类别,主要是依据医疗器械的监管部门——国家食品药品监督管理总局(以下简称"国药局")发布的《医疗器械分类规则》(以下简称《分类规则》)、《医疗器械分类目录》(以下简称《分类目录》)、《第一类医疗器械产品目录》(其法律地位和《分类目录》类似,为了简洁描述,下文中不再单独强调它)和106个《医疗器械分类界定通知》(以下简称《分类文件》)等技术法规文件。在这些文件中,《分类规则》对《分类目录》《第一类医疗器械产品目录》《分类文件》具有指导作用,其法律地位最高。新版《医疗器械分类规则》于2015年7月14日正式发布,并于2016年1月1日起正式施行。但是,在什么情况下使用《分类规则》;使用《分类规则》时,如何把握《分类规则》附件中"分类判定表"和《分类规则》第六条列出的"特殊分类原则"之间的关系;《分类目录》中列出的管理类别和《分类规则》判定的管理类别是否一致,不一致时如何处理。对于这些问题,监管部门、不同的医疗器械生产经营企业之间在理解和使用上可能存有一定的差异,这导致判定同一医疗器械管理类别时,经常会出现结果不一致的情况,由此引起很多争端,还要耗费大量人力物力解决这些争端。因此本文对《分类规则》使用过程中存在的一些常见误读进行了初步的分析探讨,希望统一各方面对《分类规则》的认识,规范《分类规则》的使用,对医疗器械进行科学统一的分类。

其次,何时使用《分类规则》?要想解答这一问题,必须了解我国确定医疗器械管理类别的方法。在确定医疗器械管理类别的方法上,和美国的"分类目录制"和欧盟的"分类规则制"不同,我国实行的是"分类规则指导下的分类目录制",《分类规则》和《分类目录》并存。一旦《分类目录》已实施,应执行分类目录。因此,已列入《分类目录》中的医疗器械,不应使用《分类规则》判定管理类别。这一点和《分类规则》第二条所规定的用途是一致的,即《分类规则》用于指导制订医疗器械分类目录和确定新的医疗器械的管理类别。

另外,我国目前《分类目录》尚未实现动态调整。所以,对于新的未列入《分类目录》的医疗器械(如笔式注射器)以及已列入《分类目录》但需要调整管理类别的医疗器械(如含纳米生物材料的医疗器械、消化道吻合夹),国药局一般采用发布《分类文件》的形式公布其管理类别。因此《分类文件》实际上起到了补充《分类目录》的作用,两者法律地位相似。根据上一段的描述,已列入《分类文件》中的医疗器械,也不应使用《分类规则》判定管理类别。

综上所述,只有制订医疗器械分类目录和确定新的医疗器械的管理类别时,应该使用《分类规则》。已列入《分类目录》和《分类文件》中的医疗器械,不应也不必使用《分类规则》判定管理类别。对"何时使用《分类规则》"这一问题最大的一个误读是"不管什么器械，都要用分类规则来判定管理类别”。这实际上误解了我国确定医疗器械管理类别的方法，过分强调了《分类规则》的作用，却忽略了《分类目录》和《分类文件》在其中的作用。

再次，《分类规则》中“分类判定表”和“特殊分类原则”之间的关系？使用《分类规则》确定新医疗器械的管理类别时，主要是依据《分类规则》附件中的“分类判定表”和《分类规则》第六条列出的“特殊分类原则”进行判定。两者之间的关系在《分类规则》第六条的第一段话中有明确描述：“医疗器械的分类应当根据医疗器械分类判定表（见附件）进行分类判定。有以下情形的，还应当结合下述原则进行分类。”这段话实际上说明了使用《分类规则》确定一个医疗器械的管理类别时，应既考虑“分类判定表”也考虑“特殊分类原则”，两者之间是“且”的关系而非“或”的关系。具体判定步骤应该是：第一，应该根据这个医疗器械的结构特征（有源或无源）、接触人体特性（接触或不接触）、使用形式（在《分类规则》第五条（三）中列出）、使用状态（在《分类规则》第五条（四）中列出）等分类因素，使用“分类判定表”得到一个医疗器械的管理类别（A）；第二，应该考察这个医疗器械是否符合《分类规则》第六条列出的“特殊分类原则”的情形，如果符合，应根据“特殊分类原则”得到一个医疗器械的管理类别（B）；第三，根据《分类规则》第六条（一）“如果同一医疗器械适用两个或者两个以上的分类，应当采取其中风险程度最高的分类”，确定这个医疗器械的管理类别，即比较管理类别（A）和管理类别（B），取二者中的较高管理类别为这个医疗器械的管理类别。

由《分类规则》中“分类判定表”和“特殊分类原则”之间的关系这一问题产生的误读主要是：①只使用“分类判定表”判定医疗器械管理类别，完全忽视“特殊分类原则”的规定；②当使用“分类判定表”和“特殊分类原则”判定出医疗器械管理类别不一致时，不知怎样从中选择，进而甚至会认为《分类规则》内容自相矛盾。这两种误读实际上都是对《分类规则》相关条款理解不够所导致的。

最后，如何理解《分类规则》对《分类目录》的指导作用？前已述及，《分类规则》的一个主要用途是指导制订《分类目录》，那么《分类目录》中列出的每一个医疗器械管理类别是否都与按照《分类规则》的“分类判定表”和“特殊分类原则”进行综合判定后得到的管理类别一致，回答是两者可能不一致。例如，不可吸收性缝合线在《分类目录》中的管理类别为Ⅱ类，但根据《分类规则》的“分类判定表”和“特殊分类原则”进行综合判定不可吸收性缝合线管理类别时属于长期接触组织的植入器械，管理类别为Ⅲ类。

那这种管理类别不一致是否违背了《分类规则》指导《分类目录》的作用，回答也是否定的。其原因在《分类规则》的第八条中进行了说明：“国家食品药品监督管理总局根据医疗器械生产、经营、使用情况，及时对医疗器械的风险变化进行分析、评价，对医疗器械分类目录进行调整。”这句话从分类的角度来理解，是指国药局可根据某些风险因素的变化，对《分类目录》的内容进行调整，这些调整的内容当然可以包括医疗器械的管理类别。而对医疗器械的管理类别的调整，实质上就是将管理类别调整的和按照《分类规则》的“分类判定表”和“特殊分类原则”进行综合判定后得到的管理类别不一致。

之所以在《分类规则》中出现第八条，也是因为医疗器械产业正处于快速发展时期，新型医疗器械不断涌现，引入的新的风险因素也层出不穷。而《医疗器械分类规则》中的附件分类判定表和第五条的特殊分类规则却是一份内容相对固定的法规文件，不可能经常修改。所以，有可能出现新型医疗器械按照《医疗器械分类规则》中的附件分类判定表和第六条的特殊分类规则进行判定的分类结果不符合产品实际风险的情况。为了充分体现《医疗器械监督管理条例》第四条所列的"国家对医疗器械按照风险程度实行分类管理"，确实有必要给予国药局适当调整医疗器械管理类别的权力，以更客观科学地反映出医疗器械的风险程度。而这种管理类别的调整是通过调整《分类目录》的形式实现的。这也解读了我国为何在《分类规则》和《分类目录》并存的情况下，一旦《分类目录》实施，就执行分类目录。因为国药局根据医疗器械生产、经营、使用情况及对医疗器械的风险变化进行分析、评价，对医疗器械管理类别的调整是在《分类目录》中体现出来的。

由"如何理解《分类规则》对《分类目录》的指导作用"这一问题产生的误解主要是对某些产品按照《分类规则》的"分类判定表"和"特殊分类原则"进行综合判定后得到的管理类别与《分类目录》中列出的管理类别不一致时，就直接得出"《分类目录》不符合《分类规则》"的结论。其实，对这一现象最好的结论应该是"部分《分类目录》中列出的管理类别不符合《分类规则》中'分类判定表'和'特殊分类原则'综合判定的管理类别"。如果充分理解了《分类规则》第八条，就知道绝不可能出现《分类目录》不符合《分类规则》的情况，因为《分类规则》除了"分类判定表"和"特殊分类原则"判定管理类别外，第八条还给出了一条国药局在《分类目录》中调整管理类别的途径。

### (四)如何申请医疗器械分类界定

对于新研制的尚未有分类依据的医疗器械，需申请类别确认的，申请人应当通过总局医疗器械标准管理中心（以下简称标管中心）分类界定信息系统提出分类界定申请。新研制的尚未列入《分类目录》或分类界定通知等文件的医疗器械是指未在我国境内上市的全新产品；或者与已上市产品相比，产品的技术原理、结构组成、使用部位或技术特点、预期目的等发生了影响产品分类的实质性变化，根据《分类目录》或分类界定通知等文件难以确定管理类别的医疗器械。

1. 分类界定工作程序

申请人应当依据《医疗器械分类规则》（总局令第15号）、《体外诊断试剂注册管理办法》（总局令第5号）、《体外诊断试剂注册管理办法修正案》（总局令第30号）、《关于发布第一类医疗器械产品目录的通告》（总局通告2014年第8号）、《医疗器械分类目录》、《6840体外诊断试剂分类子目录(2013版)》及分类界定通知等文件判定产品类别。对于新研制的尚未列入《分类目录》或分类界定通知等文件的医疗器械，按照《医疗器械监督管理条例》第十六条规定申请类别确认的，申请人应当通过总局医疗器械标准管理中心分类界定信息系统提出分类界定申请，具体申请流程如下。

(1)申请方式：申请人通过中国食品药品检定研究院（国家食品药品监督管理总局医疗器械标准管理中心）网站进入"医疗器械标准管理研究所"二级网站的"医疗器械分类界定信息系统"页面（网址：http://www.nifdc.org.cn/qxbgzx/CL0482/），点击进入"医疗器械分类界定信息系统"，注册后填写《分类界定申请表》，并上传其他申请材料。

在线打印《分类界定申请表》，连同其他申请材料（应与上传的申请材料完全相同）加盖申请企业骑缝章，寄送至相关单位。境内产品的相关材料寄至申请企业所在地的省级食品药品监督管理部门,进口及港、澳、台产品的相关材料寄送至国家食品药品监督管理总局医疗器械标准管理中心(地址:北京市大兴区生物医药产业基地华佗路31号院4号楼B404房间,邮编:102629)。

(2)申请材料要求

1)分类界定申请表。

2)产品照片和/或产品结构图,提供的图片应清晰完整。

3)产品技术要求及产品说明书(样稿),技术要求性能指标应具体,说明书使用方法应详细。

4)进口上市证明材料(如有)。

5)资料真实性自我保证声明。

6)其他与产品分类界定有关的材料。其中对于尚未列入《分类目录》等文件的新研制产品,至少还应当提交:①与国内外已上市相关产品、《分类目录》或分类界定通知文件中相关产品的分析及对比,并说明符合新研制尚未列入分类目录产品的判定依据;②核心刊物公开发表的能够充分说明产品临床应用价值的学术论文、专著及文件综述(如有);③产品的创新内容;④信息或者专利检索机构出具的查新报告。

所有申请材料应当使用中文。根据外文资料翻译的,应当同时提供原文。

(3)申请状态和结果查询:各省级食品药品监督管理部门、各级医疗器械技术审评部门和申请人登陆"医疗器械分类界定信息系统",在"操作栏"中点击"查看流程图",即可查询申请状态和结果。

(4)申请审查和分类界定:省级食品药品监督管理部门负责对行政区域内申请人提出的产品分类界定申请进行审查,经综合判定确定类别或提出预分类界定意见。对经审查可以确定为《分类目录》等文件中产品的,直接在分类界定信息系统告知申请人产品类别;对经审查认为属于新研制尚未列入《分类目录》等文件中的医疗器械的,应依据《医疗器械分类规则》《体外诊断试剂注册管理办法》《分类目录》等文件提出预分类界定意见,通过分类界定信息系统将相关资料提交至标管中心,并将纸质版资料寄送至标管中心。

(5)引进产品申请核查和分类界定:标管中心对进口及港、澳、台产品的分类界定申请和省级食品药品监督管理部门出具预分类界定意见的分类界定申请组织审核后,认为属于《分类目录》等文件中的医疗器械的,标管中心直接在分类界定信息系统告知申请人分类界定结果;认为属于新研制的尚未列入《分类目录》等文件中的医疗器械的,组织医疗器械分类技术委员会相关专业组研究提出产品分类技术建议,标管中心复核后在分类界定信息系统告知申请人。需要补充资料的,申请人应当在30个工作日内按照补正通知的要求一次提供补充资料。如申请人未按要求提交补充资料,或逾期未提交补充资料的,标管中心将退回申请。补充资料及专家研讨所需时间不计算在时限内。

(6)医疗器械分类界定信息系统由标管中心负责建设、维护。省级食品药品监督管理部门及标管中心出具的分类界定结果可供申请人、各省级食品药品监督管理部门、各级医疗器械技术审评部门等适时查询。

2. 涉及类别确认的其他情况

(1)医疗器械技术审评部门在技术审评中发现产品未列入《分类目录》等文件中,或者未经分类界定信息系统告知分类界定结果的，按照以下程序办理：总局医疗器械技术审评中心应当按照《医疗器械分类规则》《体外诊断试剂注册管理办法》等，结合技术审评判定产品类别，对于无法确定类别的，应当会同标管中心确定在审产品的管理类别；省级医疗器械技术审评部门将产品分类有关情况上报省级食品药品监督管理部门，由省级食品药品监督管理部门按照医疗器械分类界定程序办理。

(2)对于日常监管、稽查、投诉举报中涉及产品类别确认的，由所在地省级食品药品监督管理部门根据实际情况做出判定。必要时，省级食品药品监督管理部门可向总局提出分类界定请示，并提供用于支持分类的相应详细资料及预分类界定意见，由总局医疗器械注册管理司组织标管中心研究确定。

(3)申请创新医疗器械特别审批程序的医疗器械的分类按照创新医疗器械特别审批程序中的规定办理。

(4)药械组合产品的属性界定按照药械组合产品有关规定办理。

## 四、医疗器械的发展作用

随着中国经济发展和人口老龄化趋势以及民众健康意识的逐渐提高，医疗器械行业市场不断扩大，是当前最具发展活力的行业之一。医疗器械行业不仅是健康产业的基础行业，还是一个涉及医疗、机械、电子等多个行业，是多学科交叉、资金与知识密集、具有很大发展潜力的高新技术产业。在经济新常态下的中国医疗器械销售额呈现快速增长趋势，继美国、欧盟之后我国已成为世界第三大医疗器械贸易国，国内市场认可度已从中低端品质逐步向中高端品质提升。

### (一)保障人类健康

医疗器械在疾病的预防、诊疗、康复中发挥着不可替代的重要作用，是医疗卫生体系建设的基础。医疗器械领域的创新发展，是社会进步的表现，通过先进的医疗设备，减轻患者的痛苦和挽救大量的患者生命，使广大的人民更加健康，延长人类的寿命，革命性地解决了许多以往诊疗手段无法解决的问题，促进疾病诊治和医学服务水平不断提高。当前，现代医学加快向早期发现、精确定量诊断、微无创治疗、个体化诊疗、智能化服务等方向发展，对医疗器械领域的创新发展不断提出新的需求。在以健康为中心的医学模式转变过程中，面向基层、家庭和个人的健康状态辨识和调控、疾病预警、健康管理、康复保健等方向正在成为新的研究热点，进一步对医疗器械领域的创新发展提出新的需求。21世纪以来，国际医疗器械关键技术不断突破，创新产品不断出现，大大促进了现代医疗技术的进步和医疗卫生水平的提高。

### (二)促进我国经济发展

作为典型的高新技术产业，医疗器械产业的发展不仅极大促进了工程学科与生物医学的交叉融合，引导新技术的快速发展，而且带动了材料、机械、信息等相关产业的发展及整体经济的增长，成为继医药产业之后全球新的技术和经济增长点。

我国医疗器械产业起步晚、发展时间短、基础薄弱，企业普遍规模较小，但是发展速度快、产值提升高、发展空间巨大。新中国成立初期，我国的医疗器械产业发展缓慢，处于一个独立的产业的“起步期”,从事医疗器械行业人员不到2 000人,医疗器械制造、维修保养厂家全国只有70多家。生产产品主要是传统的产品,包括医用台架、车床及摄、钳、刀、剪等。改革开放到党的十八大期间,随着国家经济实力的增强,物质资源丰富,人们生活水平改善提高,医药卫生费用的支出加大,医疗器械产业紧密结合国家医疗卫生需求,不断完善技术创新能力,扩大产能,增加产品种类、数量。医疗器械产业对提高大众生活质量,实现小康社会起到积极保障作用,对国民经济的贡献逐步加大。

随着医疗行业不断的进步,医疗器械在行业内起到不可或缺的作用。医疗器械产业是关系到人类生命健康的新兴产业,其产品聚集和融入了大量现代科学技术的最新成就,许多现代化产品是医学与多种学科相结合的高新技术产物。世界发达国家近十余年来,一直保持着很高的年增长率,被誉为朝阳工业,是21世纪十分活跃的新经济增长点,其发展水平代表了一个国家的综合经济技术实力与水平,目前发达国家人均医药卫生消费药和医疗器械的比例已达到1∶1。20世纪90年代,全球经济衰退,但医疗器械产品仍然被看好。在该时期,美国医疗器械工业增长6%~7%,超过同期2.7%~4.4%的经济增长率。当时西欧整个经济增长举步维艰,但欧共体医疗器械工业增长率却在3%以上。日本经济增长率为3.5%左右,而医疗器械工业增长率达8%。与此同时,医疗器械市场也很景气:美国市场销售增长率为5.1%;欧共体为6.1%;日本为8.3%。根据Frost,Sullivan公司市场分析报告,2003年全球医疗器械市场容量是2484亿美元,预计今年全球医疗器械销售额将达到2500亿美元以上,今后3年增幅将保持6.5%,是当今世界经济发展最快、贸易往来最为活跃的工业门类之一。与此同时,医疗器械产品的国际贸易额每年以25%的速度增长,销售利润达40%~50%,产品附加值相当高。中国近些年来发展也很快,年增长率达到14%~15%,并且经过多年的努力,在医疗仪器设备中已经有了一些国产化的高、精、尖产品,有了一批自主研发的新型数字化医疗设备和专利技术。

**(三)提高医疗服务技术水平**

发展医疗器械可以加快产品更新换代,产品更新换代的目标是有利于健康状况的早期甄别和疾病的早期诊断,有利于医疗服务实现人性化。产品更新换代的动力来自人们对健康和生活质量改善的无限追求,产品更新的条件是医学相关科学技术的进步及产品换代与医疗技术的相互促进,医疗技术进步推动了产品更新换代,医疗器械产品更新换代也促进了医疗服务技术的提高。

医疗器械产品中高档产品的新技术、高性能、重要功能向中低档产品转移,以降低成本,减轻医疗负担,适应更大范围就医人群的需要,受到普遍重视。例如:MRI把超导产品的功能成像方法、并行快速采集数据的方法、实时显示和真三维方法等新技术向强永磁产品移植。

**(四)加速进口替代**

世界发达国家的经济危机导致公共卫生服务的费用整体下降,为了不低于原有医疗水准,由原来采购发达国家的中低端设备及低值耗材类产品就不得不用发展中国家的产品来“替代”。因此,来自发展中国家的医疗器械产品仍将成为发达国家的主要进口目的地。目前,医疗器械高端设备及前沿技术如云诊断等,多由发达国家所掌握,他们依靠技术资金和市场渠道优势等比较容易进入新兴市场,并拥有相当大的话语权,对新兴市场的高端设备技术进口和本土化将发挥积极的作用。

近年来,国家层面为鼓励医疗器械创新出台了一系列政策,针对国内首创、国际领先水平,并且具有显著临床应用价值的医疗器械开通了特别审批通道,促进了创新性医疗器械的发展,有助于国内企业加大核心技术的研发,加速实现高端医疗装备自主可控。

随着国际学术交流的通畅,尖端技术在业内的交流更加迅速,为医疗器械的发展和进步奠定了基础。我国医疗器械行业内的优秀企业通过多年技术、人才和制造工艺的积累,已逐步缩小与外资企业在产品功能和品质上的差距,在某些细分领域甚至达到了国际领先水平。在发挥价格优势和渠道优势情况下,部分国内医疗器械产品在国际上具备较强的竞争力。医疗器械行业的下游是医疗卫生机构,医疗器械设备的需求一方面受到医疗卫生机构投资的直接拉动,从长远看则由我国居民对医疗服务的需求所决定:从医疗卫生机构投资方面来看,受政策的推动,民营医院和基层医疗机构数量在未来几年内仍将会快速增长,卫生部对各级各类医院科室的设备配置规定将拉动相关医疗设备的需求,进口替代和升级换代也为高端医疗器械产品留下广阔的空间。

### (五)促进医学发展

医疗器械的发展可以增进人类健康,延长寿命和提高劳动能力。随着社会不断发展,我国的医学模式和疾病谱已发生了显著的变化,发展医疗器械,可以深入系统地总结以往实践经验,加深对人的生命和疾病现象及其发生、发展规律的认识,发展医学新理论,开拓研究新领域,攻克技术新难关,寻求维护人类健康和防治疾病的最佳途径和方法,提高医疗技术和医疗质量,满足人民对医疗技术日益增长的需要。

### (六)促进社会发展

通过医疗器械在解决防病治病和保护人民健康中的关键技术问题的过程中,必定会产生一些有价值的科技成果,如应用于诊断、治疗、预防中的新技术、新工艺、新方法、新材料等。这些科技成果一方面直接发挥明显的社会效益,另一方面通过技术转让、技术入股或吸收外资联合生产等多种形式的开发,可转化为生产力,创造更多的社会财富,产生直接的经济效益,并可为卫生事业的发展提供良好的经济条件。

# 第二章　创新医疗器械的解析

## 第一节　创新医疗器械的概念

### 一、创新医疗器械的定义

创新医疗器械是指申请人经过其技术创新活动，在中国依法拥有产品核心技术发明专利权，或者依法通过受让取得在中国发明专利权或其使用权；或者核心技术发明专利的申请已由国务院专利行政部门公开。

产品主要工作原理/作用机制为国内首创，产品性能或者安全性与同类产品比较有根本性改进，技术上处于国际领先水平，并且具有显著的临床应用价值。

申请人已完成产品的前期研究并具有基本定型产品，研究过程真实和受控，研究数据完整和可溯源。

### 二、发展创新医疗器械的意义

医疗器械是对患者的疾病进行诊断和治疗的重要手段，是保障公众健康的重要基础和支撑。着力提升医疗器械科技创新能力，对于推动中国医疗器械产业科学发展，彻底改变我国大型医疗设备长期依赖进口的局面，推进医疗器械产业结构的转变，满足人民群众日益增长的健康生活需求，提高公众健康保障水平，保障医疗卫生体制改革的顺利实施，培育发展生物医药战略性新兴产业，具有非常重要的现实意义。

医疗器械产业是世界经济中极具活力和发展前景的高新技术产业之一，是世界各国竞相抢夺制高点的战略领域。在技术驱动和需求拉动的双重影响下，全球医疗器械产业持续增长和快速发展。长期以来，我国中高端医疗器械产品被国外跨国集团及在华三资企业垄断，国有、民营企业所占份额极低。同时，国产医疗器械产品以中低端耗材和家用检测器材为主，低水平制造和恶性竞争现象突出。可喜的是，根据海关贸易统计数据分析，近两年来，我国国有、民营企业在中高端诊疗设备出口领域有所突破，出口呈现快速增长趋势，部分产品出口至欧美等发达国家市场，实现局部突破。

医疗器械作为现代医疗的重要工具，是国家医疗卫生体系建设中的基础装备，医疗器械的自主创新及国产化，对国民健康保障具有极其重要的意义。医疗器械承载着国民健康数据，担负着国家的生物安全。疫情证明我国医疗卫生事业不能依赖进口产品，14亿中国人民的健康计划离不开国产医疗器械产业的有力支撑。我国医疗器械产业的发展目标在于实现国产医疗器械的完全自主研发，以原始技术创新和管理能力提升为两大途径，两者相互促进，共同推动国产医疗器械的持续健康发展。我们应摒弃急功近利的心态，不要急于弯道超车，持续打造自主知识产权，从跟随进化到原始创新；鼓励营造创新的大环境，理顺产业生态平衡，有效整合产业资源，完善医疗机构采购机制，让创新产品顺利进入医院和医保覆盖范围。国家应出台扶持国产医疗器械产业发展的政策，坚持以惠民为目的，以需求为导向，以创新为动力，切实理顺创新人才培养体制，释放各种资源要素，加强供应保障建设，投入政策红利与资金支持，通过疫情需求激增倒逼创新和技术升级。

## 第二节　创新医疗器械的价值

### 一、融合经济与社会发展

创新医疗器械的经济发展与社会发展双重属性。

一是，经济新常态下创新医疗器械产业对国民经济具有重要意义。创新医疗器械产业作为我国"十三五"时期重点扶持的战略性新兴产业之一，在当前世界经济增长放缓和国内经济新常态的背景下，肩负着发展实体经济、提升行业科技创新能力、促进就业等多重使命。"十二五"期间，我国医疗器械产业平均增速在15%左右，高于同期国民经济平均增速。2016年我国医疗器械总产值为3 425亿元。到2020年，中国医疗器械的年销售总额将超过7 000亿元，未来10年中国医疗器械行业发展年均增幅将继续保持在10%以上。发达国家健康产业占GDP比例为8%～15%，我国只达到2%。2014年，全球医疗器械和医药的消费比例约为0.7∶1，发达国家为1.02∶1。目前，我国医疗器械和医药的消费比例还远低于国际水平。《"十三五"国家战略性新兴产业发展规划》指出，积极开发和推广应用新型、高性能医疗器械。地方政府也纷纷培育发展医疗器械战略性新兴产业。

二是，创新医疗器械是医疗服务的基本要素和健康保障的重要基础。医疗技术的创新有利于将需求转变为现实。医疗技术进步对患者和医务人员具有明显的价值：使得以前的疑难杂症或者绝症得以缓解或治愈，有利于提升患者的生命质量，带来更好的就医体验，给患者带来信心等；有利于提升医疗服务效率，也给医务人员带来更好的工作体验。我国癌症发病率与世界水平接近但死亡率高于世界水平，成为一个必须高度重视的公共卫生问题乃至社会问题。根据我国第三次居民死因抽样调查，恶性肿瘤成为我国城乡居民第二位的死亡原因，占死亡总数的22.32%。恶性肿瘤死亡率属于世界较高水平，而且呈持续的增长趋势，比20世纪90年代初期增加了22.5%。根据国家癌症中心发布的较新全国癌症数据显示，居民最常见的4种癌症分别为肺癌、胃癌、肝癌和食管癌，这些癌症占了全国癌症病例的57%。医疗器械治病费用是医疗费用增长中速度最快的。每年全国因肿瘤造成的医疗费用为数百亿元，是全国卫生总费用上涨和居民医疗费用负担沉重的重要因素。基于我国基本国情，改善创新医疗器械尤其是针对慢性病防控和肿瘤治疗的创新产品的可及性，将给患者、社会和国家带来巨大的临床和经济收益。

三是，高端医疗器械供给被外资主导的困境。创新医疗器械是一个国家科技创新和全民健康保障能力的重要标志，发挥保障国民健康的战略支撑作用。改革开放以来，我国医疗器械产业得到了长足发展，生产企业数量显著增加，产品质量不断提升，为保障我国居民生命健康做出了不可磨灭的重要贡献。我国医疗机构中高端医疗器械的供给使用仍然面临难以充分满足国内患者需求，主要依赖外资企业产品的困境。我国民族医疗器械企业虽然数以万计，但总体上以小型企业居多。诸如MRI、PET-CT等高端创新医疗器械，几乎被西门子、通用电气、飞利浦三家跨国企业垄断。近些年来，我国创新医疗器械的注册、审评、审批政策环境明显优化，"创新医疗设备应用示范工程"也大力地推动了国产医疗器械在基层医疗卫生机构的推广使用。应当承认，医疗机构内国产创新医疗器械保障不足的状况并未根本扭转，是公众医疗费用负担较重的主要缘由。《"健康中国2030"规划纲要》提出，未来15年将推进医疗器械国产化。优化国产创新医疗器械的市场准入政策环境，将有利于扭转国民健康保障过多依赖外资医疗器械供给的局面。

## 二、创新促进我国医疗器械产业科学发展

打破国外医疗器械产品的市场垄断，唯有自主创新开发中高端医疗器械，突破核心部件与关键技术，提升我国生产中高端产品的能力，提升产品技术竞争力。大力发展中国医疗器械设备的自主创新，可以综合降低公众的医疗费用，推动先进医疗技术向基层普及，促进医疗质量的提高，同时有助于推动我国新医改战略的实施，有助于缓解"看病难、看病贵"的社会矛盾。通过自主创新实现中国医疗器械产业的科学发展，可以提升我国相关产业的技术水平和产业竞争力，改变我国医疗器械产品出口集中在中低端产品的现状。自主创新发展中国医疗器械设备产业，符合国家战略新兴产业发展方向的要求。

创新是中国医疗器械产业科学发展的必由之路，任重而道远，技术创新一定要掌握核心竞争优势，成就自身壁垒。医疗器械要实现科学发展、产业转型升级，唯有创新。相信在实施创新驱动发展战略的大环境下，依托医疗器械创新体系的建设，凝聚中国医疗器械全行业的智慧和力量，一定能够全面推动我国医疗器械产业的创新发展。

企业是经济发展的主体，也是科技创新的主体，企业创新能力是国家竞争能力重要体现，100多年来，世界上对经济发展起决定作用的技术几乎全部源自企业。企业把科技创新转化为现实生产力，把科技成果转化为市场需要的商品，把知识、技术转变为物质财富，形成规模产业，推动产业结构的优化升级。企业贴近市场，了解市场，具备将技术优势转化为产品优势、将创新成果转化为商品，并通过市场得到回报的要素组合和运行机

制。因此,强化企业在技术创新决策、研发投入、科研组织、成果转化方面的主体地位和主导作用,引导企业把更多的精力投入到技术创新上,才能逐步提升企业创新能力,从技术引进转向自主研发,实现企业从价值链中低端向中高端升级,甚至部分领域的技术应用进入世界前列。

## 三、医疗器械创新推动了医疗进步

诊断和治疗是医疗的两大任务,最初医疗器械的创新都是围绕这两方面展开。随着医疗器械技术不断创新,诊断和治疗的技术进步非常显著,过去不能看见的病变,现在都能看见;过去晚期才能看见的病变,现在早期就能看见;过去长期吃药都不见好的疾病,现在用医疗器械立竿见影,这些都是医疗器械创新的结果。

肺结核是一种由结核分枝杆菌引起的慢性传染病。百年前,没有X线技术,这种疾病的诊断是非常困难的,很多患者在生命终点都不知道得的是什么病。那时,视、触、叩、听、嗅是诊断的主要方法,听诊器是认识患者身体内部状态的主要医疗器械。自从伦琴发现了X线之后,他夫人的著名手指照开启了医用X线诊断学和放射医学。人类可以用X线无创活体观察自身内部形态,这种创新对医学产生变革,CT、DSA等先进医疗设备都是以X线为基础的。如今,血管造影、数字剪影、螺旋成像等等技术发明,使X线成像分辨率大大提高,可以观察微小病灶,为疾病的早期诊断、精准定位提供了条件。X线在显影技术的不断创新,将光化学显影完全转化为数字显影,从根本上废除了化学剂的使用,消除了环境污染源。更重要的是DR建立了数字化基础,使X线影像的数字化和网络化成为可能,是远程医疗的基础条件,极大地授惠于山区、海岛等边远地区人民群众获得优质医疗的机会。床边CT等移动医疗设备的发明,大大改善了医疗设备的舒适性,减轻患者在医疗中的痛苦。至今,超声、MRI、PET、分子影像等等各种医学成像技术,极大地提高了医疗诊断水平,推动医疗技术进步。

心律不齐是一种心脏传导系统异常引起心跳不规则、过快或过慢的疾病。过去,心律不齐依靠药物治疗,患者不能摆脱药物的长期依赖。射频消融的发明,大大提高心律不齐的治疗效率,还进一步扩展到肿瘤等其他疾病治疗。这种治疗技术的理论基础在于电磁生物效应,并发明了射频消融仪、微波热疗机、高频电刀、除颤器、体外碎石机等各种电磁治疗设备。这种设备的关键技术在于电磁能量的控制释放,作用于病灶,达到治疗疾病的目的。电磁医疗仪器的可控、有效、方便等特点,成为了医疗器械创新的重点领域,如科技部重大科技专项课题"纳秒刀"的研发和临床应用研究。

先进医疗器械的创新大大促进了医学学科的发展,一些医学新兴学科是以医疗器械相关技术发展起来的,如放射学、超声医学、激光医学、介入放射学、物理医学与康复医学等。未来医学发展是早期诊断、无创少创、精准医疗三大方向。利用电磁、波、光、热、放射等五大物理因素,以及人工智能、大数据、物联网、5G、机器人等技术的医疗器械创新,将助力未来医学的发展。

## 四、"健康中国2030"助力医疗器械创新发展

《"健康中国2030"规划纲要》(简称纲要)是中共中央、国务院于2016年发布的我国

卫生健康事业发展宏伟蓝图和行动纲领。纲要坚持"健康优先、改革创新、科学发展、公平公正"四项原则,"共建共享、全民健康"的战略主题,"以人民健康为中心,坚持以基层为重点,以改革创新为动力,预防为主,中西医并重"为核心。

《纲要》对医药产业和健康科技创新提出了规划,提出"加快医疗器械转型升级,提高具有自主知识产权的医学诊疗设备、医用材料的国际竞争力"。从历史看,科技进步促进了医疗器械的升级换代。第一代心电图机采用的是电子管放大器,机器性能不稳,信噪比低,极易受到环境电磁场的干扰,临床应用困难。第二代采用了晶体管放大器,性能上已经有了很大提高,但是信噪比问题还是非常突出,其原因是分立元件的互补对管不可能完全一致。第三代采用了集成电路,尤其采用了三运放放大器和右腿驱动电路,信噪比得到解决,抗干扰能力大大提高。现代心电图机在任何临床环境下都能很好地运转。这个例子表明,医疗器械产业转型升级应当借助于新科技进步,对传统医疗器械做代型机的开发,把传统医疗器械做得性能更好。

《纲要》提出重点部署医疗器械国产化任务,国家和各地方都把医疗器械作为新兴产业来布局,国家科技部列了"数字诊疗设备研发"重大专项,重点研发高端医疗器械及其关键部件,如X线球管、磁共振超导体和电磁线圈、PET探测器等等。国产医疗器械应用示范对降低医疗费用、调节卫生资源配置具有重要意义,一些机构开展了国产医疗器械应用示范,并对示范效果进行评价。传统医疗器械多数有产品标准,国产产品出厂前性能一般都可以达到标准,与进口产品无差别。然而,医疗机构在实际采购中还是喜欢进口。这就提示我们,在医疗器械产品评价中,平均故障时间(MTTF)是关键指标,即使性能指标无差异,但MTTF可以区分质量。因此,在国产医疗器械评价中,MTTF应当作为重要指标评价。《纲要》从制度上对医疗器械产业规划和科技进步提出了要求,是医疗器械突破性发展的机遇期,借助于政策和投资环境在医疗器械创新、质量控制、可靠性评估等各方面全面提升医疗器械。

## 五、医疗器械创新助力全民健康

中国生物医学工程学会创会理事长黄家驷教授在中国生物医学工程学会成立之初就提出生物医学工程就是要研究省钱的、适合中国国情的医疗器械。这个观点,不但过去适用,现在也是适用。"看病贵"的症结在于医疗成本过高,医疗器械的投资成本是医疗成本重要组成部分,高价医疗器械推高了"看病贵"。世界卫生组织(WHO)指出一些国家医疗器械的投资率已经超过本国的GDP增长率,影响了国民经济的发展。因此,创新质优价廉的医疗器械是一大民生工程,具有重要战略意义。

WHO调查表明全球80%的医疗器械专利都是来自于北美、欧洲、日本,为高收入国家提供技术解决方案,中低收入国家缺少便宜的高性能医疗器械,这个现象不符合联合国提出的可持续发展目标(SDGs),提出要研发安全、有效、低成本的创新医疗器械。2013—2017年,WHO三次发布了便宜的创新医疗器械清单,包括eHealth、康复、妇女、儿童、护理、手术、给药、监护等方面。发明者多数来自北美、欧盟等发达国家,但是非洲、东南亚国家也不少,就是少见中国的发明者。

医疗器械创新的目的是解决临床中所出现的困难或障碍。这些困难或障碍可以分

为几类:

1. 需要解决的医学问题

医学面临着许多挑战,恶性肿瘤、心脑血管疾病、传染病、尿毒症等等疾病都直接威胁人民群众生命健康,代谢性疾病、COPD 等严重降低了人们的生活质量。面对这些疾病,医疗器械能做什么?这类创新需要有科学实验的证据,需要做基础研究。

2. 需要解决的技术问题

对同一个医学问题,会出现不同的解决方案。以手术刀为例,为了解决切割出血问题,发明了高频电刀;为了解决组织气化问题,发明了超声刀;为了解决无创问题,发明了γ刀,这些刀都是解决组织分离和切割,但所发明的技术各不相同,各有创新。

3. 需要解决的应用问题

监护仪最初是为冠心病患者设计的,当时监护参数只有心率一个。随着临床监护意义被发掘,各种监护被发明出来,有心电监护、血压监护、脉搏监护、血氧监护、呼吸监护、胎儿监护、远程监护、输液监护等。这些监护应用领域不同,但都出自监护一个概念。

从医疗器械创新历程看,原创初期的医疗器械会因技术不完备,应用范围会小而窄,但可以解决一个医学问题,如 MRI 初期就是为了检查早期肿瘤。随着技术的不断提高,器械性能愈来愈好,如永磁 MRI 改超导 MRI,成像分辨力显著提高,大大提高肿瘤诊断准确率。在有技术的条件下,开拓应用范围也是创新的重要部分,如 MRI 应用于骨科诊断、功能成像等。因此,医疗器械的创新是全方位的。

医疗器械创新来源于临床实践,医生护士是原创医疗器械的主体,科学家和工程师有知识和思维上的优势。医学与工程结合、互补是医疗器械创新的最佳模式。医疗器械创新不断提供先进的医疗技术和质优价廉的医疗器械,中国期待着从医疗器械创新中改变“看病贵”状况。

## 六、医疗器械创新推动科技革命和产业发展

医疗器械行业是发展既快又稳的行业,根据商务部中商产业研究院分析,2019 年全球医疗器械市场规模是4 500 亿美元,我国是6 017 亿人民币,预计到2022 年市场规模超9000 亿人民币。我国现在医疗器械产业特点如下。

1. 需求旺盛,但国产高端医疗器械供给不足

国务院办公厅印发《关于推进分级诊疗制度建设的指导意见》中提出建立“基层首诊、双向转诊、急慢分治、上下联动”的分级诊疗模式。社区卫生服务中心和乡镇医疗机构对医疗器械的需求,极大推动医疗器械的临床应用。

2. 我国医疗器械仍集中在中低端品种,高端产品主要依赖进口

医学影像、体外诊断、耗材(含低值和高值)3 类产品占需求前3 位,并且心血管、骨科耗材需求增速最快。但高值医疗器械还主要依靠进口。

3. 我国医疗器械市场规模大,成长空间巨大

2019 年我国医疗器械市场规模为6 017 亿元人民币,增速17%。影响我国医疗器械增长的因素主要有老龄化加快和人们健康意识提高,对医疗服务的需求在增加,带动了医疗器械的需求也在同步增加,各种类型的医疗器械都有巨大成长空间。

4. 政策红利推动下,国产医疗器械逐渐提高竞争力

《中国制造2025》提出重点发展影像设备、医用机器人、全降解血管支架、可穿戴设备、远程医疗。《"健康中国2030"规划纲要》提出高端医疗器械国产化率要大幅提高,《关于改革药品医疗器械审评审批制度意见》对拥有专利具有重大临床价值的创新医疗器械特殊审评、优先办理等一系列政策,将加快中国制造的医疗器械市场竞争力。

医用成像设备、机器人、血管支架、远程医疗设备、手术精准定位和导航、生物3D打印、医疗数据采集与分析系统等是当前医疗器械创新的重点领域,未来人工智能、大数据、5G、云计算、护理和手术用品等是医疗器械创新的重点领域。公共卫生领域的医疗器械创新还不够多。在这次新冠疫情中,医疗器械做出了一定的贡献,如红外体温计、人工肺(ECMO)、呼吸机等。但是,还有很多领域需要医疗器械创新,如消杀设备、防护设备、IVD等。总之,预防医学领域的医疗器械创新明显落后于临床医学。

健康是人类永恒的主题,党和国家高度重视人民群众身体健康,出台许多促进健康、鼓励创新、支持产业发展的政策。我们应当以促进人民群众健康为己任,发挥党和国家的政策优势,不断创新先进医疗器械,助力于全民健康。

## 七、谋创新就是谋未来

2021年是我国现代化建设进程中具有特殊重要性的一年,是中国共产党成立100周年,也是"十四五"规划开局之年。在这个重要历史交汇点,国家药品监督管理局批准我国第100个创新医疗器械上市,同时召开创新医疗器械成果报告会。这次大会,是2021年国家药监局召开的首次全国性会议,时机重要,意义重大,正是要向全国药监系统和医疗器械行业发出明确信号:谋创新就是谋发展,谋创新就是谋未来,创新医疗器械极端重要,须臾不可放松,务必抓紧抓实。

创新医疗器械与人民群众身体健康和生命安全息息相关,是人民群众对美好生活的新期待。党中央、国务院高度重视药品医疗器械创新,习近平总书记就做好新时代药品医疗器械创新做出一系列重要指示批示,强调:"要加快高端医疗设备国产化进程,降低成本,推动民族品牌企业不断发展。""要加快补齐我国高端医疗装备短板,加快关键核心技术攻关,突破这些技术装备瓶颈,实现高端医疗装备自主可控"。国家药监局坚决贯彻落实党中央、国务院决策部署,全面贯彻新发展理念,打造适应医疗器械产业创新发展的新监管体系。着力构建促进创新发展的新法规体系,为医疗器械产业创新发展提供强有力的法治保障;加快推进监管科学研究,为医疗器械产业创新发展提供强有力的工具方法保障;加快推动医疗器械注册人制度全面实施,为医疗器械产业创新发展提供良好的生态环境;坚持风险全生命周期管理要求,强化上市后监管,守好创新医疗器械安全底线;继续加强国际交流合作,为医疗器械创新发展营造良好的国际法规环境。从2014年第1个创新医疗器械获批,到目前100个创新医疗器械上市,成绩显著。第100个创新医疗器械获批既是一个里程碑,也是我国由"制械大国"向"制械强国"迈进的新起点。

创新就是生产力,企业赖之以强,国家赖之以盛。激活创新的源头活水,既要大力弘扬企业家精神,又要充分尊重医疗器械企业的创新主体地位。要加强顶层设计,引导医疗器械企业成为产业创新发展的主力军。对有实力的龙头骨干企业,可以考虑利用国家

各种鼓励和支持医疗器械产业发展的政策，做好上下游产业链整合，带动全产业链集群发展，提升产业链现代化水平。要强化医疗器械企业产品质量和安全第一责任人的意识，始终把产品质量作为企业发展的生命线，始终把提升产品质量和确保产品安全作为第一要务。要强化部门间政策协同配合，加快出台推动医疗器械高质量发展的意见，对于人民群众急需、列入国家重点支持的产品依法依规纳入有关创新、优先审批通道。

## 第三节　我国创新医疗器械发展现状

在“中国制造2025”“健康中国2030战略”等国家战略规划的推动下，中国医疗器械行业继续保持发展态势。据中国医药物资协会统计，我国的医疗器械市场规模从2001年的179亿元快速增长到2019年的5 800亿元。2019年全年中国医疗器械市场销售规模比2018年度的5 250亿元增长了550亿元，增长率约为10.47%。近10年年均增长率约为21.73%。据中国医药工业信息中心统计，2019年我国医疗器械产业产值增长速度放缓6.71%，低于2018年增长速度，低于医药工业总产值增长速度7.95%。其中，医疗仪器设备及器械制造产值增长速度仍旧保持两位数11.56%，卫生材料及医药用品制造增长速度降至5.29%，由此分析，卫生材料及医药用品制造的增速降低影响了医疗器械产业产值增速。原因可能是连续高增长后基数较大、产业经济形势、相关政策实施等影响。

依据心血管疾病的种类，心血管高端创新医疗器械包括心血管支架、起搏器、封堵器、心电AI等。在创新心血管器械领域，如经导管介入心脏瓣膜（TAVR）、生物可吸收冠脉支架系统、植入式左心室辅助系统（人工心脏）等国产企业先于外企获批，国产占据主导，意味着未来中国器械增量市场很可能由国产占据主导。微创介入治疗中，心血管支架、TAVR、内窥镜、球囊导管等器械都属于实施微创介入手术所需的设备，都是国产企业关注的创新方向。

自上海微创医疗和北京乐普医疗先后打破海外技术垄断，上市了具有自主知识产权的心脏冠脉药物洗脱支架（下称：国产支架）产品后，国内企业在上述产品研发领域核心技术不断突破，市场占有率快速提高。目前国产支架市场份额已达到约80%，已基本实现进口替代。

国产心脏起搏器目前只有北京乐普医疗、深圳先健科技和创领心律医疗3家有产品获批，市场占有率相对较低。目前国内市场上心脏起搏器主要被外资品牌垄断，NMPA批准的起搏器品牌有美敦力（Medtronic）、圣犹达（St. Jude Medical）、波士顿科学、百多力（Biotronik）、索林集团（Sorin Group）、Vitatron、Livetec Ingenieurbüro等，其中数据显示前三家占据了80%以上的国内市场份额。

国产封堵器的企业主要有乐普医疗、先健科技和华医圣杰，市场占有率达99%左右，远超进口厂家，已基本完成进口替代。

随着数学、计算科学与信息技术的发展，人工智能算法在现代工业和医学中发挥着越来越大的作用，在医疗器械产品方面的应用不断取得突破，使心电图的自动分析技术得到了大幅提高，目前在心电图诊断分析领域的应用也受到越来越多的关注。2020 年，NMPA 批准了深圳市凯沃尔电子有限公司的 AI-ECG Platform 人工智能心电分析软件，是 NMPA 批准的首个心电 AI 产品。

总之，相比药品，创新医疗器械则是由国产企业占据主导（图 2-1）。2019 年，技术含量较高的第三类医疗器械共 1 335 项获批注册，其中境内 1 055 项，占 79.0%。2014 年创新医疗器械特别审查程序开启以来，截至 2019 年 12 月 31 日，进入国内创新医疗器械特别审批程序的产品共计 238 个，其中心血管相关的产品（影像设备、内窥镜等除外）有 78 个，AI 产品 4 个。涉及北京市医疗器械创新产品 49 个，心血管创新产品 13 个，AI 产品1 个。全国有 73 个进入创新程序的产品获得批准注册，其中排名靠前的省市分别是北京 21 个、上海 15 个、广东 11 个、江苏 11 个（图 2-2）。从批准产品的类型来看，植入类医疗器械 33 个，诊断类设备 14 个，体外诊断试剂 14 个（以上数据来自国家药品监督管理局医疗器械技术审评中心）。

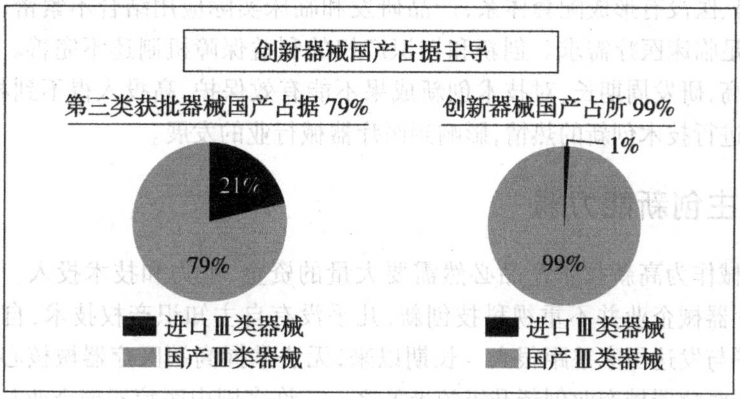


图 2-1 创新医疗器械（第三类医疗器械）国产企业占据主导

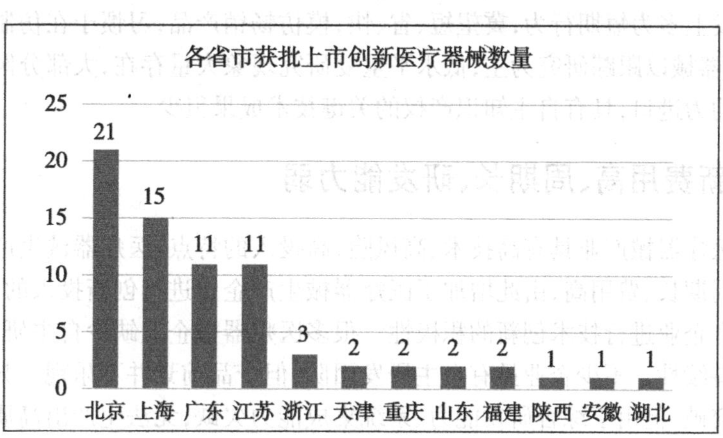


图 2-2 各省市获批上市创新医疗器械数量

## 第四节　影响我国医疗器械创新发展的主要因素

我国的医疗器械由于创新能力较薄弱、创新链不完善、创新战略体系不健全、产业配套落后、产学研用结合不紧密、跨国企业技术垄断、本土企业同质竞争激烈、临床使用问题等多方面因素，造成我国医疗器械科技整体水平与发达国家存在较大差距，严重阻碍了我国医疗器械产业的创新发展。

### 一、创新体系建设

医疗器械的创新，首先需要体制的创新。我国医疗器械产业发展缺少整体的战略规划，产、学、研、医没有形成配套体系，产品研发和临床实际应用结合不紧密，产品和技术不能真正满足临床医疗需求。创新和知识产权的利益保障机制还不完善。医疗器械技术创新投入高，研发周期长，对技术创新成果不能有效保护，高投入得不到相应的补偿，打击了企业进行技术创新的热情，影响到医疗器械行业的发展。

### 二、自主创新能力弱

医疗器械作为高新技术产品必然需要大量的资金、人力和技术投入。由于多种原因，很多医疗器械企业并不重视科技创新，几乎没有自主知识产权技术，自主创新能力低，整体水平与发达国家差距很大。长期以来，无法掌握高端医疗器械核心部件及关键技术，是我国医疗器械产业创新升级的难关之一。许多国内医疗器械企业具备仿制国外企业产品的能力，却无法仿制核心部件。核心部件占整机成本比重大，均依赖进口。国内企业在研发上多为短期行为，冀望短、省、快，模仿畅销产品，习惯于在仿制中创新。目前，我国医疗器械以跟踪研究为主，低水平重复研究现象大量存在，大部分医疗器械高端技术与产品均为进口，具有自主知识产权的关键技术成果很少。

### 三、创新费用高、周期长、研发能力弱

中高端医疗器械产业具有高技术、高风险、高投入的特点，医疗器械生产企业投入产出的特点是周期长、费用高，由此增加了医疗器械生产企业进行创新投入的风险，影响了医疗器械生产企业进行技术创新的积极性。很多医疗器械企业缺少自主研发团队，研发也不具备可持续性。不少企业虽有自主研发团队，但产品前景并不乐观。某些关键环节上即便有所突破，但由于综合研发能力、系统集成能力欠缺，无法生产出高质量的产品投放市场。

持续创新的重要基础是市场推动。国内不少企业的创新产品由于未能及时打开市场，缺少市场推动力，导致持续创新乏力，产品无法得到市场认可，最终被市场淘汰。因

此，医疗器械产品的研发，不仅要强调创新，更要强调持续创新。只有可持续的创新，才具有持久的竞争力。

## 四、基础工业水平与国际水平差距大

医疗器械行业始终处于供应链中间位置，上游的国家基础工业、电子、机械、能源等，以及下游的医疗卫生产业状况等都会对医疗器械行业产生决定性影响。中高端医疗器械产品的技术门槛较高，工艺复杂，材料要求特殊，涉及包括新材料、电子、机械、软件等上游基础行业，而我国这些基础行业，特别是材料和机械加工工艺的整体水平与国际先进水平有较大差距，严重制约我国医疗器械产业创新发展。以CT机的X射线球管为例，高端CT机的X射线球管设计制造涉及高压材料绝缘与耐压、液态金属轴承等特殊材料和特殊工艺直接与国家基础工业水平相关。

## 五、国际竞争

我国医疗器械市场化程度较高，国外大型医疗器械制造商资金雄厚、技术先进、人才集中，在大型高端医疗器械的研发上积累了数十年丰富的经验，垄断了主要高端医疗器械产品的核心技术。国际大型医疗器械制造商可以凭借其资金优势和品牌优势，通过收购国内企业或由国内企业代工（OEM）的方式降低生产成本，进入基础医疗器械市场，给我国医疗器械生产企业带来强大的竞争压力。

各国政府对医疗器械产品的市场准入都有非常严格的规定和管理，我国在医疗器械生产过程管理和质量保证体系方面与发达国家仍有较大差距，通过国际认证的国内厂家和产品较少。国内医疗器械产品出口面临一系列非关税贸易壁垒，并且国内医疗器械企业缺乏国际医疗器械市场运作经验的专业人才，国际贸易经验不足，进入国际市场困难较大，都影响到我国医疗器械产业的创新发展。

## 六、医疗器械产业专项规划缺失

医疗器械产业虽然隶属于生物医药产业，但是医疗器械产业与医药产业具备实质性差别，其发展涉及医药、机械、电子、塑料等多个行业，是一个多学科交叉、知识密集、资金密集的高技术产业，高性能医疗器械被确定为重点突破领域之一，为我国医疗器械产业未来的发展带来利好。但是针对医疗器械产业制订的专项规划寥寥无几。对于我国医疗器械产业这样一个处于上升阶段的产业，专项规划的缺失，导致各部委各类规划推进落实不到位，影响产业协调发展。如国家批准创新产品上市后，上市后的配套政策缺失，致使已经获批的产品因招标、定价等原因迟迟不能进入市场，使得部分高端创新医疗器械不能尽早服务于患者。创新医疗器械不仅在上市前需要政策扶持，上市后更需要政策推动、全程跟踪、整合优势资源，持续完善价格保护、招标采购、医疗保险等政策，形成系统性强、匹配度高的政策支撑体系。

## 七、创新水平有待提高、关键原材料需要进口

目前,我国民族医疗器械企业仍以仿制和改进设计为主。经过十几年的技术积累,尽管国内已经具备了心脏病植介入诊疗器械及设备新产品研发及产业化的诸多有利条件,但是,心脏病植介入诊疗器械及设备涵盖了新生物材料技术、超精密加工先进制造技术、新的检测技术、计算机软件和大规模数字集成芯片技术、光电技术、核磁技术等多学科交叉、相互融合的先进技术领域。这些技术领域代表着一个国家工业技术的基础水平,经过改革开放30 年我国高新技术产业的迅猛发展,一大批带有自主知识产权的高技术产业已经初具规模,但是与欧、美、日发达国家相比,高技术产业基础仍然薄弱,关键原材料需要进口,先进的设计理念没有先进实验室验证,领先的加工工艺缺乏先进的装备等,无法支撑具有国际竞争能力的创新性心脏病植介入诊疗器械产品研发及产业化,为了避免国外厂商的技术及原材料封锁,保证中国人口老龄化社会的平稳过渡,保障我国患者能得到及时医治,必须实现国家在上述产品关键技术和原材料制造能力的自给自足。在以高端植介入诊疗器械及设备为标志的关键技术研究和生产制造技术上,自有技术的拥有、器械和设备的替代进口自给自足,能够快速不断地拉近与先进国家的差距,特别是心脏起搏器、大型心血管造影机等,能够彻底改变目前国家基本依靠进口的现状,实现国产化能彻底解决该领域医疗成本居高不下的格局,摆脱高端介入诊疗器械及设备不得不依赖进口、大量资金外流甚至出现市场价格歧视的现状,避免极端情况下供给无法正常保障的危险局面发生,真正打破国外技术垄断的格局,保障国家战略资源安全。

## 八、医疗器械定价不完善

当下,国内高端医疗器械市场,尤其是大型器械、精密器械等,70% 左右依赖进口,行业的对外依存度较高。所以,高端医疗器械的市场定价受产品到岸价、外贸、流通等众多环节和因素的影响。在我国医疗器械市场潜力巨大、本土研发不足、跨国企业技术引领等形势共同作用下,行业的定价机制需要综合考虑多种因素制订一套适合国情的定价策略。医疗器械价格的形成一般要经历 3 个环节:生产、流通和医疗机构使用。生产环节中,国产及进口医疗器械产品的出厂价格(到岸价)形成机制无明显差异;流通环节中,目前进口医疗器械的培训、运输、售后服务等费用主要由医疗器械生产企业或总经销商负担;使用环节中,国产及进口医用检查治疗设备均以检查费的形式来体现其价格,医疗器械价格管理主要通过医疗服务项目打包收费或加价率(额)控制两种方式:一是植入类医疗器械和少数特殊材料,允许在医疗服务项目外单独向患者收费;二是低值卫生材料,作为医疗服务成本的一部分,纳入医疗服务项目中打包收费,不单独计价。目前我国医疗器械尚不在政府定价范畴内,生产经营企业(供应商)可以自主定价,政府对医疗器械价格的管理属于中间管理,主要体现在集中采购或招标采购以及通过医疗服务项目打包收费上,同时对植(介)入类医疗器械进行价格监控。缺乏对国产创新医疗器械的定价机制,同时医疗器械定价机制尚不健全。

## 九、管理体制及支持政策不健全、不配套

目前，我国医疗器械产业正处于转型升级的关键时期，从“依赖进口、仿制为主”逐渐向“自主创新研究”转变的时期。完善的医疗器械监管体制，能够从源头上把控医疗器械品质，过程中控制医疗器械的安全有效，为医疗器械产业稳健发展奠定牢固的基础。对此，提出以下两点建议：①完善法规体系与监管机制。加强立法工作，使医疗器械监管工作有法可依。同时完善创新医疗器械规范性文件的制订与修订，总结实际工作经验，让法规文件与实际过程中的监管衔接更加顺畅。注重上市后监管机制，建立完善的风险防控体系，对生产流通等关键领域实施具有针对性的监管措施，加大飞行检查力度，保证医疗器械在各个环节得到有效监管。②优化医疗器械监管机构，提高审评监管能力。虽然我国已设立创新医疗器械审查办公室，但受限于人员数量和专业范围以及创新医疗器械本身的特点，在具体审评时，对关键技术、相关法规存在疑问，缺乏针对创新医疗器械产品核心技术层面的专业把控。建议增加监管机构的学术科研投入，提高创新医疗器械审评监管能力，针对过程中可能出现的关键技术点做好战略性布局，为创新医疗器械专家咨询制度提供保障。

## 十、创新医疗器械招标采购目录缺失

公立医院政府采购的主要方式有公开招标、邀请招标、竞争性谈判、询价和单一来源采购等，公开招标是政府采购的主要采购方式。各省市公立医院政府集中采购目录和标准由所在地政府颁布，集中采购目录是公立医院编制年度政府采购预算、申报政府采购计划的依据，也是财政、纪检监察、审计等部门实施监督检查的主要内容。政府集中采购目录以外、限额标准以上的为分散采购。分散采购可以用招标采购，也可以用非招标采购，但达到公开招标的限额标准必须按照国家法律规定进行公开招标，特殊情况不能采取公开招标的，必须经当地财政部门批准同意后才能使用其他采购方式。总体上，医院高端创新医疗器械大多由公开招标方式采购。但是，全国缺乏统一高端医疗器械集采目录，特别是针对国产创新医疗器械的目录，造成国产创新医疗器械经常因产品定格、政府招标时限等原因，迟迟无法进入市场。应强化创新产品在价格、医保、招标采购等各环节的政策衔接。强化对自主创新产品在招标采购中的政策倾斜，提高国产医疗设备的配置率。

# 第五节　国家对创新医疗器械的政策支持

2015 年 5 月，国务院印发《中国制造 2025》，旨在提高国家制造业创新能力、推进信息化与工业化深度融合等九项战略任务和重点。其明确指出：提高医疗器械的创新能力

和产业化水平，重点发展影像设备、医用机器人等高性能诊疗设备，全降解血管支架等高值医用耗材，可穿戴、远程诊疗等移动医疗产品。2016 年 8 月，为细化落实《中国制造 2025》，工业和信息化部、发展改革委、科技部、财政部组织编制了制造业创新中心、智能制造和高端装备创新等 5 个工程实施指南，并正式发布。生物医药及高性能医疗器械是十大领域之一。发展心脏瓣膜、心脏起搏器、全降解血管支架等高端植介入产品被纳入国办印发《关于促进医药产业健康发展的指导意见》(国办发〔2016〕11 号)。为抢抓人工智能发展的重大战略机遇，构筑我国人工智能发展的先发优势，2017 年 7 月 8 日，国务院印发《新一代人工智能发展规划》。

为鼓励医疗器械研究与创新，促进自主创新医疗器械产业发展，原国家食品药品监督管理总局于 2014 年 2 月 7 日印发《创新医疗器械特别审批程序(试行)》(食药监械管〔2014〕13 号)，2018 年 12 月 1 日，国家药品监督管理局(NMPA)在广泛征询了各方意见后，修订并开始实施新的《创新医疗器械特别审查程序》，进一步完善了适用情形、细化了申请流程、提升了创新审查的实效性，并明确对创新医疗器械的许可事项变更优先办理，为我国的医疗器械产业发展提供了有力的政策支持。

工业和信息化部在 2020 年 5 月 6 日批复组建国家高性能医疗器械创新中心，将围绕预防、诊断、治疗、康复等领域的高性能医疗器械需求，聚焦包括植介入器械等高端创新医疗器械为重点方向，着力打通原理和技术、关键材料、关键器件、系统和产品等研发和产业化链条，扎实推进医疗器械领域创新体系建设，提升我国高端医疗设备生产制造和整体产业水平。

## 第六节　发展创新医疗器械策略

科技创新是推动中国医疗器械产业科学发展的战略支撑和原动力，是医疗器械产业发展全局的核心。彻底改变目前我国医疗器械产业的现状，以科学发展观进行体制创新、观念创新、实践创新、理论创新、制度创新、管理创新，营造我国医疗器械创新的良好大环境。要走中国特色医疗器械自主创新道路，以科学发展观谋划和推动医疗器械创新。

### 一、加快建设中国医疗器械创新体系

深化医疗器械领域科研体制改革，推动医疗器械科研和产业紧密结合，以科学发展观加快建设医疗器械国家创新体系，逐步构建以医疗器械生产企业为主体、市场为导向、产学研用紧密结合的医疗器械技术创新体系。完善医疗器械知识创新体系，强化与医疗器械相关的基础研究、前沿技术研究及关键技术研究，有效提升医疗器械研究水平和成果转化能力，通过几代人不懈的努力，逐步抢占医疗器械科技发展战略制高点。实施医疗器械国家科技重大专项，突破当前我国医疗器械创新中的重大技术瓶颈。加快医疗器

械新技术、新产品、新工艺的研发应用，加强医疗器械技术集成和商业模式创新。

制定鼓励创新的激励机制及转化机制，从体制、机制、政策上大力扶持医疗器械创新发展。鼓励研发创新，制订针对医疗器械技术创新的专项财政支持等政策。以科学发展观制订、完善医疗器械科技创新评价标准、监管机制，开通医疗器械创新产品审评绿色通道，在资金及产品注册、上市、采购方面给予政策支持，减少行政审批事项和环节，优化审评、审批程序。

医疗器械振兴的前提是建立完善的医疗器械技术标准体系和管理标准体系。完善医疗器械监管政策，推进创新医疗器械产品上市，优化医疗器械监管机构。建立垂直监管系统，国家药品监督管理局在各省市设置“分中心”进行垂直管理，改变目前我国医疗器械监管执法力量过于分散、执法标准不一致等情况。

结合医疗器械创新体系的建设，对现有医疗器械产业园区进行科学规划，取长补短，建立各具特色的医疗器械创新研发中心，以此带动相关创新产业群的发展，使医疗器械产业创新科学、有序发展。

加强监管机构队伍建设。在有关高校开办“医疗器械监管”专业，培养医疗器械监管专门人才，制定医疗器械行政监管人力资源规划，吸引优秀人才从事医疗器械行政监管工作。同时，加强监管人员法律、法规和专业知识在岗培训，提高人员素质，提高执法尺度的一致性。

建立动态的医疗器械智慧监管机制。融合物联网、大数据、区块链、人工智能等新技术手段。

构建以财政投入为引导、企业投入为主体、金融机构为支撑、社会资本为补充的多元化、多层次、多渠道的科技创新投入体系。财政资金对民营企业的资金投入，主要解决国家急需材料的系统性技术攻关；公司持续自筹研发投入，主要采用新技术、新工艺、新材料，解决市场需求产品的工程化开发，让科技创新跟着市场走，以市场为导向、由市场来引领，从而保证研发产品的时效性，提高研发产品附加值，避免研发“无效产品”。

## 二、引进医疗器械创新型人才、加强知识产权保护

医疗器械创新，离不开一大批在理论和关键技术方面具有自主创新意识、自主创新能力的人才，离不开具备国内外市场开拓能力的综合型人才。重视科技领军人才队伍建设，促进产业高质量发展。“创新驱动实质上是人才驱动。”习近平总书记的重要论断，深刻揭示了人才与创新的关系。通过加强载体、平台建设，引进高层次创新创业人才；通过重点培养、优化服务，壮大创新创业人才队伍；着力构建一支以高层次创新创业人才为塔尖、以广大科技创新人才为中坚、以创新储备人才为基础的“金字塔”形、结构合理、梯队分明的人才队伍，激发创新活力和创造潜力，助推医疗行业高质量发展。

知识产权保护是医疗器械创新研发管理中非常重要的内容，发达国家一直都是医疗器械知识产权保护强国，我国在医疗器械创新知识产权保护方面亟待加强。加强知识产权保护和企业家财产权保护。保护企业和技术人员的智力成果，完善技术成果的转移、转化机制，保护企业家财产权，激发企业家创新创业活力，促进医疗器械持续推进产品创新。

近年来,从中央到地方,各类旨在促进科技成果转化的政策密集出台,让更多成果走向市场,在基础研究、前沿技术、高端装备、重大工程等领域取得一批重大成绩。然而,我国科技与经济联系不够紧密的深层次问题仍有待进一步破解,这就需要我们加强成果转化相关政策的宣传和执行力度,破除科技成果转化过程中的关隘,明确转化模式和收益分配机制,各方合力共同推进我国科技成果加快转化。

## 三、注重材料基础研究、大力推进原始创新

国家对基础研究越来越重视,投入也越来越多。基础材料的研究是医疗器械行业发展的基石和保障,只有根据国家独立创新的要求,从基础原材料做起,才能避免国外对我国产业形成围剿。在大幅度提升基础研究投入的同时,营造利于基础材料发展的大环境,让从事基础研究的科技人员能静下心来做研究。同时,对从事基础研究的评价,应区别于技术应用,结合基础研究的特点,重在理论创新、引领作用和对应用技术的推动作用。

高端医疗器械核心技术的原始创新应结合各地制造业优势领域,打造国产医疗器械研发制造示范应用和生产销售的全生态,培育一批高能创新平台,通过国家投入来深耕一批医疗器械科技创新策源地,积极扶持龙头企业,培育壮大“专新特精”小微企业,做大做强高端医疗器械的细分产品,通过仿创、原创、突破和革新,促进产业链聚集并形成集群优势。通过替代进口产品、提升集中度、外延并购等手段快速有力推动国内医疗器械发展。以医、工、信结合为牵引,推进医疗器械产业创新体系建设与优化审批流程。针对目前医、工、信结合无法落地的问题,亟须发挥政府主导作用,整合创新资源,加快基础研究成果技术转化,重点建设以企业为主体的医、工、信协同创新机制。优化医疗器械审批流程和创新审评、审批机制,为变革性产品开辟专门审评通道,扩大医疗器械注册人制度的试点范围,降低创业门槛激发科研人员的创业激情,鼓励培育医疗器械创业氛围,加快医疗创新成果与技术走向临床应用。

规划引导原始重大创新,“十三五”期间,我国医疗器械产业发展取得了可喜的成绩,TAVR、全降解血管支架、植入式左心室辅助系统(人工心脏)等国际前沿产品已实现技术突破,有效逆转了我国高性能产品以进口为主的不利格局,国产医疗设备与进口品牌的差距正在逐步缩小。然而上述产品的原材料和关键配件仍以进口为主,产业发展仍以跟踪仿制为主,缺乏原始创新,共性关键技术和重要核心部件亟待突破,面向跨学科、跨领域、跨产业的跨界融合仍需加强。因此,建议制订医疗器械发展规划,发挥引领产业发展作用,注重引导原始重大创新。加强创新能力建设,完善协同创新体系,推动创新升级,解决重点问题,提升产业化技术水平;加强医疗器械原材料、核心技术和关键部件开发,突破共性关键技术,推动重大创新和临床急需产品产业化。

## 四、加强宏观布局与管理能力提升

为进一步推动国产医疗器械产业快速发展,政府应进一步出台政策法规,主动释放资源要素,加强研发投入、创新政府采购办法,引导风险资本支持研发,构建医疗器械技

术研发与产品转化的资本支持体系。国产医疗器械研发企业需要宽松的投融资、优惠的财税政策以及政府采购渠道，支撑企业度过医疗器械漫长的研发周期。各级政府应及时总结疫情经验教训，复盘各类传染病疫情事件，做好平战结合的危机应对准备，补齐短板，健全重大疫情救治体系，优化医疗器械战略储备的品种结构，提升储备规模。战略保障与自主科技创新相结合，根据新技术迭代情况对储备目录进行动态调整。建立一批国产医疗器械应用示范基地，推动国产医疗器械进入应用评价；对于具备竞争优势的医疗器械进行成本价配置，对于自主创新的高端医疗器械在政府招标中通过专家评议给予加分进行优先扶持配置；建立国家及省级创新示范产品目录，鼓励使用国产医疗器械；同时建立示范产品质量监测中心，对示范产品实施现场质量动态跟踪监测，为评价产品稳定性和维修提供保障服务；系统化推进提升配置体系、规范标准和运行机制，促进国产创新诊疗装备的推广应用。

## 五、促进市场准入和监管机制适应新技术、新产品的快速发展

建议行业监管部门和检验检测机构，密切关注全球最新技术和产品动态，以及人工智能、大数据等新技术对医疗器械领域的渗透融合，及时出台针对移动医疗设备、人工智能辅助医疗装备、新型神经调控技术等新产品、新技术的相关标准和应用指导意见，引导产业和市场规范健康发展。同时，推进第三方检验检测机构机制的建立，提高创新产品的检验检测速度和专业化服务水平。

实施创新医疗器械示范性应用工程，针对我国研发上市的重点创新产品，依托大型三甲医院等优秀平台开展示范性应用并系统、客观、科学地评价产品的实际临床效果及适用性、可靠性，获得产品改进的数据，优化服务模式，形成体系化、机制化的培训、服务和推广体系，提升自主创新产品的品牌认可度。

## 六、调整对外经济技术合作策略，带动技术创新水平提高

对外改革开放对推动医疗器械行业的发展、推动产品更新换代起了重要的作用。总结多年对外经济技术合作的经验、教训，应积极调整对外合作策略，在引进方面，除进一步重视和加强资金的引入，还要特别重视先进的产品技术和生产技术的引进，不能再搞二、三流产品的散件组装式的合资，要通过合作，使我们的企业真正掌握技术，并有助于提高我们自己的技术创新水平和创新能力。当然，推行以技术创新为主导的对外合作战略，会使得我们引进外资的难度加大。在国外愿意与我们合资、合作的领域，我国行业基本上具备了一定的市场基础和技术力量，应该说合资、合作也是一种竞争策略，是否能通过对外合作，学习、掌握到国外先进技术，有效地提高我们自己的技术创新水平，是我们能否在这场竞争中取胜的关键。要权衡眼前利益和长远利益、局部利益和全局利益的关系，只有在引进的基础上有所创新，稳固和加强自己的技术创新体系，企业才能在市场竞争中把握主动，才能有持续长远的发展。国家有关部门和行业协会应在这方面加强对企业的引导和帮助。加强对外经济技术合作，要突破固定的模式，除了引进国外技术先进的产品合作生产，还应积极开展国外先进技术和专利的引进，通过直接购买具有高附加

值的独占技术和专利，并用于我们现有产品的技术升级换代，加速自我创新能力的提高，使我们的企业有机会获得更多创新超额利润，同时维护和发展自己的市场资源，提高企业的市场竞争力。

另外，加强国际经济技术合作不仅要请进来，还要走出去。近几年我行业部分企业通过在技术发达国家开设研究开发机构，将技术创新的战场推到高新技术发展最活跃的地区，充分发挥发达国家信息快，技术资源丰富，创新效率高的优势，大大提高对高新技术的跟踪和把握能力，取得显著的效果。

## 七、加速企业经营机制的转变，使技术创新成为企业自身的动力

技术创新的真正动力应在企业，利润动力机制转变不到位，技术创新就不能有效地开展。企业经营者的创新意识、创新组织能力，对企业的技术创新是十分重要的。在企业的主要经营管理人才的选拔机制中，体现对创新组织能力的考核、评价，是提高企业技术创新水平的重要保证。但由于国有企业的干部管理体制目前还不能适应现代企业制度的要求，考核、任用体制还是传统的干部体系，企业一把手主要是由上级行政部门任命，企业的所有权和经营权未完全分离，尚未完全建立起科学、合理的责、权、利关系，利益不明确，也就没有创新的风险承担者，应将企业技术创新水平的评价列入对企业经营者的考核。

## 八、着眼“制度创新”“方式创新”“模式创新”

近几年，我国相关部门相继发布一系列法规和条例，对医疗器械产业监督管理环节进行规范，在政策、资金、人才、技术等各个方面给予大力扶持，为医疗器械产业的健康、稳步发展创造了有利的宏观政策环境。但我国医疗器械行业起步较晚，关于科技创新的相关规定较少，仍需要优化顶层设计和完善监管环境。①优化顶层设计。出台科技政策，重点支持国产医疗器械创新，列出关键领域清单，认真做好各项科技工作的顶层设计工作，优化科技创新布局，对医疗器械科技创新规范化管理、科学化实施，着力为医疗器械领域发展提供有力保障。②完善监管环境。在监管过程中突破传统观念，应尽快从“优先保证产品安全，之后考虑产业发展”向“发展中求监管”的思路转变，加强过程管理，从规范医疗器械企业生产环境到上市前产品审批再到上市后产品抽检、不良事件监测和召回等方面进行合理的监管布局，以适应新时期科技创新的要求。

进一步加强和改进新形势下的主管部门的管理工作，既发挥政府管理部门牵头抓总的作用，又要充分发挥各科研院所、检测机构、医院中坚力量和主力军作用，同时调动企业积极参与科技研发，加强政产学研用协同创新，真正形成抓创新的强大合力。科研机构主要参与科学技术研究，企业主要承担成果转化及产业化阶段，而政府负责产品上市前的评审和上市后的监管，医院则是产品的使用者，从产品研发到推广使用的每个阶段存在很多不确定因素，每个阶段间的相互衔接尤为重要。充分发挥政府管理部门牵头抓总的作用，利用高等院校、研究所的多学科、多人才、多科研基础设施的优势，结合企业的生产经验、资金实力和市场观念，同时注重医院的实际使用需求及反馈，切实加强政产学

研用之间的合作。

促进科技成果产业化、提升我国医疗器械产业的整体竞争实力是最终目标，而加强科技成果转化，尤其是技术成果的转移转化是保证这一目标顺利实现的有效手段。不断探索科技成果转化新模式，保证科技成果完成向产业化发展的过程。一是搭建技术转移中心。构建科技成果转化项目库与数据服务平台，实现科技成果的共享与信息资源的挖掘利用，畅通技术提供者和技术需求者间的渠道，将以往以政策驱动为导向的战略转变为以市场需求为导向的自主创新战略。二是扩大产业化投入。科技成果的产业化过程是一个长链，遵循从实验室成果—小试—中试—工业性示范—规模化产业化—商业化实践的过程。长期以来，国家对医疗器械领域的引导与投入主要集中在前期科研成果研发阶段，对科研成果产业化阶段的投入较少，而小企业很难独立承担中试的资金、技术投入。通过搭建工程化平台帮助企业完成中试环节，引入风险投资机构的基金解决资金不足的问题，开展产业化专项科技计划支持企业的产业化过程，不断创新科技成果转化模式。

## 九、优化国产医疗器械应用环境，引导社会资本助力产业发展

我国已成为医疗器械中低端产品领域的全球制造基地，在中高端产品领域也已发起攻坚战，产品质量、系统可靠性、医患置信度不断提升，正在着力打造国产高端品牌。但是，国产医疗器械在患者心中的还未形成高端、先进、可靠的印象，临床认可度不足。各级医疗机构缺乏应用示范主动性，国产创新医疗器械应用环境尚未形成良性循环。同时，招标采购政策未能有效倾斜，在支持国产创新产品应用推广上亟待创新的政策环境。因此，建议药监局、发改委、卫健委、科技部、人社部、医保局等各大部委协调配合，建立和完善鼓励创新医疗器械应用的政策和机制，明确主管部门责任和落实机制，多层次深化优化国产创新医疗器械应用环境，加快推进各级医疗机构的国产创新医疗器械应用和装备升级工作，构建优秀国产创新医疗器械应用推广体系。

构建创新生态系统，需要政策、能力和投资三大要素共同作用。近些年，全球范围内动辄千万甚至过亿资本的流入医疗器械产业，说明医疗器械产业正处于一个蓬勃发展阶段，具备相当巨大的市场潜力。作为朝阳行业的医疗器械产业，在大量新技术的不断涌现和需求的持续增长下，企业投融资、技术转让、并购日益频繁，我国医疗器械产业也成为各种资本投资新宠。因此，建议医疗器械发展要充分发挥财政资金的杠杆和引导作用，注重发挥金融创新对技术创新的助推作用，吸引社会资本及地方政府资金融入，创新财政科技投入方式，带动金融资本和民间投资向医疗器械领域的科技成果转化集聚，引导社会资本设立医疗器械领域多层次、投资不同研发阶段的创业投资基金、股权投资基金，投资原创性颠覆性成果，支持种子期、初创期企业，形成多元化、多层次、多渠道的科技投融资体系。

## 十、与临床人员密切协作

任何产品的研发都以应用为目的，以用户需求为导向，对于医疗器械产业来说，临床

需求和临床资源是产品创新的动力和源泉。医疗器械产品与其他产品相比有很大不同，其直接用户——病人并不具备使用和评估此类产品的专业知识，主要依赖临床医生提高使用指导。企业人员既不具备疾病诊疗、检测等方面的医学知识，也不了解医疗器械的临床使用需求。而临床医生对临床需求的体验最深，能够为医疗器械研发提供必要的技术知识和医疗实践经验，是获取潜在或现有医疗需求、用户偏好等知识和信息，改进现有产品和创造新产品的重要来源。因此，医疗器械从构思、研发、临床试验到临床应用等各创新环节都离不开医生的参与和协作，医疗器械的研发和创新需要基础研究人员、临床医生、临床工程师和产业界密切协作。

## 十一、风险防范

防控来自国外领先企业的侵权风险，打造“特色”优势技术国内企业在规模和营收上与国际龙头差距巨大，专利总量规模也与国外企业还有一定的差距，国外领先企业如奥林巴斯、西门子、飞利浦等专利申请量大，且技术布局较为全面，在多个分支领域均有大量专利布局，处于优势领先地位，优势地位短时间内难以撼动。尤其对于医疗器械中的介入器械来说，技术壁垒较高，大部分产品仍处于外资垄断的格局，美国企业的技术实力突出。因而中国企业在技术发展中，要注意防控来自这些国外企业的专利侵权风险，在产品进入相关市场之前做好专利风险尽职调查，有必要时针对重点企业进行跟踪，同时企业应注重发展自身“特色”优势技术，不断在新技术领域取得突破，不断提升企业的核心技术竞争力。

做好发达国家市场的风险防控，关注高增长性潜力型市场。医疗器械的发展受制于国家基础工业发展水平，美国、欧洲和日本长期占据全球市场大部分份额，美国、欧洲和日本也是除中国市场外全球专利布局最密集的区域，外部企业进入的行业壁垒较高。中国企业在进入发达国家市场时面临专利风险的可能性较大，需做好海外市场的风险防控。相较于发达国家，中国医疗器械产品价格优势明显，在东南亚、中东、非洲等地具有竞争优势，因而中国企业在产品出口和专利布局时可转而考虑这些高增长性市场。

## 十二、优化医疗器械产业发展政策，理顺医疗器械创新体系

健全医疗器械创新的机制体制。十八届三中全会明确提出，让市场发挥决定性作用。对于医疗器械行业，应减少政府管制，通过大规模减税，鼓励医疗器械企业创新发展，降低企业研发、生产成本，吸引优秀人才投身医疗器械行业的创新发展；制订适合创新型中小企业的税收优惠和税收减免政策，减少创新型中小企业的税收负担，降低其税收的门槛，增加融资补贴等，更好地激励企业创新发展。

IPO 的注册制改革。IPO 的审批制导致我国资本市场孵化的不是创新公司，而是“乐视”“绿大地”等，创业板沦为“套现板”。建立社会资金投入医疗器械行业的风险投资机制，让企业成长到一定阶段即进行 IPO，风险投资资金套现后去投资更多的初创企业。已经上市的公司则利用资本市场的融资机制和激励机制茁壮成长，有效解决市场、人才和资金问题。

将政府扶持资金分成两部分。一部分聚焦国家战略需求,集中财力攻克大型中高端医疗器械的核心部件和整机制造技术;另一部分重点扶持创新型医疗器械中小企业,根据产品研发进度给予财政扶持资金,各地方政府依据当地的产业优势,制订医疗器械细分领域的扶持政策,重点发展各地已有较为完备产业链的创新产品。比如,针对广州地区的医疗器械产业优势和特色,制订新型医学成像设备、智能康复器械、新型体外诊断设备与试剂、新型血液净化设备与耗材、人工智能医学应用技术产品等细分领域的扶持政策。

## 十三、发展方向

发展分子诊断技术,如基因测序系统、PCR 分子诊断系统、基因芯片检测系统是未来重点发展的方向。分子诊断作为精准医疗的技术基础,是诊断技术的前沿技术,市场前景广阔,与海外企业差距相对较小,且受益于精准医疗发展趋势的推动,未来相当一段时间内仍将会保持较高增速。从专利布局上来看,分子诊断技术也是专利布局的重点和热点领域,中国在基因芯片检测系统和 PCR 分子诊断系统这两个方向具备相对优势,中国企业应抓住分子诊断技术的发展新机遇,可通过重点企业培育、项目带动、产学研协同创新、国际合作等模式在基因测序系统、PCR 分子诊断系统、基因芯片检测系统等方向有所突破。

抢占人工智能+医学影像、分子影像这些新领域的发展先机。人工智能与医学影像的结合,已经成为医学诊断治疗的一种必备手段。目前医学影像已经成为人工智能在医疗应用中最热门的领域之一,众多医学影像设备巨头以及人工智能公司已开始布局专利,人工智能+医学影像领域在近年来的活跃度较高,以中国为例,该领域近五年的专利申请量占比达到70.6%,也是中国专利运营中的一个新的运营热点。此外我国在传统医学成像技术领域与国外存在较大的差距,但在新兴技术分子影像领域,国外巨头企业的专利布局还较少,我国目前与国外起头并进,因而中国企业在医学影像设备的未来发展中要抢占人工智能+医学影像、分子影像这些新领域的发展先机。

适时采用收购的方式实现"跨越式"发展,从医疗器械行业的多年发展来看,企业并购频繁,成为大企业增加市场规模和提高市场占有率的主要方式之一,美敦力、雅培和波士顿科学等大企业都历经多次收购不断加强其市场地位,如2015年美敦力以499亿美元收购柯惠医疗从而跃升世界排名第一。而中国医疗器械企业在海外市场的拓展中也开始根据其市场战略收购国外企业,如迈瑞生物从 2008 年开始先后收购了美国 Datascope 公司和美国 ZONARE 公司来加强其生命信息监护和超声诊断业务,这两家公司也加强了迈瑞生物在美国的专利布局。可以看到,通过企业并购除了加强市场地位外,也加强、完善了业务领域和专利布局,也是中国企业发展之路上可学习和借鉴的"跨越式"发展模式。

我国医疗器械产品同质化问题严重。新政策给这一问题带来了制度上的发展契机,需要企业抓住机遇,通过创新提高产品的附加值,完善产业链。可以从以下四个方面提升产业价值。

(1)增加核心技术发明竞争力。作为医疗器械企业,应该不断提高知识产权意识,对自身研发产品进行前瞻性专利布局,完善专利和知识产权保护,提高企业核心竞争力。

(2)完善企业质量管理体系。企业须根据医疗器械质量管理体系和 YY/T 0287/ISO 13485 的要求,建立企业质量管理体系,确定企业的质量管理方针,并保证体系切实有效运行。

(3)兼并重组、战略合作。合作共赢,开创医疗器械领域新时代。企业在与国际医疗器械巨头的抗衡中,除了提升自身综合能力外,通过与其他企业的合作甚至兼并,能够整合各自优势资源,丰富产业链,优化产品结构,集中力量做大做好国产医疗器械。

## 十四、构建新型产学研医合作机制,突破医疗器械关键核心技术

建立以临床科研一线人员为主体的创新团队。建立由科研院所、医院临床一线人员、企业等多方科研人员组成的科研队伍体系。从医生的需求、建议,到产品定型、生产和改进,以及临床试验,医生和企业都紧密合作,产品收益又反哺医生进行各类学术推广,促进产品销售。

建立以企业为技术创新主体的技术创新体系。企业通过自主研发,或引进高校、科研院所的创新成果,完成创新医疗器械产品的生产工艺、临床试验、产品注册、市场销售等,用创新产品的收益反哺高校、科研院所,构建完整的、可持续的产学研创新链条,促进原创性医疗器械技术产品的科研、产业转化,形成良性循环。

在核心部件研发方面,一方面充分运用高校、科研院所的智力资源,加强基础性共性关键技术和核心部件的原理研究,如材料学;另一方面引导大型企业、创新型中小企业开展关键工艺技术攻关,强化工艺细节的完善,并在产品开发的应用过程中不断试错、改进和提高,实现核心部件、关键技术的自主开发生产。

由相关政府部门牵头,依托科研院所、高校或医院,建立某一类或几类产品关键技术共享平台。凡是从事相关类别医疗器械产品的生产企业,均可自由使用关键技术共享平台进行同类产品的开发,采用技术共享平台进行产品开发的相关企业对共享平台给予适当的经济补偿。

药监部门利用其储存的产品信息为医疗器械开发企业提供咨询服务,帮助从事医疗器械创新产品开发的企业约请专家,组成产品开发咨询专家组,由咨询专家组帮助企业出谋划策,并利用药监部门的产品档案,深入评估新产品的开发价值,为医疗器械企业新产品开发提供便利。

最后,中美贸易战,对国产医疗器械既是“危”,也是“机”。出口方面,在美国 6 月份征税清单中,其中针对从中国进口的高端医疗器械产品加征 25% 的关税,对于很多刚刚在国际市场站住脚的中国医疗器械企业来说,整体影响较大。但是,我国中高端医疗器械目前能够出口美国的规模并不太大,加之美国对中国市场准入限制严格,对中高端医疗器械出口美国的影响较小。进口方面,我国医疗器械行业,尤其是中高端器械的一些核心部件和生产设备成本增加非常多,影响极大,对于某些生产企业甚至是毁灭性的打击,整体来说那些对上游的核心部件、关键技术和生产设备依赖过多的企业,其影响是较大的。但同时,美国生产出口我国的医疗器械产品将失去或部分失去中国市场,将加速进口替代的速度。我国政府已出台多项政策措施,完善创新环境,鼓励医疗器械创新。

首先是上游产业链的协同创新，在创新产品研发的过程中，推进核心部件和关键技术的协同研发，共同创新；其次是加强基础科学的创新能力，灵活运用先进技术，做他人不擅长的事情和他人不能够做到的事，更好地服务中国市场和“一带一路”国家市场。

总之，医疗器械行业的竞争，越来越多地表现为高新技术的竞争，我国医疗器械工业起步晚，基础差，国际医疗器械技术日新月异，产品和技术更新换代速度越来越快，虽然改革开放后我国医疗器械产品整体技术水平有了较大提高，但与国际先进技术水平的差距却有所拉大，明显地表现出我国医疗器械行业的技术创新工作薄弱。由于市场机制的不健全、企业经营机制的陈旧、对技术进步意识的淡漠等多方面因素，行业内相当一部分企业徘徊在低水平重复的市场竞争中，许多过去行业中的骨干企业最后倒闭、破产，应使我们在技术创新方面总结教训。提高医疗器械行业的竞争力必须建立在技术创新基础上，不大力推动技术创新就没有出路。

我国进入 WTO 已指日可待，随着我国医疗器械市场进一步开放，竞争也将进一步国际化，提高我国医疗器械企业的技术创新能力将更加紧迫，这既是挑战，也是机遇。我们将可以开展更加广泛的国际技术、经济交流，认真学习国际先进技术和管理经验，大胆投入，勇于创新。为适应激烈的竞争，医疗器械行业的产业结构将面临较大的调整，有利于提高企业的技术创新能力将是调整产业结构要考虑的重要因素之一。在产业结构调整中，规模化、集约化的发展趋势与医疗器械产品的小批量、多品种、更新快的特点需进一步地协调，而相应的技术创新策略也将有新的发展和变化，对这一领域的研究和探讨还将长期地进行下去。

医疗器械是国家健康保障体系建设的重要基础，具有高度的战略性、带动性和成长性，自主创新医疗器械的发展是国家的需要、时代的需要，并且已经初步建成了专业门类比较齐全、产业基础较为雄厚的产业体系，只要我们按照市场经济规律办事，借鉴发达国家和地区的发展经验，发挥社会主义体制的优越性，制订完善有利于医疗器械产业自主创新发展的政策，国产创新医疗器械产品达到国际水平指日可待！

# 第三章 专利申请与创新医疗器械

## 第一节 概述

医疗器械行业是一个多学科交叉、知识密集、资金密集的高技术产业，涉及医药、机械、生物、电子、材料等多个行业，进入门槛较高。医疗器械方面的专业性人才在我国的缺口还比较明显，一些高端产品的设计和研发基本都是采用国外的技术，导致这些的原因主要是国内这方面的高级人才欠缺使得这方面我国和欧美国家还有一定的差距。目前国内的医疗方面的人才主要是：医疗器械销售、医疗器械维修、医疗器械注册、医疗器械设计、结构工程师、硬件及医用电子工程师和高分子方面的人员等。尽管中国具备了一定的医疗器械制造能力，但医疗器械产品依然存在结构性差距，如技术、材料、装备和工艺水平等方面的差距，缺乏自主创新技术引领下的新概念，难以制造出符合医学技术趋势的高附加值新产品，部分关键核心零部件技术尚未完全攻克，有的细分领域专业化程度有待提高，有的产业结构过于分散。同时，高端制造装备和产品质量检测仪器依赖进口，缺乏在先进医疗器械市场的话语权。

数据显示，2008—2018 年，一、二类生产企业数量增长较快，年复合增长率分别为 6.8% 和 2.4%，其中一类生产企业数量增长最为迅猛，三类生产企业数量最近 4 年来呈下降趋势，年复合增长率为-0.3%。主要因为一、二类医疗器械企业技术要求较低，资金需求较小，而三类医疗器械企业技术要求高，资金需求较大；自 2014 年以来，医疗器械监管更加严格，准入标准越来越高，也是重要的原因之一。根据该报告，医疗器械生产经营企业“多、小、低”、行业研发投入与跨国医疗器械公司相比明显偏低、高端医疗器械市场大半被跨国公司占据等状况依然没有明显改观，医疗器械监管力量相对不足的问题依然存在。

不过，随着法治化环境逐渐建立，行业规模增长迅猛，我国医疗器械市场已经成为全球第二大市场。尤其是近年来，党中央国务院高度重视医药卫生事业发展，出台了鼓励医疗器械创新的一系列政策；国家药品监督管理局认真贯彻党中央和国务院文件精神，出台一系列继续鼓励创新医疗器械发展的文件，进一步完善医疗器械的有关法律法规和政策，在深化审评审批制度改革的同时，更加重视医疗器械上市后的监管，努力保障公众用械安全有效。目前，我国内地超过八成高端医疗器械被外国跨国企业垄断，外国医疗器械在全国大医院占有率超过70%，销售收入排名前10位企业中有7家是外资、合资企业，前50名企业中，外资、合资企业销售收入和利润总额超过50%，进口产品已垄断了中国销售市场。有关专家呼吁，我国应设立“医疗器械创新”重大科技专项，鼓励自主研发，打造龙头企业，增强与跨国公司的抗衡能力；根据医疗器械行业技术创新的特征，采取合适的技术创新模式，进而选择与之相配套的专利战略，对于我国医疗器械产业的发展，具有十分重大的意义。

最近几年，党中央国务院高度重视医药卫生事业发展，出台的鼓励医疗器械创新的一系列政策如下。

2014年2月7日原国家食品药品监督管理总局发布了《创新医疗器械特别审批程序（试行）》

2017年，审核批准发布医疗器械行业标准104项，废止医疗器械行业标准23项，截至2017年12月，我国医疗器械标准共有1 554项，其中国家标准217项，行业标准1 337项。我国医疗器械标准与国际标准一致性程度已经超过90%。

2018年1月30日，原国家食品药品监督管理总局联合科技部共同印发《食品药品监管总局科技部关于加强和促进食品药品科技创新工作的指导意见》，明确要推进供给侧结构性改革，在深化改革中切实加强食品药品医疗器械监管科技工作，以创新引领监管水平提升，进而促进食品药品医疗器械行业的创新发展。

2018年5月7日原国家食品药品监督管理总局公开征求《创新医疗器械特别审批程序（修订稿征求意见稿）》。

2018年11月5日，国家药监局发布《创新医疗器械特别审查程序》，要求继续深化供给侧结构性改革和“放管服”改革要求，推进审评审批制度改革，鼓励医疗器械创新，激励产业创新高质量发展。

《创新医疗器械特别审查程序》中明确，申请人经过其主导的技术创新活动，在中国依法拥有产品核心技术发明专利权，或者依法通过受让取得在中国发明专利权或其使用权，专利的申请日（有优先权的按优先权日）在创新医疗器械特别审批程序申请5年内；或者核心技术发明专利的申请已由国务院专利行政部门公开，并由国家知识产权局专利检索咨询中心出具检索报告，检索报告中产品核心技术方案为具备新颖性和创造性。产品主要工作原理/作用机制为国内首创，产品性能或者安全性与同类产品比较有根本性改进，技术上处于国际领先水平，并且具有显著的临床应用价值。申请人已完成产品的前期研究并具有基本定型产品，研究过程真实和受控，研究数据完整和可溯源的可以申请进入创新医疗器械特别审批通道，按照早期介入、专人负责、科学审批的原则，在标准不降低、程序不减少的前提下，对创新医疗器械予以优先办理。

从统计来看，实施这项措施以来，进入这个通道注册的产品比同类其他产品的时限减少83 d。国家药品监督管理局这些年围绕促进创新发展采取的措施实施以来，不仅优化了医疗器械审评审批工作，提高了工作质量和效率，而且也促进了产业的创新发展。

回顾这些年，通过相关部门和产业界各方面的共同努力，我国医疗器械产业发展呈现两大良好态势：一是整个产业持续保持高速增长，远远高于国民经济的整体发展水平。二是创新发展的势头非常迅猛。特别是在临床上有相当一大批中高端的医疗器械实现了国产化，逐步替代进口产品，而且从临床的产品质量来看，也普遍受到了患者认可，价格比进口产品有较大优势。像经导管介入的瓣膜、骨科植入物、冠状动脉药物洗脱支架，国产产品基本替代了进口产品，而且临床效果非常好。

## 第二节　专利与创新医疗器械

### 一、专利与创新医疗器械的关系

《创新医疗器械特别审查程序》（以下简称《程序》）中第二条对创新医疗器械的定义如下：（一）申请人通过其主导的技术创新活动，在中国依法拥有产品核心技术发明专利权，或者依法通过受让取得在中国发明专利权或其使用权，创新医疗器械特别审查申请时间距专利授权公告日不超过5年；或者核心技术发明专利的申请已由国务院专利行政部门公开，并由国家知识产权局专利检索咨询中心出具检索报告，报告载明产品核心技术方案具备新颖性和创造性。（二）申请人已完成产品的前期研究并具有基本定型产品，研究过程真实和受控，研究数据完整和可溯源。（三）产品主要工作原理或者作用机制为国内首创，产品性能或者安全性与同类产品比较有根本性改进，技术上处于国际领先水平，且具有显著的临床应用价值。

由其可见，“专利”是医疗器械创新性的重要体现。根据上述第（一）项要求，对“专利”相关的要求解读如下。

1. 必须为发明专利

根据《中华人民共和国专利法》（以下简称《专利法》）第二条的规定，我国的专利分为3种类型，即发明、实用新型和外观设计。其中，发明是指对产品、方法或者其改进所提出的新的技术方案。《创新医疗器械特别审查程序》中明确规定只有体现产品核心技术的发明专利权或已经公开的发明专利申请可用于证明其技术的创新性，而不能是与核心技术无关的其他发明专利，更不能是实用新型或外观设计专利。

2. 发明专利已获授权或已被公开均可

《程序》第二条第（一）项的规定中并不要求核心专利技术必须已经取得“专利权”，而是将门槛降低到“核心技术发明专利的申请已由国务院专利行政部门公开”即可；由于专利延迟公开（经初步审查认为符合专利法要求的自申请日起满18个月即行公布）、候审案件积压和按序审查等原因，等待进入实质审查程序的候审阶段和实质审查程序往往各需1—2年时间，故自专利申请日起一般需要3—4年才有望获得授权。不过，《专利法》第三十四条规定了国务院专利行政部门即中国国家知识产权局可以根据申请人的请求早日公布其申请；一般说来，如果申请人提交发明专利申请的同时请求提前公开，则有望自申请日起3个月左右获得公开。因此，建议创新主体在向中国国家知识产权局提交发明专利申请的同时请求提前公开以赢取时间优势。

3. 申请人自行申请或取得受让均可

科研院所、公司或个人均可以作为发明专利的申请人或专利权人，也可以依法转让或受让专利申请权或专利权，这对创新医疗器械从科研平台走向产业应用无疑具有巨大推动作用。因此，除了自行研发创新医疗器械并申请发明专利之外，医疗器械生产企业还可以通过受让途径获得体现产品核心技术的发明专利申请权或专利权。

4. 必须为中国专利

《程序》中所述的“由国务院专利行政部门公开”的发明专利申请，或“中国发明专利权或其使用权”，是指由中国国家知识产权局以中文形式公开的发明专利申请或授予的发明专利权，包括外国人、外国企业或外国其他组织在中国申请的专利；对于“外国专利”，即由中国以外的其他国家或地区的专利行政部门公开的发明专利申请或授权的发明专利权，即使其申请人或专利权人为中国公民或住所位于中国境内的科研机构、企业，其也不符合《程序》第(一)项的要求。

《程序》中明确了在标准不降低、程序不减少的前提下对创新医疗器械予以优先办理。申请人申请创新医疗器械特别审批，应当填写《创新医疗器械特别审批申请表》，其中包括“产品知识产权情况及证明文件”，即专利公开的单行本或专利权证明文件(例如专利授权文本、专利转让证明等)。由此可见，创新医疗器械可以通过申请发明专利取得专利公开或专利授权，进而向CFDA提出创新医疗器械特别审批申请，有望相比于常规途径更早获得上市审批。

## 二、专利的申请

根据中国专利法，发明创造有3种类型：发明、实用新型和外观设计。发明和实用新型专利被授予专利权后，专利权人享有该项专利的制造权、使用权、许诺销售权、销售权、进口权、转让权和许可使用权。专利权人对该项发明创造拥有独占权，任何单位和个人未经专利权人许可，都不得实施其专利，即不得为生产经营目的制造、使用、许诺销售、销售和进口其专利产品。外观设计专利权被授予后，任何单位和个人未经专利权人许可，都不得实施其专利，即不得为生产经营目的制造、销售和进口其专利产品。

发明专利、实用新型专利和外观专利的申请审查流程不同：发明专利需要实质审查后才能授权，而实用新型和外观专利仅需要初步审查后可获得授权。发明大概2年授权，而实用新型和外观专利大概1年授权，发明授权慢，授权率低，但发明审查严格、保护力度强，价值相对较高。本书主要是用于指导创新医疗器械的注册工作，故本章节仅对发明专利的申请进行说明。

发明专利申请的主要程序包括：初步审查和公告，实质审查，授予专利权。

1. 初步审查和公告

国务院专利行政部门收到发明专利申请后，经初步审查认为符合相关法律要求的，自申请日起满18个月，即行公布。国务院专利行政部门可以根据申请人的请求早日公布其申请。

2. 实质审查

①发明专利申请自申请日起3年内，国务院专利行政部门可以根据申请人随时提出的请求，对其申请进行实质审查。申请人无正当理由逾期不请求实质审查的，该申请即被视为撤回。②国务院专利行政部门认为必要的时候，可以自行对发明专利申请进行实质审查。

3. 授予专利权

发明专利申请经实质审查，没有发现驳回理由的，由国务院专利行政部门做出授予发明专利权的决定，发给相应专利证书，同时予以登记和公告。专利权自公告之日起生效。发明专利的保护期为20年。

**(一)专利的申请流程**

1. 申请中华人民共和国的国内专利基本条件

(1)申请人的主体条件：根据《专利法》的规定，申请人包括自然人和企业，申请专利需要满足的条件为：①中国单位或个人；②在中国有经常居所的外国人，或有营业所的外国企业或其他外国组织。

(2)技术方案的条件：最基础的，技术方案不属于《专利法》第5条规定的，违反法律、社会公德或者妨害公共利益的发明创造；或者违反法律、行政法规的规定获取或者利用遗传资源，并依赖该遗传资源完成的发明创造。对于发明专利，根据《专利法》第22条第1款的规定，授予专利权的发明应当具备新颖性、创造性和实用性。其中，实用性规定了专利获得授权所需要具备的最基础的必要条件，不具备实用性的技术方案不需要审查新颖性和创造性。根据《专利法》第22条第4款的规定：发明专利申请的主题必须能够在产业上制造或使用，并且能够产生积极效果。根据《专利审查指南》(2020版)的解释，对于能够在产业上制造或使用，是指：如果申请的是一种产品，那么该产品必须在产业中能够制造，并且能够解决技术问题；如果申请的是一种方法，那么这种方法必须在产业中能够使用。在产业上能够制造或使用的技术方案，是指符合自然规律、具有技术特征的任何可实施的技术方案，此为发明或实用新型能够申请获得授权最基础的必要条件。

需要注意的是，并不是强制要求一定能够制造出装置样机或产品样品的技术方案才能申请发明专利，只要技术方案本身具备新颖性、创造性和实用性，能够符合逻辑地论述清楚的技术方案和相应的技术效果，以使本领域普通技术人员能够实现即可。由于专利制度中的“在先申请”原则，规定了谁先申请，谁先获权，而不是先做出技术改进的个人或单位可以获得授权；因此，为了最大限度地保护自己的劳动成果，可以考虑在技术方案成型后即可开始准备专利申请。

2. 专利申请的具体流程

(1)准备

1)制作请求书。根据《专利法实施细则》第16条，请求书中应当写明下列事项：

a. 发明、实用新型或者外观设计的名称。

b. 申请人是中国单位或者个人的，其名称或者姓名、地址、邮政编码、组织机构代码或者居民身份证件号码；申请人是外国人、外国企业或者外国其他组织的，其姓名或者名称、国籍或者注册的国家或者地区。

c. 发明人或者设计人的姓名。

d. 要求优先权的，申请人第一次提出专利申请（以下简称在先申请）的申请日、申请号以及原受理机构的名称。

e. 申请文件清单。

f. 附加文件清单。

g. 其他需要写明的有关事项。

2）制作递交五书

递交五书是指根据《专利法》和《专利法实施细则》的有关规定，将技术方案处理成符合标准的递交五书，递交五书包括：说明书、权利要求书、说明书附图、说明书摘要、摘要附图。申请人需要自行查阅《专利法》《专利法实施细则》以及《专利审查指南》中的相关规定，制作符合专利申请形式要求的递交五书文件。

3）制作其他专利申请文件

若申请专利的发明涉及新的生物材料，还应当将该生物材料的样品提交国务院专利行政部门认可的保藏单位保藏，并提交保藏单位出具的保藏证明和存活证明，具体要求见《专利法实施细则》第二十四条。要求外国优先权或本国优先权的，应当按照《专利法实施细则》第三十一条的规定提交先申请文件副本，并在请求书中正确填写相应的信息。

（2）递交专利申请文件：可以通过以下两种方式进行递交。①以电子文件形式申请专利的，应当事先办理电子申请用户注册手续，通过国家知识产权局的专利电子申请系统（http://www.sipo.gov.cn）向专利局提交申请文件及其他文件；②申请人以书面形式申请专利的，可以将申请文件及其他文件当面交到国家知识产权局的受理窗口或寄交至“国家知识产权局专利局受自理处”，也可以当面交到设在地方的专利局代办处的受理窗口或寄交至“国家知识产权局专利局×××代办处”。

（3）初步审查：在完成受理、缴费后，将对专利进行初步审查，主要是审查格式是否符合标准、信息是否填写准确、是否符合专利法的相关规定、是否缴足申请费、是否存在实质性缺陷。如果在初步审查过程有手续不全、信息填写错误、申请文件存在实质性缺陷，则会在初审中发出补正通知书，申请人需通答复补正通知书进行修改，申请人未答复则视为撤回申请，或者不能通过答复克服缺陷则驳回。

（4）公布：申请文件自申请日起满 18 个月即行公布。也可以选择“提前公开”请求早日公布专利申请，选择了“提前公布”的发明专利通常自申请日起满 6 个月左右进行公布，可以将申请周期缩短将近 1 年的时间，这样可以缩短专利的审批周期。为申报创新医疗器械缩短时间。

（5）实质审查：实质审查是对发明专利的创造性、新颖性以及实用性等实质性内容的审查。发明专利自申请日起 3 年内，国家专利局可以根据申请人所提出的请求进行实质审查；申请人未提出实质审查的则申请即被视为撤回。国家专利局必要时可自行对发明专利申请进行实质审查。对于已经申请的实质审查，有的还可采用书面审查，即通过了解申请材料的陈述有关情况，进行审查。如果申请文件中有不符合授权规定的，审查员会下发审查意见通知书。若申请人在规定答复期内通过答复克服了缺陷，则审查员会同时发出授予专利权通知书与办理登记手续通知书，若多次修改仍未克服上述缺陷，则审查员会发出驳回通知书，若申请人逾期未进行答复，则该专利申请被视为撤回。

8. 授权

申请人应该在收到办理登记手续通知书之日起 2 个月内办理专利权登记手续，最新的公告发布通知，专利证书均以电子版的方式下发，如需纸质版可申请。申请人取得专利权后，需要定期缴纳专利的年费，若未缴费费用，则被视为放弃本专利的专利权。

### (二) 专利申请中的常见问题

1. 优先审查

由于发明专利需要经过很长时间的实质审查过程，所以专利的申请到授权的时间非常的长，大概需要 2 年甚至 2 年以上的时间，有的甚至四五年才能授权，发明专利的优先审查，申请人应当在提出实质审查请求优先审查并且符合优先审查的申请标准，材料包括：发明专利申请优先审查请求书一式两份，现有技术或者现有设计信息材料（可以是现有技术报告）一式两份相关证明文件（对应请求书中优先审查理由 1 ~6 条准备）一式两份，发明专利进入实审通知书复印件，实审缴费收据复印件，企业、大专院校、科研院所介绍信和委托书身份证复印件。

2. 新颖性

一些情况下，发明人或申请人可能在不注意的情况下先公开了技术方案，然后再申请专利保护，结果造成了专利在后申请丧失新颖性的情况。基于此，《专利法》第 24 条"不丧失新颖性的宽限期条款"对此给出了一定程度的补救措施：申请专利的发明创造在申请日以前 6 个月内，有下列情形之一的，不丧失新颖性：①在中国政府主办或者承认的国际展览会上首次展出的；②在规定的学术会议或者技术会议上首次发表的；③他人未经申请人同意而泄漏其内容的。

从理论上来说，如果专利在正式向国家知识产权局递交申请之前，技术方案已经被公开了，比如产品已经上市、且从产品宣传册或者产品介绍等内容能看出技术方案的，就可能导致后面申请的专利无法被授权。但是，如果公开的方式是前面 3 个方式之一，而且是在通过前述三种方式公开后的 6 个月内，及时向国家知识产权局提出了专利申请，并在申请时说明了存在上述某种公开情况以及相关证据的，就不会因这 3 种方式的公开导致专利无法被授权。如果是通过上述 3 种公开方式之外的其他方式公开的，无法享受特殊照顾，仍然可能因为产品提前公开而丧失专利保护。尤其要注意，对于发明人而言，最常见的情况是先发表了论文，然后再申请专利。但《专利法》第二十四条给予的宽限期只适用于在规定学术会议或者技术会议上发表的会议论文，而不适用于在期刊上发表的论文，所以在学术期刊上率先发表论文将导致在后申请的专利不具备新颖性而无法授权。

总体来说，申请专利要尽早，在申请专利之前不要发布论文，产品尽量不要上市、尽量不要通过各种方式公开等。

### (三) 专利的转让

创新医疗器械也可以依法通过受让取得在中国发明专利权或其使用权。那么如何进行专利转让呢？

1. 寻找专利转让的途径

这是专利转让流程中最基本的一个环节，而且也非常容易实现。专利转让的方法其实有很多，例如可以在专利网站上进行转让，也可以委托专利中介机构，甚至还可以自己寻找相关的企业等方式。

2. 专利转让人和专利受让人签署专利权转让合同

这是专利转让流程关键一步，只有专利转让人和受让人双方取得一致的意见之后才能有效地开展之后的转让相关工作。在转让合同中，对于双方的利益都应该有明确的文字内容。

3. 双方准备好专利转让需要的相关文件

这些文件应该严格地按照规定的形式进行填写，这样就可以缩短国家知识产权局审核文件的时间，加快审核的速度。

4. 相关的文件递交给专利局

这是专利转让流程中重要的一个部分。因为只有专利局审核通过后才能让专利转让具有法律依据。

5. 等待专利转让结果

当专利局审查后，会对审查结果做出通知。如果审核通过的话，专利局一般会在 2 ~ 6 个月内发专利转让合格通知书；并且可以在国家知识产权局专利库中查询到相关的变更结果。

## 第三节　基于“三相性”分析我国医疗器械产业创新特性

### 一、医疗器械行业的“三相性”分析

医疗器械具有 IT 行业、传统制造业和医疗行业的三相性，以 CT 机为例，作为一种大型医疗器械，它是由各个元器件通过机械制造组合起来的，必然具有机械制造业的属性；然而，CT 机的核心技术是图像重建技术、软件技术，这正是 IT 行业的范畴；最后，医疗器械产品也与药品一样，它的应用对象很特别，基本上是处于非健康状态的人群，即病人，因此其产品是需要特殊安全要求的消费品，具有安全性、有效性要求高的特点，即具有医疗行业属性。当然，除了 CT 机以外，其他很多有源医疗器械产品也具有这样的“三相性”。

当我们在研究世界经济时，我们发现，美国企业一般处于产业链的上游，擅长于一些像 IT 业这些具有创新性的产业，日本人比较严谨，其企业擅长于制造业，如电子、汽车产品生产，这两个国家都是医疗行业特别发达、医疗体系非常完善的国家，而这两个国家也在世界医疗器械市场中长期占据着头二把交椅的位置，这其实也从另一个角度印证了医

疗器械行业具有本文所提到的“三相性”特点。

### （一）基于传统制造业具有的技术创新特征

当我们在追求研发具有高科技含量的医疗器械产品时，千万不能忽略了医疗器械行业是依赖于基础制造工业而存在的。一项即使在科学原理再完美、创新理念再先进的研究，在实际向产品转化过程中，可能因为成熟程度不够而难以直接用于生产，或者因为创新超过现有技术基础而难以实现。例如我们通过市场调研发现，CR 的制造厂家主要为 Agfa、富士、柯尼卡、Kodak，而这些企业全都是胶片厂商，因为 CR 的核心技术是 IP（成像板），它需要把磷材料非常均匀地涂敷在板材上，需要控制涂抹颗粒的大小及均匀性，只有这样才能保证 100 μm 的分辨率，技术原理非常简单，考验的就是加工工艺。

由于医疗器械产品具有安全要求性高、有效性高的特点，我们在进行技术创新时，必须考虑到我们的工业生产基础、技术环境、生产设备配置、质量的稳定性检测都是在技术创新过程中需要考虑的。

### （二）基于 IT 产业具有的技术创新特征

一般来讲，IT 产业是一种软行业，主要靠超前的思想、商业模式以及前卫的概念就能制胜，当你一个思想或者概念被社会认可的时候，就会具有很大的价值，而这些东西都不是摸得着看得见的实实在在存在的实物，具有很大的风险性。张继武教授曾经在他的文章中讲过一个典型的例子：第四军医大学有一个教授，提出一种用激光治疗皮肤肿瘤治疗的新理论，想找一个工程技术人员实现这个想法，于是找到了一位老工程师，帮忙设计实现了这套仪器，结果很成功，也证实了教授的理论。为此，他们一起发表了学术论文，并开始申请专利。在专利申请的过程中，两人发生了争执。这位老工程师要求署名在前，理由是所有的图纸都是他设计实现的，而提出原创理论的教授连一张图纸都画不出来。这位老工程师没有想一下，能画出这张图纸的工程师很多，但能提出这种理论的只有这位教授。医疗器械产业也具有 IT 产业的属性，因此在技术创新的过程中，知识的价值，原创思想的价值也是非常巨大的。

### （三）基于医疗产业的技术创新特征

由于大多数医疗器械产品最后的消费者是病人，关系到人民的生命健康，因此医疗设备对质量、安全、技术的要求非常之高，可以毫不夸张地说在世界所有行业中仅次于航天技术，这是医疗行业的典型特征。因此在其技术创新过程中必须经过医学的机体研究、动物实验、临床试验、样机或样品自身安全性和技术性能测试。为保证医疗器械产品的质量安全可靠，其产品的注册、审批也有非常之严格的要求，而且上市之后还会有监督管理措施。因此，在医疗器械的技术研发过程中，必须一切从服务病人的角度出发，以市场为导向，在确保安全性、有效性的基础上进行创意，避免前功尽弃的结果发生。

最后，从医疗器械行业的“三相性”我们对其技术创新特征进行总结，用 3 个字进行概括：“软”“严”“硬”。具体见图 3-1。

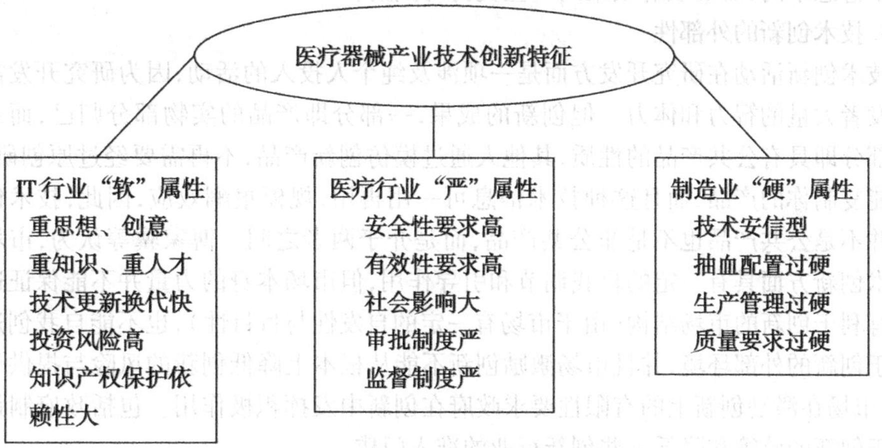


图 3-1　医疗器械产业技术创新特征

### (四)从技术创新的过程分析我国医疗器械产业的技术创新特征

技术创新可以用一个很简单的关系式进行表达:技术创新=创意+技术实现,创意固然非常重要,但因其需要与需求和工程制造相结合,并且受到其他很多制度的约束,有效的创意需要更多地了解需求与工程,当然,了解后者并不意味着新的创意的产生。从医疗器械的技术创新过程来看,基础研究-产品开发-临床试验-注册审批-工艺生产-使用-销毁,并结合医疗器械行业的“三相性”分析,医疗器械产业技术创新还具有如下特性。

1. 技术创新成果的不确定性

创新意味着对传统的超越。创新者的独特任务从理论上讲以及从历史上讲恰恰在于打破旧传统,创造新传统。由于没有原有的模板进行复制与指引,所以许多事情必然是不能确定的,还有一些事情只能在大的框架范围内能确定,甚至一些创新与想法只能靠猜测、估计大概的情况,这样,创新的产生、发展以及创新的后果往往都是不确定的。特别是对于医疗器械行业这样一个科技含量高、投资大的行业,由于人们对不确定性和风险的规避倾向,技术创新内在的不确定性将严重影响甚至阻止技术创新的开展,特别是在我国,由于从事风险分担的中介机构和组织的缺乏,从而导致很多医疗器械企业怠于拿出资金进行创新,它们更愿意代工生产,我国大量的医疗器械 OEM 生产厂商的产生以及拥有自主知识产权的器械产品的缺乏,均与其技术创新的不确定性从而导致创新风险太高有关。

2. 技术创新收益具有滞后性

技术创新的收益具有滞后后性,一个医疗器械产品从研发到上市至少得 2 ~ 3 年时间,包括研发时间、临床试验研究时间与注册认证时间,而且新产品的市场认可过程也需要消耗一定的时间。因此,创新的生产过程与一般生产过程相比较,需要更多的时间和资金投入,因而,从资本的收益角度分析来看,技术创新往往具有滞后性,短期内的收益可能远远比不上通过模仿他人的技术成果所达到的收益效果,因此技术创新往往是一般企业不愿意干的,需要政府政策的一些支持与激励。

3. 技术创新的外部性

技术创新活动在研究开发方面是一项涉及纯个人投入的活动,因为研究开发需要消耗研发者大量的智力和体力。但创新的成果,一部分即产品的实物部分归己,而产品的信息部分即具有公共产品的性质,其他人通过模仿创新产品,不再需要经过原创研究,很快就能复制你的产品,而且这种技术信息可一用再用,规模报酬效应,因此,技术创新的产出并不是公共产品也不是非公共产品,而是介于两者之间。傅家骥等认为,市场在激励技术创新方面具有一定的自我调节和引导作用,但市场本身的力量并不能保证造就一个最有利于创新的市场结构(由于市场有一定的自发性与盲目性),也不能自我创造完全有利于创新的外部环境,并且市场激励创新不能从根本上降低创新的风险与提供创新的动力,市场在激励创新上的有限性要求政府在创新中发挥积极作用。包括政府制订一些有利于创新的政策和降低一些创新行业的准入门槛。

4. 技术创新具有稀缺性

由于创新是一件比较困难的事情,尤其是医疗器械行业,具有较高的的风险性与不确定性,往往只有具备较强的科研能力与资金实力的企业才会乐于干,所以创新行为出现的概率要远远小于模仿制造的行为,人们对创新行为的主观期望与其客观后效之间常常存在更大的差距;正是由于这两点,创新在我们这个社会是非常缺乏的。在知识经济社会,创新的缺乏所造成的直接后果是导致一个国家或地区整体实力或综合竞争力的落后。我们的医疗器械产业不能总是在“技术引进、落后、再引进、再落后”的循环往复中,或者依靠国外引进的技术去参与新的国际竞争,应该通过主动技术研发,生产出具有自主知识产权的器械产品,从而在激烈的市场竞争中分得一杯羹。

## 二、医疗器械产业技术创新与专利战略的关系研究

技术创新是企业专利战略的原动力,没有技术创新为动力的专利战略是没有生命力的,不可能产生出具有核心竞争力的专利技术;反之,专利战略的成功实施又能进一步推进产业的技术创新,为其技术的发展进步起到保驾护航的作用。技术创新与专利战略是由若干相对应的环节构成的一个体系,整个系统构成一个价值链。因此,在技术创新的过程中应该导入专利战略。

1. 技术创新是专利战略的原动力

主要包括3个方面的含义:①不同的技术创新模式需要不同的专利战略。前面介绍过,技术创新的模式主要包括自主创新、模仿创新、引进创新和合作创新等,一般对于实力雄厚的、有很强的研发能力以及具有迅速将研发成果产品化的能力的行业,可以选择自主创新模式,除此之外,一般适合采用模仿、引进、合作等技术创新模式。但不要误会,行业规模与创新模式之间并不存在必然的关系,有些起点高、规模不大的小型高科技企业,照样可以采取自主创新模式,像美国的一些医疗器械企业,均是技术水平很高的小型科研公司。当然,不同的创新模式的选择并不是一成不变的,一些选择模仿创新地随着企业技术能力的增强,可以慢慢向自主创新演进,这些都要根据企业的发展现状来进行选择,在确定了技术创新模式的基础上,才能制订切合实际的专利战略。②技术创新为

专利战略的实施提供了对象。前面已经介绍过了，医疗器械产品的完整技术创新链包括新技术产品的研究开发、成果转化、生产销售等若干环节，这样的技术开发链为专利战略的实施提供了对象，技术研发是产业创新链中最重要的环节，只有通过新技术、新产品的研发，才能形成自主知识产权，才能培育出核心技术。③技术创新链的完成才能检验专利战略的实施的效果。产品技术创新链的完成才能实现企业的技术优势并在市场竞争中获得领先的地位；医疗器械技术创新成果转化为产品，在市场上竞争时能攻城略地，取得经济效益，才能验证专利战略实施的效果，才能真正验证所采取的专利战略是否真正适合本企业，以及哪些地方需要进一步改进；企业技术创新链的完美实现为专利战略的实施提供了物质、和组织保障。

2. 专利战略对技术创新的促进作用

关于专利战略对技术创新的促进作用主要包括3个方面。

(1)通过专利战略的运用降低了技术创新的风险；通过专利文献调查，最大限度地获取与待开发的技术相关的技术知识，加快技术创新的步伐，其次，要充分借鉴现有的专利技术的经验和教训，率先发明者的经验教训是可以被借用的，可以使得技术创新的过程中少走弯路，节约一定的人力、物力和财力，而且还降低了技术风险，提高技术创新效率，最后可以进行相关领域的技术预测，一项基础技术的发明经常会带动相关领域的一些技术的发展，同时又受到相关技术的支持、制约与促进，通过相关领域的专利调查分析，可以很好地预测一下本领域技术发展的趋势，并对相关领域的技术发展可以做一个大致的判断。通过专利战略的运用可以降低技术创新的市场风险：主要表现在通过专利信息调查，进行市场预测，通过申请专利并采取灵活策略来巩固企业在市场竞争中的地位。①通过对现有专利技术的内容、权利要求和申请区域等一些要素的分析可以判断新产品出现的可能性，新产品的主要市场分布，新产品对老产品的替代性的影响以及其市场潜力等；同时对技术的先进性与市场的成熟度也能做出一定的判断，因为某一个医疗器械领域的技术出现重大突破往往伴随着有大量的专利申请；此外，通过专利调查还可以找准竞争者的技术优缺点，从而进行相应的技术定位，一般市场定位越准确，创新的风险就越小，技术创新的成效就越大。②专利战略的运用能对创新技术市场起到一定的保护作用。为保证技术创新市场免受竞争对手侵占，应当及时地申请专利，法律只保护首先申请专利的创新技术；专利申请时也有一定的策略性，一般企业只对容易被人模仿的那一部分技术申请专利，通常将技术核心部分作为专有技术(技术秘密)保护，以此来提高技术的保密程度、垄断地位以及该项技术的商业价值。

(2)通过实施专利战略可以实施企业的专利布局。专利布局的方式不外乎以下几种：第一种，在核心技术领域创造几项基础专利，这是对于一些研发能力比较强的企业常采用的方式；第二种，封锁下游专利，通过大量申请下游发明专利、实用新型专利、外观设计专利，堵死其他企业对下游技术进行市场化的主要路径；第三种，加强企业在国外市场的专利部署，如果没有能力进行国外专利部署，那么就迅速将相关技术进行公开，防止国外的竞争者抢先申请专利从而对自己造成竞争上的不利。

(3)通过专利战略可以促进技术创新成果的权利化。在新技术的研发过程中，专利战略的服务和保护功能是十分明显的，首先，专利是国家法定机关依法授予的一种确定的权利，一般情况下这种权力是十分稳定的；其次，专利权的保护以权利要求的记载的内容为限，保护范围非常明确；再次，专利权的唯一性和排他性，不允许重复授权；最后，通过专利申请，可以获取较高的回报，为下一轮技术开发准备资金，特别是在像医疗设备这样的高新技术行业中。

3. 医疗器械技术创新活动与专利战略价值链的分析

技术创新和专利战略是由许多相对应的环节组成的，整个系统形成了一个价值链，各个环节之间是一种相互影响与相互制约的关系，价值链上的每一项价值活动都会对企业最终能够拥有多少专利，生产多少产品，销售获取多少收益造成影响。具体见图 3-2。

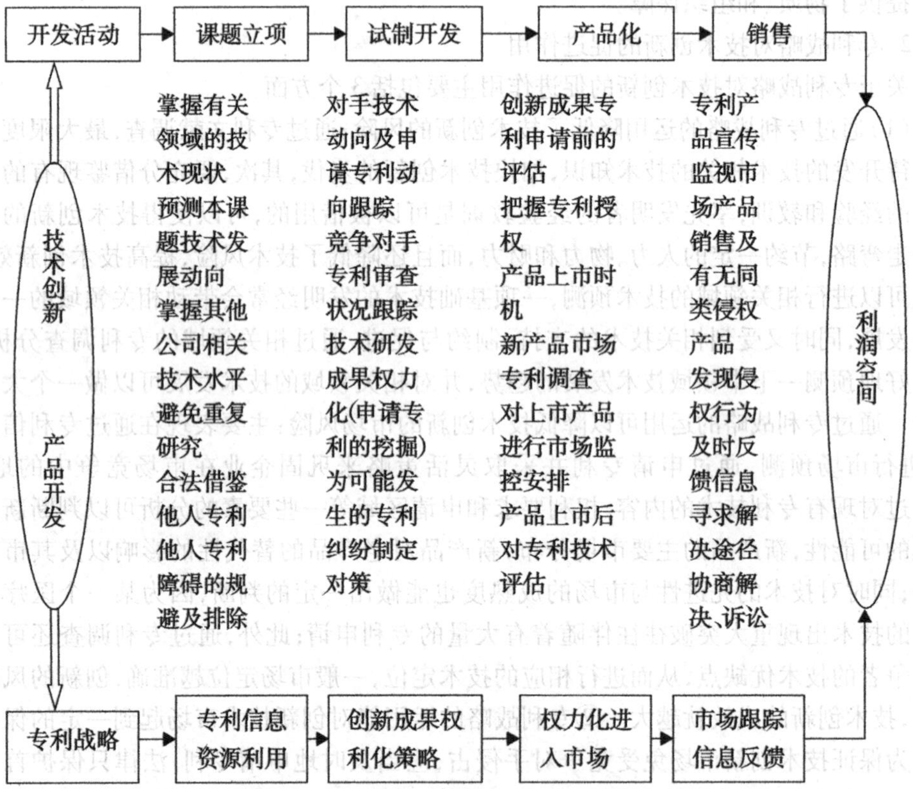


图 3-2　技术创新过程与专利战略运用价值链

## 三、专利分析

21 世纪是知识经济时代，科学技术水平的高低对于经济的发展起着越来越重要的作用，要想在激烈的市场经济中取得比较有利的竞争地位，我们的企业必须大力进行技术创新，打造自己的核心竞争力，尤其是在医疗器械产业这样一个高科技行业，而知识产权战略的运用，将直接影响到一个企业的综合竞争能力，专利战略是知识产权战略的主要组成部分。

1. 专利分析法

专利分析法的产生经历了一个比较漫长的过程。Seidel 在 1949 年就比较系统地提出了专利引文分析这个概念，在他的观点中，专利引文是后面申请的专利基于前人专利中相似的科学观点而对先前专利的引用证明，同时它还提出专利的引用度越高，被引用专利技术就越重要的观点。但是，到了1981年，他的这个观点才逐渐被人们证实。到20世纪90年代随着专利数据库的不断发展，信息技术、网络技术在人们生活中的不断普及运用，专利分析法才开始真正适用并且在企业战略与竞争分析中得到应用，专利分析的方法体系也开始不断地逐步建立与一步步完善起来。Patent Map(PM)理论是专利分析法的理论基础。PM理论是通过对所获得的专利情报运用数理统计的方法进行加工分析，将加工结果用直观的图形进行研究分析而建立的理论。PM理论非常关注专利情报信息中的著录项(包括专利日、申请人、发明人等)、技术项(包括技术用语、技术分类等)和专利情报中所包含的权利信息(包括专利申请范围、专利有效时期、在世界各国的申请状况等)进行组合绘图，画出符合要求的图表，通过图表建立专利战略、专利管理. 的理论与方法。采用计算机辅助分析技术后，PM可以简洁地定义为：专利数据的系统管理与专利信息图形化处理的方法。

专利情报分析就是将专利文献中所包含的大量的、零碎的专利信息进行分类组合，用统计学方法或者其他技术手段将这些信息绘制成比较直观的图表，然后根据这些图表的分析研究，宏观地把握所研究领域的技术状况并预测将来的发展方向。通过分析将原始的专利信息进行提炼，达到从量变到质变的变化，这对于知识产权战略的实施和企业的研发活动有非常重要的影响意义，具体表现在以下几个方面：①预测和分析所要投入研发产品所在的领域的技术发展的客观趋势，并评估其当前的技术水平和具有的商业价值，为企业的发展战略制订提供依据。②运用专利文献所要求的技术权利范围和当前的法律状态可以判断当前的市场热点需求以及相关技术的竞争空间等一些市场信息。③通过对同族专利申请的数量和专利引用频数进行统计分析，可以进一步探究所从事的研究领域的技术信息。④通过专利信息的分类，可以发现企业所从事研究领域潜在的竞争对手，并可以判断竞争对手将来的研究开发动向，获得竞争对手产品、技术方面的一些信息，为企业制订竞争策略提供依据。从结构体系的角度来看专利情报的方法体系分为5个阶段，见图3-3。

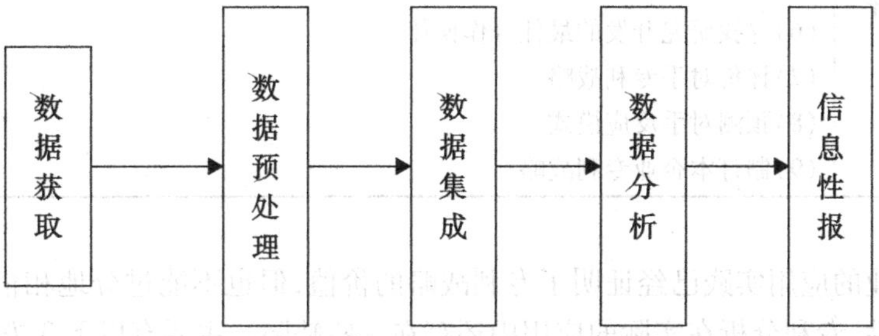


图3-3 专利情报分析的方法步骤

专利文献检索是专利情报分析的基础，这个步骤将决定了所获取的数据的真实性以及其全面性，在整个专利分析中是非常关键的一步。制订一个好的检索策略，不但需要分析人员熟练掌握各种检索工具，而且需要分析人员对所要检索领域的相关技术有非常全面的了解，这对于检索过程中选择正确、全面的关键词有非常重大的帮助。不同的数据库在重要性方面有所不同，如年代覆盖面、语言、技术以及是否包含相关的文摘、引文。在仔细地评估这些数据库的基础上，选择最合适的数据库进行检索。为了更好地研究分析对象我们必须在专利情报调查时确立专利分析指标，和其他指标的确立一样，专利分析指标的确立也必须实现一定的构建目的和体现一定的设计原则。经过这么多年的发展，专利分析指标已经得到了很大的完善，为了更好地运用这些指标，就需要对其进行分类。根据指标反应数据的性质的不同，可以将专利指标划分为数量类指标、质量类指标、价值类指标，由于本文研究的是医疗器械产品的技术创新阶段，故只讨论专利情报分析在研发阶段的一些应用。具体见表3-1。

表3-1 专利分析在技术研发阶段的作用

| 研发阶段 | 专利分析的应用 |
|---|---|
| 预研阶段 | (1)掌握本行业各类产品宏观状态、明确行业发展动态和态势<br>(2)确定目标产品掌握目标产品的专利分布情况、技术难点和热点<br>(3)得知本企业在整个行业中的地位和机会<br>(4)针对开发目标产品所面临的专利风险及技术难度 |
| 立项阶段 | (1)初步确定本企业在产品或项目上的优势技术和专利申请重点<br>(2)确定本产品或项目的专利申请计划 |
| 研发过程中 | (1)避免技术壁垒<br>(2)采用先进技术<br>(3)专利二次开发<br>(4)利用失效专利<br>(5)专利申请等方面 |
| 分析竞争对手 | (1)识别并确定竞争者<br>(2)分析竞争对手发展重点<br>(3)了解竞争对手及其战略意图<br>(5)评价竞争对手的实力<br>(6)寻找研究开发的最佳合作伙伴<br>(7)评价对手专利战略<br>(8)预测对手反应模式<br>(9)制订本企业专利战略 |

许多企业的应用实践已经证明了专利战略的价值，但也不能过分地相信其分析的准确性及优越性，专利分析在实际的应用中还存在一些缺陷。主要有以下3方面的因素。

(1)通过专利检索得到的专利数据并不能完全反应所要研究的整个领域的创新活动。这是由于一方面，不是每一个专利都具有创新价值，许多专利仅仅就是代表一个创意，在实际的应用方面并没有太大的商业价值；另一方面，不少企业为了保护其产品的技术秘密，选择商业秘密来保护那些具有重大商业价值的发明技术，(比较经典的是可口可乐的技术配方，一百多年了，人们仍然没办法知道其配方，因为它是通过商业秘密来保护的），而这些是无法通过所获得专利情报来分析得到的。

（2）专利分析方法在时间上存在固定的滞后，因为申请日期和公开日期之间通常有18个月的时间间隔，而在科学技术发展日新月异的今天，对于一个在进一步开发与现有产品相关的专利技术的企业来说，这个时间滞后将直接影响专利分析预测结果的准确性，在这个时间段内说不定竞争对手新一代的产品研发又出来了，从而导致让你永远也比竞争对手慢半拍。

（3）尽管一项技术申请专利后，其权利信息将会全部公开，但在竞争激烈的领域内的公司会有意运用一些策略掩护他们的主要技术信息，甚至有意麻痹竞争对手，因此通过公开的专利信息了解竞争对手的技术情况的难度将进一步增大。除此之外，邵波认为专利分析过程中还存在着如下问题：专利分析人员本身所具有的知识结构、专利分类法与企业产品线的不一致性、专利分析缺乏相应的软件支持都将影响专利情报分析的准确性。因此，单纯的专利分析并不能完全准确地评价企业现状及其活动，我们在利用专利情报分析企业所面临的技术创新环境形势时，应将所获得的公开的专利信息跟其他经济数据、技术文献等情报结合起来，才能更好地为企业技术创新研发服务，让企业在研发过程中做出正确的决策。这也是为什么要将专利分析与SWOT分析相结合起来制订企业的专利战略的原因。

2. 技术创新的一般模式以及专利指标分析

（1）在技术创新的过程中，由于模式会涉及技术创新过程中的很多因素，而这些因素在配置方式、组合及其结构上有一定的差异性，从而构成了不同的技术创新模式。一般以企业获取技术和技术资源的来源不同为标准，技术创新模式的分类见表3-2。

**表3-2　技术创新的三种模式及其主要特点**

| 创新模式 | 概念 | 主要特点 |
| --- | --- | --- |
| 自主创新模式 | 医疗器械企业主要依靠自身的努力和探索进行自主的研发，自己投入技术创新活动所需要的一切资源，如技术、人力、资金等，企业对创新进行独立的运作和管理。 | 技术突破的内生性<br>技术方面和市场方面的率先性<br>知识与能力支持的内在性 |
| 模仿创新模式 | 医疗器械企业通过模仿和学习率先创新者的创新方法和创新行为，汲取率先者成功经验和失败的教训，对其核心技术引进、购买或者是攻克，并且不断地完善和开发。 | 跟随性<br>研究开发的跟随性<br>资源投入的中间聚积性 |
| 合作创新模式 | 合作创新模式是一种联合创新行为，一般由企业间或企业、科研机构、高等院校之间进行，可以是在技术创新的全过程，或者在某些具体的创新环节之中 | 共同的利益基础<br>资源共享、优势互补<br>共担收益与风险 |

将技术创新模式分为自主创新、模仿创新和合作创新3种创新模式，主要是根据技

术创新的内容和过程来划分的，但是并不是意味着这 3 种创新模式是各自孤立的，研究问题时也不能把 3 者完全割裂开来，因为其对应的是企业创新技术水平高低的 3 个不同阶段，是一个动态的过程，模仿创新和合作创新是自主创新的必经之路，而自主创新是模仿创新和合作创新的最终目的和归属。

(2)产品的技术生命周期指标是指将某段时间内专利数量与专利权人数的分布变化进行对照比较研究，并通过将两者的变化状况结合，从而判断需要研究的技术所处的生命周期阶段。医疗器械技术的生命周期中包含：起步阶段，发展阶段，技术成熟阶段，衰退阶段，再发展阶段；通过技术的发展轨迹预测未来的发展趋势。

1)技术创新起步阶段：一般在某类医疗器械产品的这个阶段专利数量和申请人数都比较少，在这个阶段各项技术还处于开发萌芽阶段，产品还没达到商品化，技术创新仅仅依靠理论科学、社会因素、研发人员的创新灵感与知识积累等因素来完成技术创新，在这样的新技术领域，投入研发的企业应该先发制人，将研发出的技术尽可能申请并获得基础专利，尽可能地扩大专利保护的范围，越广越好。

2)技术创新发展阶段：在这个阶段专利数量出现大幅度的提升，申请人或者发明人的数量也增加了，这个阶段表示第一代商品问市，即技术进入成长期，这时候已经有较多的企业已经在这一领域投入了研发，因此会产生大量的相关替代技术，对于已经有核心基础专利的企业，可以利用之前积累的研发经验，进一步改进技术、完善产品或继续进行新技术的攻关研发申请专利，巩固原有的竞争优势，而对于新加入本技术行业的器械企业，相对于原有的市场存在者已经处于落后的位置，那么迎头赶上的最好策略就是将别人的先进技术进行引进、消化、吸收然后再创新(典型的日本企业走的路子)，这样才能有效地缩短研发的时间，进而以最快的速度提升自己的市场竞争力。

3)技术创新成熟阶段：在这一个产品技术发展阶段专利申请的数量继续增加，申请人或者发明人数量基本维持不变，在这个阶段企业主要以占有目标市场为主要目的，因此以商品设计改良型专利为主，在这一时期的企业之间的产品和技术竞争更加激烈，由专利上升到制订行业标准就成了这一阶段一些实力强大的企业的策略，他们自己或者通过强联合制订行业标准从而达到对一个行业的垄断，为其他弱小的新进来者设置门槛。在产品创新的这个阶段，技术与商业模式已经成型达到了商业化的程度，相关的技术信息也非常丰富了，那些在这个阶段才进入产业链的企业，虽然研发的成本比较低，但是随时面临着侵犯他人专利权的危险，因为先进入的企业基本已经完成了专利布局。在高端医疗器械行业，我国企业就是面临着这样的情况，因为欧美日一些发达国家在这个行业远远领先于我们国家，因此在我们的企业进行技术创新的时候，先要对已经存在的相关技术专利进行检索分析，并了解技术发展的方向，预测产品将来的发展趋势，在这样的对行业发展技术有比较通透的了解的基础上进行技术创新，才能一方面避免侵权的风险，另一方面又提升了企业的技术创新能力。

④技术创新衰退阶段：在这个阶段专利申请的数量不再会有明显地上升，基本上保持一个平衡的状态，由于在技术成熟阶段的激烈竞争和市场机制的淘汰，那些少数的实力雄厚的企业活了下来。在这个阶段的专利技术也是以改良为主，产品与服务已经定型了，主要的竞争形式为价格战，因此在这个时期企业要想保持一定的竞争优势，必须改进

技术或者增加服务的附加价值，才能延长产品在市场中的存活时间，立于不败之地。当然我们在分析企业技术创新与专利的数量变化关系的时候，必须注意到如下几点：①对于生命周期较短的技术，因为在很短的时间内被新技术所淘汰，对这样的技术申请专利不仅无法给企业带来长久的利益，还会增加企业施行专利战略的成本，显然不合算，如果企业担心他人申请相同或者近似的专利从而阻碍自己的市场战略，这时企业可以通过公开技术的办法来阻止他人获取专利，达到防御的目的。②通常企业应该在技术萌芽或者刚起步发展的阶段，加大研发力度，先发制人以夺取市场先机，在技术衰退的阶段应该减少研发的投入，从而减少专利战略的成本。③技术发展成熟系数的专利指标分析：包括技术成长率指标 $V$；技术成熟度指标 $\alpha$；技术衰老度指标 $\beta$；新技术特征指标 $N$。这 4 个系数指标具体见表 3-3。

**表 3-3　技术发展程度指标介绍**

| 名称 | 内容 | 含义 |
|---|---|---|
| 技术成长率指标 $V$ | $V=a/A$ | 若 $V$ 值递增，说明该领域技术正在萌芽或生长阶段 |
| 技术成熟度指标 $\alpha$ | $\alpha=a/(a+b)$ | 若 $\alpha$ 值递减，则反映技术日趋成熟 |
| 技术衰老度指标 $\beta$ | $\beta=(a+b)/(a+b+c)$ | 连续计算数年，若 $\beta$ 值变小，预示着该技术日渐成熟 |
| 新技术特征度指标 $N$ | $N=sgrt(V^2+\alpha^2)$ | 反映某项技术新兴或衰老的综合指标。$N$ 值越大，新技术特征越强，预示该技术越具有发展潜力，反之亦然 |

注：A 当年某技术领域的发明专利申请（公布）数量

a 当年某技术领域的实用新型专利申请（公布）数量

b 当年某技术领域的外观设计专利或商标申请（公布）数量

c 追溯 5 年某技术领域的发明专利申请（公布）累计的数量

## 四、基于专利分析的 SWOT 模型方法在医疗器械企业技术创新专利战略选择中的运用

### （一）我国医疗器械企业技术创新的内外部环境分析

1. 内外部环境分析应当包含的内容

随着社会、经济、科技的各方面的迅猛发展，特别是经济全球化进程的加快，全球信息网络的建立与消费需求的多样性，正如“地球村”所形容的我们居住的世界越来越小，这样使企业所处的环境更为开放与多变，这种变化几乎对所有企业都产生了深刻的影响，因此，对企业的内外部环境进行分析成为一种十分重要的企业职能。

企业的外部环境分析，即对外部的机会因素 O 与威胁因素 T 进行的分析，外部环境的分析并不是要将所有与企业有关的因素都要拿出来分析，因为这个世界所有的事情都是统一联系的整体，那将会有无穷多的因素，因此只需选择那些会影响企业经营的、重要的、值得做出反应的外部环境因素。而与企业制订专利战略密切相关的外部因素见图 3-4。

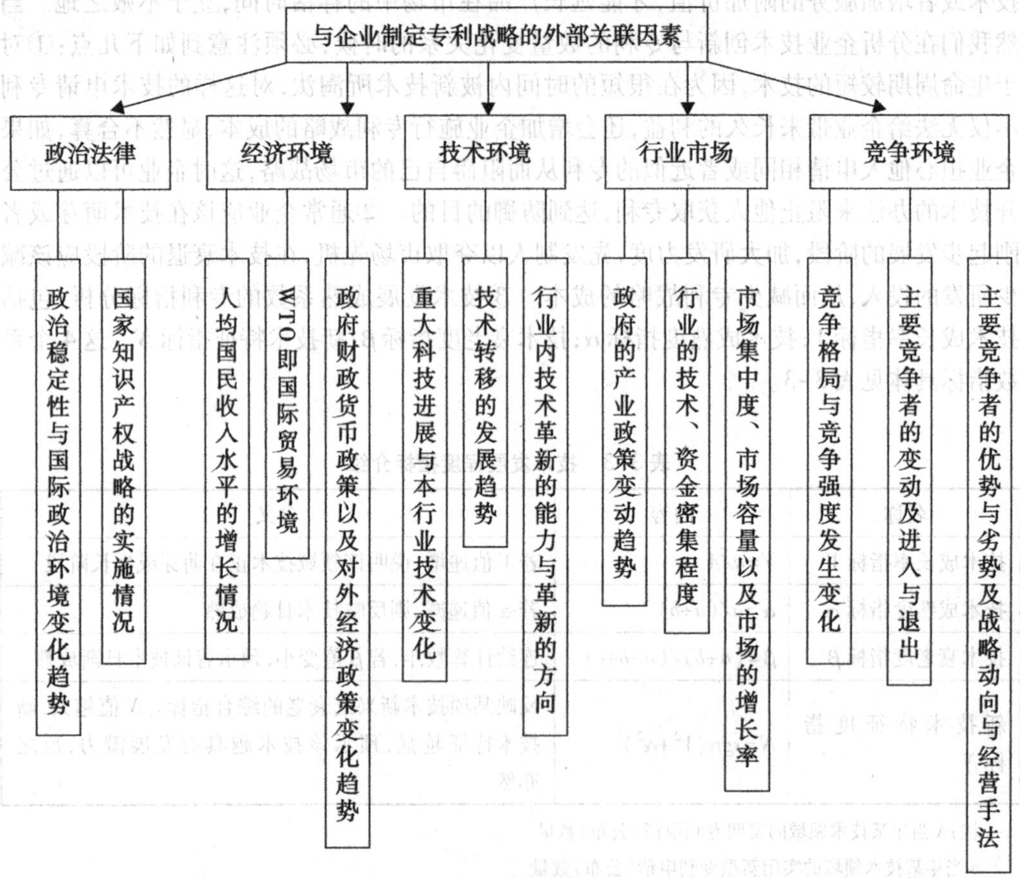


**图 3–4　企业专利战略制订的外部因素**

企业的内部因素，即优势因素 S 与劣势因素 W，主要包括企业的组织管理能力、资本能力、研发能力、产品和服务能力、市场竞争能力等，这些是企业在发展过程中本身存在的积极的或消极的因素，在分析这些因素的时候，我们不仅要分析它们的过去与现在，还应当预测它们的未来。对于与企业专利战略制订的关联因素见图 3–5。

2. 从出口产品类型结构分析我国医疗器械产业发展现状　就目前来说，虽然近十几年来，我国医疗器械产业取得了长足的发展，但是，不可否认的是，我国医疗器械行业的整体竞争力相对于欧、美、日本等发达国家来说还是比较弱小的，尤其是在高端医疗器械产品行业，其差距至少在 10 ~ 15 年间，其行业竞争风险表现在低水平的重复建设引起的竞争风险最大，另外，技术、资金、人才、市场、环境、成本等对行业自身的发展也产生一定的影响。根据 2011 年上半年我国医疗器械出口产品类型分布比例（表 3–6），可以很明显地发现，虽然我国医疗器械产品产量与出口量保持着高速增长，但多数都只能在中低端市场寻求生存；而在高端产品中，国内产品处于中低档水平，国内中高端医疗（仪器）设备主要依靠进口，进口金额约占全部市场的 40%，进口公司主要是国际知名公司，如 GE、Siemens、Philips、Toshiba、Hitachi 等。

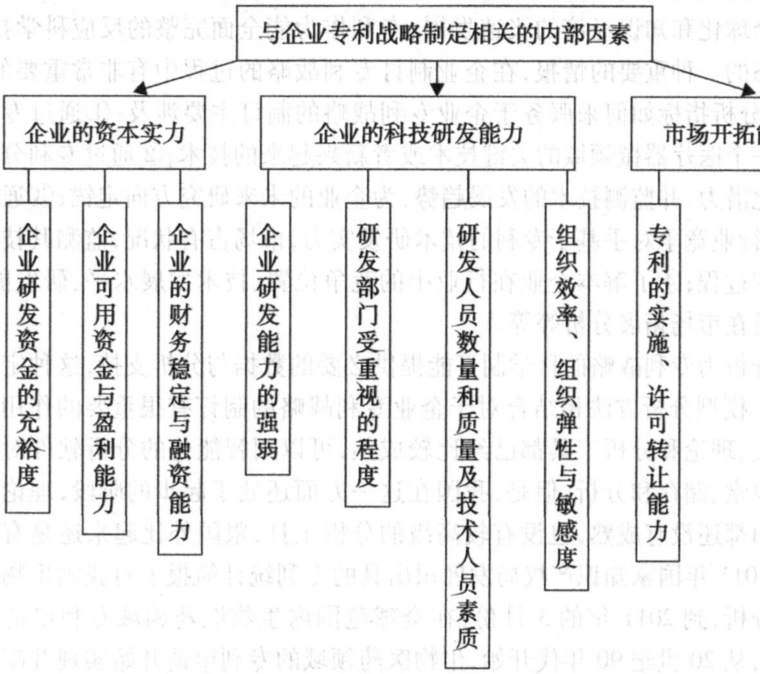


图 3-5　企业专利战略指定的内部因素

表 3-6　2011 年上半年我国医疗器械部分商品出口额及增速

| 商品名称 | 出口额/亿美元 | 同比增长/% | 占比/% |
|---|---|---|---|
| 按摩器具 | 5.35 | 15.37 | 18.23 |
| 药棉、纱布、绷带 | 4.13 | 37.09 | 14.08 |
| 其他注射器、针、导管、插管及类似品 | 3.53 | 24.33 | 12.03 |
| 注射器(不论是否装有针头) | 1.87 | 23.42 | 6.37 |
| 血压测量仪器及器具 | 1.63 | -11.46 | 5.56 |
| 彩色超声波诊断仪 | 1.62 | 28.03 | 5.52 |
| X 射线断层检查仪 | 1.58 | 23.24 | 5.39 |
| 病员监护仪 | 1.58 | 17.62 | 4.57 |
| B 型超声波诊断仪 | 1.34 | 15.96 | 2.76 |
| 急救药箱、药包 | 0.41 | 24.13 | 1.40 |

数据来源:中国医药保健品进出口商会。

当然,我国目前的医疗器械行业正处于蓬勃发展的上升期,已经有了一定的技术实力和研究基础、有巨大的市场需求、有政策的大力支持,这些都是我国医疗器械行业将飞速发展的利好消息。

3. 从专利分析法的角度分析我国医疗器械产业的基本现状和发展趋势

随着经济全球化和知识经济的飞速发展，专利作为能全面完整的反应科学技术、特别技术发展动态的一种重要的情报，在企业制订专利战略的过程中有非常重要的价值。目前，对于专利分析指标如何来服务于企业专利战略的制订主要涉及：①通过专利分析能分析识别某一个医疗器械领域的关键技术或者新兴起来的技术；②通过专利分析能评价企业的商业化潜力，并监测技术的发展趋势，为企业的未来研究方向定锚；③通过专利分析，能了解同行业竞争对手基于专利的技术研发实力，市场占有状况，监测其技术研发重点和技术演变过程；④了解本企业在行业中的竞争位置、技术发展水平、研发能力、市场占有率以及潜在市场拓展分析等等。

专利信息分析为专利战略的科学制订能提供必要的数据与分析支持，这种定量分析与定性的 SWOT 模型分析方法相结合对于企业专利战略的制订有很重要的作用。国外的专利分析方法、理论和分析工具都已经比较成熟，可以用智能化的分析软件对电子的专利数据进行检索、储存和分析，但是，我国在这一方面还处于起步的阶段，理论研究方法与实际的应用都还没有成熟，也没有较高级的分析工具，跟国外比起来还是有较大的差距的。根据 2011 年国家知识产权局发展司出具的专利统计简报上对我国生物医药产业专利态势的分析，到 2011 年的 3 月份，在全球范围内生物医药领域专利申请达到了 150 500 件之多，从 20 世纪 90 年代开始，生物医药领域的专利申请开始实现井喷式的增长，到 2000 年达到巅峰 10487 件然后呈现了下降的趋势。由于医疗器械产业囊括的产业太多，因此对医疗器械整个行业的专利进行检索变成一件非常复杂的事情，特别是进行全面、综合的检索。欧阳昭连、池慧等学者曾经就医疗器械的产业创新力的专利因素进行了较为深入的分析，在他们的《医疗器械产业创新力专利因素分析》一文中，选用 Derwent Innovations Index(DII)这个综合性的数据库，这个数据库将世界专利索引(WPI)与专利引文索引(PCI)的内容整合到一起，基本上包括了可以申请专利的所有的技术领域，从 1963 年到现在 40 余个信息源的专利数据，包括了 38 个国家与 2 个国际组织的专利公布机构和两个重要的国际技术报告刊物。采用检索式为(SO5 * OR A12—V03D * ORV04—Q30M * OR W01—C01P8 * NOT SO5—V * ) AND Timespan = 2007—2011；通过对检索的数据采用 Thomson Data Analyzer 软件(简称 TDA)进行分析，我们可以得出如下结论：①2007—2011 年，世界医疗器械专利数量呈现出明显增长的趋势。专利申请的数量是专利分析中很常用的一个指标，其数量的快速且持续的增长表明医疗器械是一个朝阳行业，并且处在高速的发展阶段，发明和创新非常活跃。②在 2007—2011 年这 5 年间排名在前 15 名的国家和地区所拥有的专利达到 13520 件，前五名的国家为美国、日本、德国、韩国与中国，而且前 15 位国家所拥有的专利数量占到了总数的 98.7%，其中美国独占 40.5%，说明美国的医疗器械产业的综合竞争能力是非常之强的，远远领先于世界上其他的国家。日本也占到了大概 30.6% 的份额，足见这两个医疗器械大国在世界医疗器械产业中所处的地位。③从专利的被引用次数来考虑，在 2007—2011 年这五年间，总被引用次数为 79 876 次，排在前面的五强分别是美国、日本、德国、欧洲专利局、和英国。美国一国被引用的次数就达到了 47 865 次，差不多是排在第 2 的日本专利数的 3 倍，我国排到了这个榜单的第9位,说明欧美日这些发达国家与地区在医疗器械领域的基础性创新与重大创新技术占据着非常主要的地位,我国虽然在专利数量上排名在世界前列,但是总体的被引用次数以及平均的被引用次数都处于较低的位置,说明在医疗器械领域的技术创新量多但质量及科技含量都不太高。④根据专利分布领域情况,诊断设备排在第1位,共78 653件,是排在第2名的治疗设备专利数量的两倍还多,外科设备与医院消毒设备专利数量都超过了10 000件之多。说明在这4个领域的医疗器械产品技术创新处于比较活跃的阶段,技术创新成果也比较多。⑤根据专利申请者的分布我们可以发现,前十位的申请机构申请的专利数量占总的医疗器械的数量的23%,排在前5位的是GE、东芝、西门子、奥林巴斯和美敦力,后面依次为日立、松下、飞利浦、富士以及柯尼卡美能达,有6家是日本的公司,2家美国的公司,其他的主要是欧洲的,可见这3个国家及地区是医疗器械技术最强的区域。

当然根据专利情况检索得到的情报进行分析很重要,在其中可以得到一些很重要的技术信息,但也必须考虑到其中的不足之处以及一些本身的缺陷性,毕竟技术创新水平与专利并不是简单的对应关系,因为专利不仅包括了发明专利,还包括了一些实用新型专利和外观专利,后面两者的创新性是非常有限的,在研究问题的时候一定要加以注意,这也是本文作者一再强调要把专利分析与SWOT定性分析结合起来考虑的原因。

## (二)我国医疗器械产业技术创新模式的选择

前面我们通过SWOT分析以及专利分析方法把世界医疗器械产业的基本情况与我国医疗器械产业的基本情况以及优劣势进行了总体情况的分析,本节将结合这些具体的实际情况并结合美、日这两个医疗器械超级大国走过的技术创新之路,探讨我国医疗器械产业的创新模式选择。

### 1. 我国医疗器械产业技术创新模式选择需要把握的原则

(1)一切从我国器械产业发展现状的实际出发的原则:技术创新模式的选择必须牢牢结合目前我国所处的工业化阶段的国情相结合。前面已经详细地介绍了我国医疗器械产业目前的基本情况,从医疗器械的"三相性"出发,研究我国医疗器械产业的技术创新模式选择,必须结合我国目前医疗产业水平、机械制造业水平以及IT业的发展水平;前面通过专利分析,已经知道,我国医疗器械的技术创新成果目前基本处于量多质不高的基本阶段,这些就是目前最大的问题。技术创新对于一个产业的经济发展有着巨大的促进作用,是经济蓬勃发展的助力器,但是,经济的基本因素对于技术创新阶段的转换也有一定的反作用力。一般来讲,在经济水平不太高的阶段,市场上的需求不太旺盛,社会的购买力不高,企业也会相应减少技术创新的投入,因此,技术创新也处于一个较低的阶段,由于企业获得的经济回报不高,投入创新的热情当然不够。反之,当经济发展水平较高时,社会购买力旺盛,市场就会刺激企业投入创新,因为创新的产品在市场上很容易获得回报,这样的激励在客观上使得产品技术创新不断地发展。从美国、日本以及一些欧洲发达国家的医疗器械产业如此强盛,以及他们走过的技术创新路径来看,技术创新的任何一个阶段都会有非常明显的技术与经济发展水平的标志;而当前我国经济发展正处于工业化的第一阶段,因此与之相适应的技术创新模式就是以模仿创新为主并结合部分自主创新的综合创新模式。

(2)必须要有全球化的眼光的原则:在医疗器械行业流行着这样一个被大家基本认可的观点——全面快速地走器械国际化的道路是我国医疗器械产业具有美好前景的重要因素,也只有这样,才能进一步促进医疗器械产品的出口,真正让我们的产品走出国门,走向世界。但是,医疗器械的国际化是一项非常艰巨而又复杂的系统工程,不是一蹴而就就能办到的事情,要探索真正一条适合于我国器械产业的国际化道路,必须清楚地认识到我国器械行业的现状,立足国内,放眼世界,而且,在这样的一个过程中,专利战略的合理运用在这个进程中大有作为。我国拥有将近世界1/5的人口,器械市场规模几乎占据世界的1/3强,是世界上公认的最具潜力的器械市场,但是在医疗器械技术方面,尤其是高端器械产品方面,我们的技术还很薄弱,因此在技术创新方面必须首先立足国内,同时积极引进学习发达国家的先进技术,最后受益的还是我国的企业与消费者。显然,欧、美、日等国家与地区由于起步早,在世界市场方面,我们基本上没有太多的机会,但俄罗斯、越南、印度等发展中国家的市场我们还是大有作为的,这些都是我国器械企业走向世界市场的一个好的切入点。

(3)必须坚持以拥有自主知识产权的产品为最终目标的原则:实现最终的自主创新是现阶段模仿创新的最终目标,而模仿创新是实现自主创新的必经之路。与自主创新相比,模仿创新的成本相对来说低得多,而且风险也更小,能够更大化地提高工作效率和资金的利用率,进而达到低投入高产出的效果,因此,模仿创新受到很多企业(包括大量的器械企业)的青睐。我们看美国企业走过的创新之路就可以很明显地发现,虽然美国现在是世界上自主创新的大国,其专利申请量也遥遥领先于世界上其他的国家,但他们也并不是在所有行业都采用自主创新,像在汽车产业、蒸汽动力、纺织业等一些领域也采用过引进模仿创新,通过对欧洲各国先进的技术进行引进、模仿,然后在此基础上进行创新,使得美国企业得到了迅猛的发展,但是,美国企业并没有止步于此,他们在这个模仿创新的基础上再进行自主创新,这才是他们的最终目标。当前,我国巨大的器械消费市场成为了世界上那些医疗器械巨头们眼中的肥肉,那些跨国大公司争夺我国市场已经不仅仅限于品牌之争了,甚至很多企业将研发中心都建在了我国,展开研发资源的争夺大战,在这样一个群雄纷争、狼烟四起的竞争环境中,实现自主创新才是我国器械企业最终获得竞争优势、占取市场份额的法宝。历史的经验告诉我们谁先占据了自主创新的制高点,谁才会在世界市场上取得竞争优势掌握控制权。模仿创新只是我们追赶先进国家先进技术的一个手段,通过模仿创新积累技术能力然后在此基础上一步步形成自己的关键技术,拥有产品的核心竞争能力最后开发出拥有自主知识产权的一大批专利技术,从而实现技术创新质的飞跃。

2. 我国医疗器械技术创新模式的影响因素分析

(1)人口因素:我国是世界第一人口大国,而人口因素是影响医疗卫生行业的重要社会因素,随着新医改的进一步推进,医疗保健制度的进一步完善以及人民生活水平的进一步提高,这么多年计划生育的效果开始明显显现,人口的出生率开始下降而死亡率也明显下降,我国即将步入人口老龄化阶段。2010年中国60岁以上老年人口比例已达13.26%。根据社科院发布的《中国财政政策报告2010/2011》,2011年以后的30年里,中国人口老龄化将呈现加速发展态势,60岁及以上人口占比将年均增长16.55%,2040

年60岁及以上人口占比将达28%左右。由于老年人更多地受到诸如糖尿病、高血压等慢性病的困扰，更多地依赖于家用康复护理仪器（制氧机等）、日常检测设备（血压计、血糖仪等）以及日常护理产品（轮椅、助听器等）等医疗器械，极大地推动了产品需求。根据国际卫生部门2010年对于世界前10位疾病死亡率以及死亡的主要原因构成分析，可以很明确地看到，恶性肿瘤、心血管类等高致死性疾病是人口死亡的主要原因。从临床医学的角度来看，对于疾病的治疗讲究的是早发现、早治疗，发现的疾病、诊断疾病的时间越早，疾病的治疗率就会显著提高；然而，对于这些高致死率的疾病的及早预防与诊断，医生的治疗水平和临床经验起着很大的作用，但是对于医疗器械特别是一些大型的医疗诊断设备像CT、MRI、B超机也有非常高的要求。对于那些高致死率的疾病如恶性肿瘤、心血管疾病必须要求医院配置相应的高端医疗诊断设备，由于饮食习惯以及人种等其他地域方面的因素，也相应要求诊断的医疗器械和治疗水平与国外先进国家的器械设备具有一定的差异化，而这种差异化正是形成了我国医疗器械产业自主创新的重要源泉。

②经济环境因素　从1978年以来，我国已经经过了三十多年的改革开放，特别是近十几年来，我国国民经济保持着年均8%左右的稳定增长率。通过调查我们很容易地发现，人均收入的低下是导致我国家用医疗器械普及率低下的关键性因素，而近几年来随着我国国民经济的飞速发展，老百姓越来越富有，2011年2季度，我国城镇家庭人均可支配收入达11 041元，同比增长13.16%，在江浙一带、深圳、上海等一些大城市基本已达到了发达国家的生活水平，在人民满足了基本的衣食住行之余，人均收入的增高将极大地刺激医疗市场需求量。对于这一需求的满足，当然除了药品之外，用于诊断疾病以及治疗疾病的医疗器械设备也将迎来其发展的春天，随着国家鼓励器械产品自主创新的一大批优惠政策的出台和新医改对于医疗器械产业投入的增加，我国医疗器械将进入高速发展的时期，其未来的发展前景也越来越被金融资本所看好。

（3）市场结构因素：全球前五大医疗器械市场分别为美国、日本、德国、英国和法国。2009年，美国、欧盟、日本销售收入占全球医疗器械市场之比分别为39%、26%和13%。通用医疗、西门子、飞利浦和岛津等大型医疗器械公司引领着全球医疗器械的研发方向，占据高端市场。而以中国为代表的发展中国家依托成本优势和技术提升，正不断提升市场份额。2010年中国医疗器械产值达1 000亿元，全球市场占比约4.0%，预计2015年将上升到6%左右。经过了这么多年的发展，美国、日本、欧盟等国家医疗器械产业已经进入到非常成熟的阶段，那些大型的跨国医疗公司通过掌控产品核心技术的研发与销售环节，已经占据了产业价值链的关键环节，从而获得很高的利润，而以我国为代表的广大发展中国家作为后进入者主要从事的是产品的加工、生产以及一大批OEM型企业，处于产业链的低端，仅仅由于其廉价的劳动力而获得微薄的利润，目前，中国、巴西等一些发展中国家正通过成本优势和技术研发经验的积累，从而推动本国的医疗器械产业逐步向产业价值链的上游进行转移。国内有一位专家曾经在一次器械论坛中毫不讳言地指出过，我国医疗器械技术创新水平与发达国家相比，落后大概10～15年，因此，我们不能光有一番热血，必须正确地认识到目前这样的一个客观事实，即便我们投入与跨国的大型医疗器械公司一样的研发力度，对于自主创新的技术能力以及承担的风险还是很难担当的，因此对于一些高端的器械产品，我国目前的市场占有情况以及市场结构要求我们的企业还是选择模仿创新更有利。

(4)竞争环境因素:随着2001年我国加入世界贸易组织的十多年以来,中国经济已经越来越融入世界经济这个大的洪流之中,关税等一些以前的行政保护的措施越来越弱,很多的跨国大医疗公司对于中国市场这块大蛋糕也早已虎视眈眈,他们从最初的产品输出,然后是品牌输出,到现在已经发展到跨国并购,甚至越来越多的跨国公司把研发中心建在了中国。目前,我国的医疗器械市场特别是高端器械市场,几乎是国外那些大型器械巨头的天下,像GE、飞利浦、西门子这些企业几乎占领了我国高端器械市场的大半壁江山,而且他们利用自己对于市场的先入优势,为后来的进入者设置了重重障碍,这其中就包括很多的专利陷阱。所以从市场竞争因素来讲,我国医疗器械产业最好采取的技术创新模式还是以模仿创新为主比较好,有时候,我们也可以称之为站在巨人的肩膀上,通过专利文献分析,把握发达国家企业进行技术创新的脉络与过程,学习他们的走过的历程与经验教训,这样能更快地缩小我国医疗器械产业技术发展的进程。

(5)专利制度因素:前面已经分析过,由于医疗器械行业技术创新的投入非常之高,具有IT行业的属性,有很高的投资风险,因此其对于产品的知识产权保护也是要求非常之高。从1985年《中华人民共和国专利法》颁布实施以来,我国在产品专利保护方面取得了一定的成就,特别是加入世贸组织以来,我们国家在专利保护方面做了大量的工作,逐渐与发达国家接轨,但是仍然存在着一些问题。我国专利制度的目的在于采用法律的手段保护发明创造以及发明创造者的经济利益,从而达到鼓励发明创新、促进生产力的发展的目的,但是由于我国加入世界贸易组织只有短短十来年时间,很多方面还需要改进,其中知识产权的保护体系还不够完整,保护力度还不够强,保护的覆盖面也不够全,如技术扩散、合作创新等方面的产权界定还不够清晰,原创者的利益常常会受到侵犯,而对于医疗器械产业,我国更是自主知识产权产品与核心技术双重缺乏,一直处在技术追随者的位置。然而,仿制产品在激烈的市场竞争中很难取得有利的竞争地位,目前的专利制度并没有在自主创新与模仿后再创新的专利产品上给与不同的保护措施,并没有给予自主创新者以其他特别的激励,使得企业缺乏足够的自主创新动力,从这个层面上讲,我国器械行业更适合于采用模仿创新。

(6)行业政策因素:前面也已经分析过高端医疗器械产业具有"三相性"的特点,其中有两个非常重要的属性即为典型的IT业属性和医疗行业属性。我们知道,IT行业是一个高投入、高产出、高风险的"三高"行业,而我国的医疗器械企业大部分生产规模都不大,根本无力支持如此的技术创新投入,这就需要国家对于器械创新的企业给与一定的财政支持。尽管我国在这方面的投入每年都有一定的增长,但是与发达国家相比,仍然有较大的差距,其对于医疗器械产业的创新支持投入占财政支出的比例依然很低,甚至还没有达到一些发展中国家的水平。基于医疗行业的属性,由于其产品安全事关消费者的生命,因此我国对于医疗器械产品有非常严格的审批制度,从纸面上看,其规范数目甚至更严于美国的FDA审查,但是很多在操作中都流于形式,例如国家规定由地方药监部门实行对第二类医疗器械进行质量体系考核,而且对于安全性要求非常高的第三类医疗器械,其审批权在中央,质量体系的考核监督由地方药监部门执行,这样的分权管理模式容易导致上市前的安全性审批重点与实际执行中的安全监控情况发生脱节的可能性。

医疗器械产品的设计评价和设计转移、产品生产、产品销售以及使用是一个安全管理的体系,其中的主线就是安全链管理,但是目前我国的法律规范对于产品的注册、生产、销售等环节分为不同的规章进行,很多执行的重点并不一致,这就造成了行政执法资源的目标不集中甚至出现安全监管的漏洞。对于这一点,欧美药监部门就有值得我们学习的地方,他们在质量体系的考核过程中,直接由相关产品的专家和药监部门的体系检查人员相结合的现场检查办法,这样就可以很大程度地避免我国由于监管体系不完善而产生的弊端,既提高了监管的有效性,而且也节省了大量的行政流程所耗费的时间,使得技术创新的产品早日进入市场。

3. 微观因素分析

对于技术创新模式的选择不仅要考虑到社会以及国家等宏观方面的因素,更重要的是还要考虑到要进行技术创新的企业的内部因素,相对于国家政策、行业因素等宏观因素我们把这些内部因素称为微观因素。这些因素主要包括企业规模的大小、企业的战略规划以及企业主要领导人对于创新的认识与资源投入、和企业的技术研发能力大小等方面。①企业的规模大小将直接影响到企业技术创新的模式选择。我国医疗器械产业集群分布基本呈现三大区域集群,以北京、天津为中心的环渤海地区;以深圳为中心的华南地区;以及以上海为中心的江浙一带,而其中绝大多数企业均以中小企业为主,总结为一句话就是数量多、规模小,这就注定大多数器械企业根本没有这样的财力、物力去进行自主创新,这就客观上为模仿创新提供了土壤。②企业对于技术创新的重视程度与投入大小也将非常大地影响到企业的技术创新选择。对于大多数医疗器械的生产企业家来说,他们更多地关注的是企业的销售效益,对于技术创新并没有太多的主动热情,这也就造就了一大批专门从事 OEM 型的加工企业。就拿国内的那些大医疗器械公司来说,无论是从研发投入、研发能力各方面与世界巨头间都有很大的差别,这对我国器械企业的技术创新模式选择起到了非常大的决定作用。③资金的不足会对企业技术研发能力产生非常直接的影响,先进设备的购置、高端人才的引进与培养都需要资金的投入作为保障,而这些对于企业研发能力的强弱起到决定性作用的因素。当前越来越多的跨国器械企业都把研发中心直接建在了我国境内,他们的财大气粗无疑对于人才会有更大的吸引力。

4. 对于我国医疗器械技术创新模式选择的探讨

前面一节我们已经详细地从专利因素角度与 SWOT 分析的角度分析了影响我国医疗器械产业技术创新的各个因素,而这些因素是选择我国医疗器械产业技术创新模式的基础。

通过研究美国与日本等一些发达国家医疗器械的技术创新之路我们不难发现,美国的一些大的器械公司,经过将近百来年的技术创新以及技术积累,他们基本上可以将自主创新作为他们的核心战略,而日本企业,由于受到第二次世界大战的影响,他们的技术创新起步相对较晚,因此他们在最初采取引进、模仿的创新手段,通过引进消化、吸收再创新的方式,日本的器械企业在短短几年内取得了突飞猛进的发展,一下子就赶超上了欧美等发达国家,现在很多的日本企业也已经步入到了自主创新的阶段。而结合我国医疗器械企业现阶段的发展现状,因为受到企业规模、研发投入等诸多因素的影响,在相当长的一段时间内模仿创新为主以及结合部分的自主创新将成为我国医疗器械企业技术创新的首选模式，通过模仿创新降低成本，实现企业的财富积累以及技术经验的积累，增强企业的实力与竞争力，最后实现最终的自主创新，这也正是日本企业走过的技术创新之路对我国企业的启示。

## 五、基于我国医疗器械产业技术创新模式基础上的专利战略运用研究

### （一）发达国家医疗器械产业专利战略运用对我国的启示

专利战略在发达国家的实施已有几十年的历史，发达国家的企业通过有效地实施专利战略，取得了快速发展。在发达国家医疗器械产业中，美国、日本企业是运用专利战略最为成功的国家。

1. 美国——自主创新为主的专利战略选择

由于美国医疗器械行业起步很早，而且它的技术创新是以市场为导向，由于巨额利益的驱使，使得实力雄厚的大型医疗器械企业无惧自主创新的巨大风险，毅然选择自主创新模式，率先开发新技术和新产品。美国的大型医疗器械企业为了持续地保持其在跟新兴国家医疗器械市场竞争中的优势，主要采取了基本专利战略与专利网相结合的专利战略，同时利用其在世界上超级大国的地位，无论是政治还是经济、外交等手段要求竞争对手国家依照美国的专利保护要求实现对其专利技术的保护，从而维护其在市场上的垄断地位。因此，美国主要运用的是攻击性专利战略。

2. 日本–模仿创新为主的专利战略选择

日本医疗器械企业对专利战略的运用始于第二次世界大战后，当时日本无论是经济实力还是科技实力都比较薄弱，难以与欧美等大国抗衡，于是日本企业选择了一条“引进—模仿—改进创新”的道路。在20世纪50年代，日本开始大量的引进西方先进国家的科学技术，而且一开始日本企业就非常重视运用专利战略，慢慢地形成了以专利技术作为企业的核心竞争能力，以制造技术能力的提升为依托，通过实现技术引进、模仿、技术研究开发、产生规模经济效应、市场占领的一体化立体型专利战略。由于在专利技术的引进模仿创新的过程中，要受到西方发达国家的专利技术限制和阻击，日本企业大多采取防御型专利战略。日本企业通过对当时发达国家的专利技术水平的学习研究，申请了大量的外围小专利，让竞争对手陷入自己的外围专利网战略中，最后达到交叉许可的目的，甚至严重的限制了对手的基础专利的运用。并且从20世纪80年代开始，日本企业在专利的运用上从防御不停地向进攻转化，目前日本已经成为世界技术输出大国。

### （二）我国医疗器械技术创新模式相配套的专利战略选择

医疗器械企业的技术创新包括自主创新、模仿创新以及综合创新，在企业技术创新过程中专利的应用应该根据不同的创新模式，要求企业进行统筹规划，根据企业技术创新能力的强弱以及创新成果专利价值的高低，选择不同的专利战略。前面已经分析了我国医疗器械产业现阶段应该采用综合创新的模式，但是不同的企业有着不同的实际情况，我们根据企业创新能力的不同以及相应研究领域的专利价值的高低制订了波士顿矩

阵图,不同的器械企业可以根据自身的情况对号入座选择自身的专利战略。见图 3-7。

图 3-7　企业专利战略选择的波士顿矩阵

### (三)我国医疗器械企业专利战略的选择与需要注意的问题

针对我国目前医疗器械产品高端产品不足、技术创新能力不太强的特点,以及美、日等发达国家医疗器械企业走过的路来看,日本医疗器械企业走过的路非常值得我们借鉴。技术引进和模仿创新是我国医疗器械产业缩短与先进国家技术差距的最主要办法;模仿创新是自主创新的必由之路。在专利战略的选择上也应以上图中的第三象限中的追随型战略、研发联盟战略、专利与技术标准结合战略、专利网战略、直接引进专利战略为主,具体有以下一些措施。

1. 重视专利调查战略

专利调查是一项基础性战略。专利文献不仅可以用来分析企业的内外部环境,还可以用来加快企业研发创新的进程和开拓新的市场。据世界知识产权组织统计,“世界上 90% ~95% 的发明创造首先在专利文献中出现,善用专利信息,将可节约 60% 的研发时间和 40% 的研发经费”。在进行一个医疗器械专利产品的引进或研发时,必须通过专利文献检索掌握有关领域的技术现状,预测本产品技术的发展动向进行合理的价值评估,避免重复研究,同时可以合法地借鉴他人的专利,帮助企业实现跨越式发展。在器械产品的研制过程中,及时跟踪竞争对手的技术动向。

2. 以外围专利为切入点,进行外围专利网布局

外围专利网战略是指企业开发的新产品取得专利后,为防止别人开发外围产品或利用其他方法生产相同产品与自己竞争,企业必须迅速的开发外围产品并取得专利,形成

严密的专利网。由于发达国家在高端医疗器械产品上已经遥遥领先我国企业，而且已经申请了很多的基础专利，我国医疗器械企业只能通过引进这些基础专利，消化吸收，结合我国消费者的特点，进行地域适应性创新，从而构筑大量的外围专利获取主动权。

3. 运用好专利返销战略，从而独立自主

医疗器械企业在引进输出方的专利后，对专利进行研究、吸收和创新，在原有的技术上进行改进，在申请到专利后，再将创新后的技术以专利的形式卖给原输出方，或以自己的专利权为筹码，与对方进行交叉许可的战略。这种战略既可以使引进技术方提高技术创新的起点，又能够使自己摆脱专利输出方的控制，从而实现技术创新上真正的独立自主。

4. 多借鉴国内成功 IT 企业以及制造业专利战略的成功经验

医疗器械行业具有“三相性”的特点，特别是一些高端医疗器械产品，几乎同样都具备这个特点。因此我国的医疗器械企业完全可以借鉴国内像联想、华为这些成功企业的专利战略策略，它们走过的路，将是我国医疗器械企业进行创新以及如何运用专利战略的宝贵资源。

# 第四章　我国医疗器械注册与管理

## 第一节　我国医疗器械注册管理制度

### 一、我国医疗器械注册管理制度发展史

1996 年 9 月 6 日原国家食品药品监督管理局发布了我国第一版《医疗器械产品注册管理办法》，该文件共计 17 个条款，文件明确了医疗器械产品的定义，划分了医疗器械分类管理的责任主体，规定了医疗器械产品的注册形式、程序和时限，这版《医疗器械产品注册管理办法》的重要意义，一是在全国范围内实行了统一的医疗器械注册制度，二是明确把境外医疗器械纳入了管理范畴。随之而来的一系列配套的指导文件，包括《〈医疗器械产品注册管理办法〉实施指南》《医疗器械产品临床试用暂行规定》《医疗器械产品检验的若干规定》《医疗器械标签和使用说明书内容有关规定》等，为医疗器械的注册构建了一个基本的法规体系。

2000 年国务院发布了《医疗器械监督管理条例》，是中国历史上第一部医疗器械法规，为医疗器械的监督管理奠定了法律地位，在我国医疗器械监督管理的发展进程中起到了里程碑的作用。为了配合《医疗器械监督管理条例》的实施，2000 年 4 月 5 日原国家食品药品监督管理局又发布了第二版《医疗器械注册管理办法》（以下简称注册管理办法），第二版注册管理办法相较上一版大体框架没有发生变化，内容上更加完善，扩充至 31 个条款，主要的变化一是将第一版中 40 个工作日的注册时限，根据产品类别改为了一类产品 30 个工作日，二类产品 60 个工作日，三类产品和进口产品 90 个工作日。二是明确了在我国注册的产品必须在国内进行注册检验。三是增加了临床试验报告的提供方式（《医疗器械临床试验报告分项规定》作为注册管理办法的附件一并发布）。四是增加了注册证的变更和补办的相关条款。

我国医疗器械行业虽发展较晚，但整体的发展速度较快，在 2000—2009 年的 10 年间，医疗器械行业的市场规模翻了将近 6 倍，复合增长率高达 21.1%，大批的境外医疗器

械厂商被国内巨大的医疗器械市场所吸引，申请进口医疗器械注册的产品数量急剧增加，2001 年进口医疗器械申报数量为 867 项，2002 年为 1 387 项，2003 年为 1 888 项，2004 年达到 3 601 项。国内外医疗器械产品监管方式的差异给我国进口医疗器械产品的注册带来了巨大的挑战，第二版注册管理办法已无法满足进口医疗器械产品在注册过程中的实际问题。针对上述问题，原国家食品药品监督管理局发布了一系列文件，包括《进口医疗器械注册检验规定》(2001 年)、《关于进口医疗器械、境内第三类医疗器械注册若干补充说明的通知》(2001 年)、《医疗器械注册补充规定二》(2003 年)等，在此基础上，第三版注册管理办法的发布已成为必然。

2004 年 8 月 9 日原国家食品药品监督管理局发布了第三版的《医疗器械注册管理办法》(以下简称《注册管理办法》)，此版《注册管理办法》共计 9 个章节，56 个条款，主要变化一是取消了分段注册的方式，取消了试产注册，一律为准产注册，规定注册证的有效期为 4 年。二是由于医疗器械的注册检验和临床试验的重要性和复杂性，将其分别单独成章，进行说明。三是提出了医疗器械重新注册的再评价概念。四是提出了在注册证有效期内产品类别发生调整或产品有实质性变更时，申请变更重新注册的要求。

2000 年 4 月 1 日起实施的《医疗器械监督管理条例》是我国第一部系统的医疗器械法规，使我国医疗器械监督管理有法可依，对规范医疗器械行业监管工作，促进医疗器械行业发展，保障人民群众用械安全有效方面起到了积极作用，但是随着医疗器械产业的发展和进步，有些规定已经不能完全适应现实的需要。原国家食品药品监督管理局从 2006 年启动了条例的修订工作，经过深入的前期调研和广泛的意见征集，于 2014 年 3 月 7 日发布了第二版《医疗器械监督管理条例》，这版条例与上一版相比无论是管理理念还是制度设置上都发生了重大的变化，一是调整了医疗器械的定义，明确了医疗器械与人体接触形式；增加了体外诊断产品；强调物理等方式为主要作用；增加了作用目的范围，与国际医疗器械定义进一步统一。二是首次提出参考国际分类实践，明确按照风险程度对医疗器械分类管理，调整医疗器械分类管理制度。三是优化了医疗器械产品上市行政许可审批或备案流程。“先注册后生产”的流程变革，业内期待已久。新条例调整后的流程与国务院机构改革及行政许可审批流程简化等要求相适应。同时体现我国医疗器械产品发展进入新的历史时期。和欧盟、加拿大、美国、澳大利亚的注册监管制度类似，表明我国积极向发达国家的监管力度靠拢。同时，这项变革也将成为国内医疗器械新产品研制的强大推手，改变国内当前以“仿制”为主，缺少自主知识产权型产品的尴尬局面。四是明确了医疗器械检测机构认定原则与评价实施主体。医疗器械检测机构评价认定由原国务院药品监督管理部门主导，调整为国务院认证认可监督管理部门，政府机构职能进一步明确划分，有助于配套政策的实施，同时聚集更多社会检测机构，合法依规地成为第三方检测机构对医疗器械检验，增加新血液、注入新活力，填补检测机构缺乏的尴尬。五是强化医疗器械临床试验及临床试验机构的要求。国家将专门出台评价医疗器械临床试验机构、专门规范医疗器械临床试验的法规要求，弥补当前以药物临床试验机构为医疗器械临床试验机构的“政策缺失”和“技术缺失”。医疗器械临床试验毕竟不同于药物临床试验，因此，必须对医疗器械临床试验机构和临床试验要求进行专业评估和规范。六是充实了对医疗器械生产环节质量监管的措施。新条例有关条款，进一步明确医疗器械生产应当具备的基本条件。建立健全包括设计开发、原材料采购、生产过程控制等方面的质量管理体系,增加了法规制度、质量体系等的基本要求。也为未来《医疗器械生产许可证》与质量管理体系检查合并审查提供法规支持。七是规定了医疗器械委托生产的范围及要求。新条例调整了“委托生产”的要求,解决了以前委托生产要求双方均需要有同等资质,而导致实施困难的困局。同时,也与新条例“先注册后生产”的流程相呼应。八是完善了医疗器械经营管理。对于医疗器械“经营”,新条例的变化也很大,特别是根据风险控制原则对医疗器械“经营”控制的原则而“抓大放小”“突出重点”。明确经营一类医疗器械无须备案和审批,二类经营仅需要备案,经营风险程度高的三类医疗器械方须进行行政许可审批。与此同时,明确要求权限下放,符合国家有关“简政放权”的文件精神。九是新增了在用医疗器械监管的专项要求。旧条例对于使用单位、在用医疗器械的条款描述“极少”。而新条例结合国务院机构改革与职能转变等,“大篇幅”对医疗器械使用单位提出要求,为在用医疗器械监管提出实质性法规依据。从此,我们可能不必再为医疗器械使用单位的在用医疗器械是否合法、是否保存得当、是否定期维护检定而确保产品合格、数据准确等而担心。十是新增了医疗器械不良事件监测、追溯、召回等制度。新条例第五章专门对于“不良事件的处理与医疗器械的召回”进行规定。可见我国政府及食品药品监督管理部门,对加强医疗器械上市后监管的决心。政府主管部门将努力改变“重审批轻监管”的局面,也是将我国医疗器械监管工作推向更加科学、合理的历史新时期的重要里程碑。2017 年 5 月 19 日发布了国务院关于修改《医疗器械监督管理条例》的决定,与上一版条例相比,主要规定了大型医用设备配置许可的法定条件、实施部门等内容,并规定大型医用设备目录由国务院部门提出、报国务院批准后执行。同时,《决定》强化了许可后的监督管理,规定由卫生计生主管部门对大型医用设备的使用状况进行监督和评估;发现违规使用以及与大型医用设备相关的过度检查、过度治疗等情形,要立即纠正、依法处理,并增设了相应的法律责任。此外,《决定》将医疗器械临床试验机构的资质管理由许可改为备案,并增加医疗器械经营企业、使用单位的免责情形。

由于 2014 年 3 月 7 日发布的第二版《医疗器械监督管理条例》与上一版相比变化很大,2014 年7 月 30 日原食品药品监督管理局发布了第三版《医疗器械注册管理办法》(以下简称《注册管理办法》)此版《注册管理办法》共计 11 个章节,82 个条款,主要变化一是增加了一类产品的备案要求(由原来的一类产品注册调整为备案)。二是增加医疗器械注册人、备案人的定义,为下一步的医疗器械注册人制度打下了基础。三是增加了创新医疗器械特别审批通道,且创新医疗器械注册时,样品可以委托生产。四是将原产品标准修改为产品技术要求,取消了注册前的标准核准程序。五是增加了检验时对产品技术要求进行预评价的规定。针对无承检资质的产品,增加了指定检验程序。六是强调临床评价,明确临床豁免要求。七是增加临床试验的开展依据《医疗器械临床试验质量管理规范》的要求。八是明确注册现场核查只查“样品研制、样品生产及检验”相关记录,原法规为整个体系。九是增加特殊器械审批要求,对于治疗罕见疾病以及应对突发公共卫生事件急需的医疗器械可以先批准发证,上市后进一步完善注册相关工作。十是对未列入分类目录的产品,可以直接按三类申请或先申请分类界定后,再按照产品类别办理注册或备案,原法规规定必须先分类界定再注册。十一是提出了延续注册的概念,必须在注册证到期前6个月申请延续注册,如未在规定期限内申请,将不予受理。

## 二、创新医疗器械特别审查程序

2014年2月7日原国家食品药品监督管理局发布并实施了《创新医疗器械特别审批程序(试行)》,首次提出对创新医疗器械实施特别审批。随后在2017年将其修订为《创新医疗器械特别审查程序》。其规定同时符合3个条件就可以申请进入创新审查通道:①申请人通过其主导的技术创新活动,在中国依法拥有产品核心技术发明专利权,或者依法通过受让取得在中国发明专利权或其使用权,创新医疗器械特别审查申请时间距专利授权公告日不超过5年;或者核心技术发明专利的申请已由国务院专利行政部门公开,并由国家知识产权局专利检索咨询中心出具检索报告,报告载明产品核心技术方案具备新颖性和创造性。②申请人已完成产品的前期研究并具有基本定型产品,研究过程真实和受控,研究数据完整和可溯源。③产品主要工作原理或者作用机制为国内首创,产品性能或者安全性与同类产品比较有根本性改进,技术上处于国际领先水平,且具有显著的临床应用价值。从2014年3月1日到2020年底,国家药监局已先后收到了1 200多件创新产品申请,审核通过228项,已批准注册69个创新产品。针对创新产品审评,药品监管部门在标准不降低、程序不减少的前提下提前介入,技术审评部门指定专人进行跟踪以及法规方面的指导,关键技术问题与国家药监局医疗器械技术审评中心进行交流沟通。药品监管部门在每一个环节上都将优先处理,包括注册检测、受理、审评、审批、注册核查等。创新产品可以进行委托生产样品。国内小微企业首次注册不收取注册费。据统计,创新医疗器械审评审批的进度平均缩短了80多天。

## 三、医疗器械优先审批程序

2016年10月25日,国家药监局发布了《医疗器械优先审批程序》,2017年1月1日起实施,主要解决临床急需医疗器械的问题。包括:①符合下列情形之一的医疗器械:诊断或者治疗罕见病,且具有明显临床优势;诊断或者治疗恶性肿瘤,且具有明显临床优势;诊断或者治疗老年人特有和多发疾病,且目前尚无有效诊断或治疗手段;专用于儿童,且具有明显临床优势;临床急需,且在我国尚无同品种产品获准注册的医疗器械。②列入国家科技重大专项或国家重点研发计划的医疗器械。③其他应当优先审批的医疗器械。

## 四、注册人制度

2017年以来,经国家药监局批准,在上海、广东、天津等3个地区开展了医疗器械注册人制度试点工作。在总结前期试点工作经验的基础上,2019年8月1日国家药监局发布了《关于扩大医疗器械注册人制度试点工作的通知》,决定将试点范围扩大到全国21个省(自治区、直辖市)。根据试点工作文件,试行注册人制度的21个省可跨省、多点委托生产,可以在产品注册前委托也可以在产品注册后委托,受托企业可以凭委托方的注册证办理或者变更生产许可证,并且科研机构也可以申请成为医疗器械注册人。医疗器械注册人制度是一个新的基础性监管制度。

## 第二节　现行医疗器械制度下的医疗器械注册（备案）

《医疗器械注册管理办法》规定在中华人民共和国境内销售、使用的医疗器械,应当按照本办法的规定申请注册或者办理备案。

医疗器械注册是食品药品监督管理部门根据医疗器械注册申请人的申请,依照法定程序,对其拟上市医疗器械的安全性、有效性研究及其结果进行系统评价,以决定是否同意其申请的过程。

医疗器械备案是医疗器械备案人向食品药品监督管理部门提交备案资料,食品药品监督管理部门对提交的备案资料存档备查。

企业如果有拟上市的产品,首先需要判定是否为医疗器械,如果是医疗器械则需按照《医疗器械注册管理办法》的规定,进行相应的注册(备案)。若满足《医疗器械监督管理条例》中对医疗器械的定义,则可判定为是医疗器械。

医疗器械,是指直接或者间接用于人体的仪器、设备、器具、体外诊断试剂及校准物、材料以及其他类似或者相关的物品,包括所需要的计算机软件;其效用主要通过物理等方式获得,不是通过药理学、免疫学或者代谢的方式获得,或者虽然有这些方式参与但是只起辅助作用;其目的是:①疾病的诊断、预防、监护、治疗或者缓解;②损伤的诊断、监护、治疗、缓解或者功能补偿;③生理结构或者生理过程的检验、替代、调节或者支持;④生命的支持或者维持;⑤妊娠控制;⑥通过对来自人体的样本进行检查,为医疗或者诊断目的提供信息。

国家对医疗器械按照风险程度实行分类管理。

第一类是风险程度低,实行常规管理可以保证其安全、有效的医疗器械。

第二类是具有中度风险,需要严格控制管理以保证其安全、有效的医疗器械。

第三类是具有较高风险,需要采取特别措施严格控制管理以保证其安全、有效的医疗器械。

第一类医疗器械实行备案管理。第二类、第三类医疗器械实行注册管理。境内第一类医疗器械备案,备案人向设区的市级食品药品监督管理部门提交备案资料。境内第二类医疗器械由省、自治区、直辖市食品药品监督管理部门审查,批准后发给医疗器械注册证。境内第三类医疗器械由国家食品药品监督管理总局审查,批准后发给医疗器械注册证。进口第一类医疗器械备案,备案人向国家食品药品监督管理总局提交备案资料。进口第二类、第三类医疗器械由国家食品药品监督管理总局审查,批准后发给医疗器械注册证。香港、澳门、台湾地区医疗器械的注册、备案,参照进口医疗器械办理。

判断产品是否属于医疗器械?医疗器械产品属于哪一类?不在《医疗器械分类目

录》中的医疗器械如何通过医疗器械分类界定判定产品属于哪一个类别？可以参照本书的第一章，本章不再赘述。

## 一、第一类医疗器械备案资料

1. 第一类医疗器械备案表

2. 安全风险分析报告

医疗器械应按照 YY 0316《医疗器械风险管理对医疗器械的应用》的有关要求编制，主要包括医疗器械预期用途和与安全性有关特征的判定、危害的判定、估计每个危害处境的风险；对每个已判定的危害处境，评价和决定是否需要降低风险；风险控制措施的实施和验证结果，必要时应引用检测和评价性报告；任何一个或多个剩余风险的可接受性评定等，形成风险管理报告。体外诊断试剂应对产品寿命周期的各个环节，从预期用途、可能的使用错误、与安全性有关的特征、已知和可预见的危害等方面的判定及对患者风险的估计进行风险分析、风险评价及相应的风险控制的基础上，形成风险管理报告。

3. 产品技术要求

产品技术要求应按照《医疗器械产品技术要求编写指导原则》编制。

4. 产品检验报告

产品检验报告应为产品全性能自检报告或委托检验报告，检验的产品应当具有典型性。

5. 临床评价资料

①详述产品预期用途，包括产品所提供的功能，并可描述其适用的医疗阶段（如治疗后的监测、康复等），目标用户及其操作该产品应具备的技能/知识/培训；预期与其组合使用的器械。②详述产品预期使用环境，包括该产品预期使用的地点如医院、医疗/临床实验室、救护车、家庭等，以及可能会影响其安全性和有效性的环境条件（如温度、湿度、功率、压力、移动等）。③详述产品适用人群，包括目标患者人群的信息（如成人、儿童或新生儿），患者选择标准的信息，以及使用过程中需要监测的参数、考虑的因素。④详述产品禁忌证，如适用，应明确说明该器械禁止使用的疾病或情况。⑤已上市同类产品临床使用情况的比对说明。⑥同类产品不良事件情况说明。

6. 产品说明书及最小销售单元标签设计样稿

医疗器械应符合相应法规规定。进口医疗器械产品应提交境外政府主管部门批准或者认可的说明书原文及其中文译本。

体外诊断试剂产品应按照《体外诊断试剂说明书编写指导原则》的有关要求，并参考有关技术指导原则编写产品说明书。进口体外诊断试剂产品应提交境外政府主管部门批准或者认可的说明书原文及其中文译本。

7. 生产制造信息

对生产过程相关情况的概述。无源医疗器械应明确产品生产加工工艺，注明关键工艺和特殊工艺。有源医疗器械应提供产品生产工艺过程的描述性资料，可采用流程图的形式，是生产过程的概述。体外诊断试剂应概述主要生产工艺，包括：固相载体、显色系统等的描述及确定依据，反应体系包括样本采集及处理、样本要求、样本用量、试剂用量、反应条件、校准方法(如果需要)、质控方法等。应概述研制、生产场地的实际情况。

8. 证明性文件

(1)境内备案人提供:企业营业执照复印件、组织机构代码证复印件。

(2)境外备案人提供:①境外备案人企业资格证明文件。②境外备案人注册地或生产地址所在国家(地区)医疗器械主管部门出具的允许产品上市销售的证明文件。备案人注册地或生产地址所在国家(地区)不把该产品作为医疗器械管理的,备案人需提供相关证明文件,包括备案人注册地或生产地址所在国家(地区)准许该产品合法上市销售的证明文件。如该证明文件为复印件,应经当地公证机关公证。③境外备案人在中国境内指定代理人的委托书、代理人承诺书及营业执照副本复印件或者机构登记证明复印件。

9. 符合性声明

①声明符合医疗器械备案相关要求;②声明本产品符合第一类医疗器械产品目录或相应体外诊断试剂分类子目录的有关内容;③声明本产品符合现行国家标准、行业标准并提供符合标准的清单;④声明所提交备案资料的真实性。

## 二、第二、三类医疗器械注册资料

第二、三类医疗器械注册申报资料要求及说明见表4-1。

表4-1 第二、三类医疗器械注册申报资料要求及说明

| 申报资料一级标题 | 申报资料二级标题 |
|---|---|
| 1. 申请表 | |
| 2. 证明性文件 | |
| 3. 医疗器械安全有效基本要求清单 | |
| 4. 综述资料 | 4.1 概述<br>4.2 产品描述<br>4.3 型号规格<br>4.4 包装说明<br>4.5 适用范围和禁忌证<br>4.6 参考的同类产品或前代产品的情况(如有)<br>4.7 其他需说明的内容 |
| 5. 研究资料 | 5.1 产品性能研究<br>5.2 生物相容性评价研究<br>5.3 生物安全性研究<br>5.4 灭菌和消毒工艺研究<br>5.5 有效期和包装研究<br>5.6 动物研究<br>5.7 软件研究<br>5.8 其他 |

续表 4-1

| 申报资料一级标题 | 申报资料二级标题 |
| --- | --- |
| 6. 生产制造信息 | 6.1 无源产品/有源产品生产过程信息描述<br>6.2 生产场地 |
| 7. 临床评价资料 | |
| 8. 产品风险分析资料 | |
| 9. 产品技术要求 | |
| 10. 产品注册检验报告 | 10.1 注册检验报告<br>10.2 预评价意见 |
| 11. 说明书和标签样稿 | 11.1 说明书<br>11.2 最小销售单元的标签样稿 |
| 12. 符合性声明 | |

注册申报资料应有所提交资料目录,包括申报资料的一级和二级标题。每项二级标题对应的资料应单独编制页码。

1. 申请表

第三类医疗器械的申请表,可通过国家药品监督管理局网上办事大厅(https://zwfw.nmpa.gov.cn)进行注册后,按要求上传所要求上传的资料,在网页上直接打印。第二类医疗器械的申请表,可登录各省的政务服务网,查看具体的要求。河南省内的医疗器械生产企业可通过河南省政务服务网(https://www.hnzwfw.gov.cn/)进行企业注册后,办理第二类医疗器械注册业务。

2. 证明性文件

(1)境内申请人应当提交:①企业营业执照副本复印件和组织机构代码证复印件。②按照《创新医疗器械特别审批程序审批》的境内医疗器械申请注册时,应当提交创新医疗器械特别审批申请审查通知单,样品委托其他企业生产的,应当提供受托企业生产许可证和委托协议。生产许可证生产范围应涵盖申报产品类别。

(2)境外申请人应当提交:①境外申请人注册地或生产地址所在国家(地区)医疗器械主管部门出具的允许产品上市销售的证明文件、企业资格证明文件。②境外申请人注册地或者生产地址所在国家(地区)未将该产品作为医疗器械管理的,申请人需要提供相关证明文件,包括注册地或者生产地址所在国家(地区)准许该产品上市销售的证明文件。③境外申请人在中国境内指定代理人的委托书、代理人承诺书及营业执照副本复印件或者机构登记证明复印件。

3. 医疗器械安全有效基本要求清单

说明产品符合《医疗器械安全有效基本要求清单》各项适用要求所采用的方法,以及证明其符合性的文件。对于《医疗器械安全有效基本要求清单》中不适用的各项要求,应当说明其理由。①对于包含在产品注册申报资料中的文件,应当说明其在申报资料中的具体位置;②对于未包含在产品注册申报资料中的文件,应当注明该证据文件名称及其在质量管理体系文件中的编号备查。

4. 综述资料

(1)概述:描述申报产品的管理类别、分类编码及名称的确定依据。

(2)产品描述:①无源医疗器械:描述产品工作原理、作用机制(如适用)、结构组成(含配合使用的附件)、主要原材料,以及区别于其他同类产品的特征等内容;必要时提供图示说明。②有源医疗器械:描述产品工作原理、作用机制(如适用)、结构组成(含配合使用的附件)、主要功能及其组成部件(关键组件和软件)的功能,以及区别于其他同类产品的特征等内容,必要时提供图示说明。

(3)型号规格:对于存在多种型号规格的产品,应当明确各型号规格的区别。应当采用对比表及带有说明性文字的图片、图表,对于各种型号规格的结构组成(或配置)、功能、产品特征和运行模式、性能指标等方面加以描述。

(4)包装说明:有关产品包装的信息,以及与该产品一起销售的配件包装情况;对于无菌医疗器械,应当说明与灭菌方法相适应的最初包装的信息。

(5)适用范围和禁忌证:①适用范围:应当明确产品所提供的治疗、诊断等符合《医疗器械监督管理条例》第七十六条定义的目的,并可描述其适用的医疗阶段(如疗后的监测、康复等);明确目标用户及其操作该产品应当具备的技能/知识/培训;说明产品是一次性使用还是重复使用;说明预期与其组合使用的器械。②预期使用环境:该产品预期使用的地点如医疗机构、实验室、救护车、家庭等,以及可能会影响其安全性和有效性的环境条件(如,温度、湿度、功率、压力、移动等)。③适用人群:目标患者人群的信息(如成人、儿童或新生儿),患者选择标准的信息,以及使用过程中需要监测的参数、考虑的因素。④禁忌证:如适用,应当明确说明该器械不适宜应用的某些疾病、情况或特定的人群(如儿童、老年人、孕妇及哺乳期妇女、肝肾功能不全者)。

(6)参考的同类产品或前代产品应当提供同类产品(国内外已上市)或前代产品(如有)的信息,阐述申请注册产品的研发背景和目的。对于同类产品,应当说明选择其作为研发参考的原因。同时列表比较说明产品与参考产品(同类产品或前代产品)在工作原理、结构组成、制造材料、性能指标、作用方式(如植入、介入),以及适用范围等方面的异同。

(7)其他需说明的内容。对于已获得批准的部件或配合使用的附件,应当提供批准文号和批准文件复印件;预期与其他医疗器械或通用产品组合使用的应当提供说明;应当说明系统各组合医疗器械间存在的物理、电气等连接方式。

5. 研究资料

根据所申报的产品,提供适用的研究资料。

(1)产品性能研究:应当提供产品性能研究资料以及产品技术要求的研究和编制说明,包括功能性、安全性指标(如电气安全与电磁兼容、辐射安全)以及与质量控制相关的其他指标的确定依据,所采用的标准或方法、采用的原因及理论基础。

(2)生物相容性评价研究:应对成品中与患者和使用者直接或间接接触的材料的生物相容性进行评价。生物相容性评价研究资料应当包括:①生物相容性评价的依据和方法。②产品所用材料的描述及与人体接触的性质。③实施或豁免生物学试验的理由和论证。④对于现有数据或试验结果的评价。

(3)生物安全性研究:对于含有同种异体材料、动物源性材料或生物活性物质等具有生物安全风险类产品,应当提供相关材料及生物活性物质的生物安全性研究资料。包括说明组织、细胞和材料的获取、加工、保存、测试和处理过程;阐述来源(包括捐献者筛选细节),并描述生产过程中对病毒、其他病原体及免疫源性物质去除或灭活方法的验证试验;工艺验证的简要总结。

(4)灭菌/消毒工艺研究:①生产企业灭菌,应明确灭菌工艺(方法和参数)和无菌保证水平(SAL),并提供灭菌确认报告;②终端用户灭菌,应当明确推荐的灭菌工艺(方法和参数)及所推荐的灭菌方法确定的依据;对可耐受两次或多次灭菌的产品,应当提供产品相关推荐的灭菌方法耐受性的研究资料;③残留毒性,如灭菌使用的方法容易出现残留,应当明确残留物信息及采取的处理方法,并提供研究资料;④终端用户消毒,应当明确推荐的消毒工艺(方法和参数)以及所推荐消毒方法确定的依据。

(5)产品有效期和包装研究:①有效期的确定:如适用,应当提供产品有效期的验证报告;②对于有限次重复使用的医疗器械,应当提供使用次数验证资料;③包装及包装完整性:在宣称的有效期内以及运输储存条件下,保持包装完整性的依据。

(6)临床前动物试验如适用,应当包括动物试验研究的目的、结果及记录。

(7)软件研究:含有软件的产品,应当提供一份单独的医疗器械软件描述文档,内容包括基本信息、实现过程和核心算法,详尽程度取决于软件的安全性级别和复杂程度。同时,应当出具关于软件版本命名规则的声明,明确软件版本的全部字段及字段含义,确定软件的完整版本和发行所用的标识版本。

(8)其他资料:证明产品安全性、有效性的其他研究资料。

6. 生产制造信息

(1)无源医疗器械:应当明确产品生产加工工艺,注明关键工艺和特殊工艺,并说明其过程控制点。明确生产过程中各种加工助剂的使用情况及对杂质(如残留单体、小分子残留物等)的控制情况。

(2)有源医疗器械:应当明确产品生产工艺过程,可采用流程图的形式,并说明其过程控制点。

注:部分有源医疗器械(例如:心脏起搏器及导线)应当注意考虑采用"六、生产制造信息"(一)中关于生产过程信息的描述。

(3)生产场地:有多个研制、生产场地,应当概述每个研制、生产场地的实际情况。

7. 临床评价资料

按照相应规定提交临床评价资料,临床评价资料的要求可参考《医疗器械临床评价技术指导原则》。进口医疗器械应提供境外政府医疗器械主管部门批准该产品上市时的临床评价资料。

8. 产品风险分析资料

产品风险分析资料是对产品的风险管理过程及其评审的结果予以记录所形成的资料。应当提供对于每项已判定危害的下列各个过程的可追溯性。①风险分析:包括医疗器械适用范围和与安全性有关特征的判定、危害的判定、估计每个危害处境的风险。

②风险评价:对于每个已判定的危害处境,评价和决定是否需要降低风险。③风险控制措施的实施和验证结果,必要时应当引用检测和评价性报告,如医用电气安全、生物学评价等。④任何一个或多个剩余风险的可接受性评定。

9. 产品技术要求

医疗器械产品技术要求应当按照《医疗器械产品技术要求编写指导原则》的规定编制。产品技术要求一式两份,并提交两份产品技术要求文本完全一致的声明。

(1)产品技术要求的基本要求:①医疗器械产品技术要求的编制应符合国家相关法律法规。②医疗器械产品技术要求中应采用规范、通用的术语。如涉及特殊的术语,需提供明确定义,并写到"4. 术语"部分。③医疗器械产品技术要求中的检验方法各项内容的编号原则上应和性能指标各项内容的编号相对应。④医疗器械产品技术要求中的文字、数字、公式、单位、符号、图表等应符合标准化要求。⑤如医疗器械产品技术要求中的内容引用国家标准、行业标准或中国药典,应保证其有效性,并注明相应标准的编号和年号以及中国药典的版本号。

(2)产品技术要求的内容要求:①产品名称。产品技术要求中的产品名称应使用中文,并与申请注册(备案)的中文产品名称相一致。②产品型号/规格及其划分说明。产品技术要求中应明确产品型号和(或)规格,以及其划分的说明。对同一注册单元中存在多种型号和(或)规格的产品,应明确各型号及各规格之间的所有区别(必要时可附相应图示进行说明)。对于型号/规格的表述文本较大的可以附录形式提供。③性能指标:产品技术要求中的性能指标是指可进行客观判定的成品的功能性、安全性指标以及质量控制相关的其他指标,产品设计开发中的评价性内容(例如生物相容性评价)原则上不在产品技术要求中制订;产品技术要求中性能指标的制订应参考相关国家标准/行业标准并结合具体产品的设计特性、预期用途和质量控制水平且不应低于产品适用的强制性国家标准/行业标准;产品技术要求中的性能指标应明确具体要求,不应以"见随附资料""按供货合同"等形式提供。④检验方法。检验方法的制订应与相应的性能指标相适应。应优先考虑采用公认的或已颁布的标准检验方法。检验方法的制订需保证具有可重现性和可操作性,需要时明确样品的制备方法,必要时可附相应图示进行说明,文本较大的可以附录形式提供。对于体外诊断试剂类产品,检验方法中还应明确说明采用的参考品/标准品、样本制备方法、使用的试剂批次和数量、试验次数、计算方法。⑤对于第三类体外诊断试剂类产品,产品技术要求中应以附录形式明确主要原材料、生产工艺及半成品要求。⑥医疗器械产品技术要求编号为相应的注册证号(备案号)。拟注册(备案)的产品技术要求编号可留空。

10. 产品注册检验报告

提供具有医疗器械检验资质的医疗器械检验机构出具的注册检验报告和预评价意见。

11. 产品说明书和最小销售单元的标签样稿

应当符合《医疗器械说明书和标签管理规定》及相关法规要求。

(1)医疗器械说明书一般应当包括以下内容:①产品名称、型号、规格;②注册人或者备案人的名称、住所、联系方式及售后服务单位,进口医疗器械还应当载明代理人的名称、住所及联系方式；③生产企业的名称、住所、生产地址、联系方式及生产许可证编号或者生产备案凭证编号，委托生产的还应当标注受托企业的名称、住所、生产地址、生产许可证编号或者生产备案凭证编号；④医疗器械注册证编号或者备案凭证编号；⑤产品技术要求的编号；⑥产品性能、主要结构组成或者成分、适用范围；⑦禁忌证、注意事项、警示以及提示的内容；⑧安装和使用说明或者图示，由消费者个人自行使用的医疗器械还应当具有安全使用的特别说明；⑨产品维护和保养方法，特殊储存、运输条件、方法；⑩生产日期、使用期限或者失效日期；⑪配件清单，包括配件、附属品、损耗品更换周期以及更换方法的说明等；⑫医疗器械标签所用的图形、符号、缩写等内容的解释；⑬说明书的编制或者修订日期；⑭其他应当标注的内容。

(2)医疗器械标签一般应当包括以下内容：①产品名称、型号、规格；②注册人或者备案人的名称、住所、联系方式，进口医疗器械还应当载明代理人的名称、住所及联系方式；③医疗器械注册证编号或者备案凭证编号；④生产企业的名称、住所、生产地址、联系方式及生产许可证编号或者生产备案凭证编号，委托生产的还应当标注受托企业的名称、住所、生产地址、生产许可证编号或者生产备案凭证编号；⑤生产日期、使用期限或者失效日期；⑥电源连接条件、输入功率；⑦根据产品特性应当标注的图形、符号以及其他相关内容；⑧必要的警示、注意事项；⑨特殊储存、操作条件或者说明；⑩使用中对环境有破坏或者负面影响的医疗器械，其标签应当包含警示标志或者中文警示说明；⑪带放射或者辐射的医疗器械，其标签应当包含警示标志或者中文警示说明。

医疗器械标签因位置或者大小受限而无法全部标明上述内容的，至少应当标注产品名称、型号、规格、生产日期和使用期限或者失效日期，并在标签中明确“其他内容详见说明书”。

12. 符合性声明

(1)申请人声明本产品符合《医疗器械注册管理办法》和相关法规的要求；声明本产品符合《医疗器械分类规则》有关分类的要求；声明本产品符合现行国家标准、行业标准，并提供符合标准的清单。

(2)所提交资料真实性的自我保证声明(境内产品由申请人出具，进口产品由申请人和代理人分别出具)。

## 第三节 医疗器械注册过程中的常见问题

### 一、申请表

1. 产品名称

国家总局于2015年12月21日发布了《医疗器械通用名称命名规则》，并于2016年4月1日实施，解决了医疗器械通用名称命名的规范性问题，该规则同时要求医疗器械技术审评机构对产品名称予以审核规范。

常见问题：通用名称含商品名称，夸大适用范围，绝对化、排他性的词语以及企业名、人名等，不符合《医疗器械通用名称命名规则》。

2. 结构及组成

此部分建议描述清晰、规范，如设备为电源适配器供电、内部干电池或锂电池供电，不同形式需要描述清楚，并完成相应的安规性能检测，明确各型号注册单元的划分要求。

3. 型号规格

YY 0505—2012《医用电气设备 第 1-2 部分：安全通用要求并列标准：电磁兼容 要求和试验》实施之后，不同型号之间关联试验需进行。

常见问题：申请注册的系列产品型号在申报资料中没有所有对应型号的研究资料、注册检验报告、电磁兼容报告；不同型号之间安规性能检测与电磁兼容检测未进行关联。

4. 适用范围

适用范围应描述清晰、规范，不能存在歧义，注意“用于某种的诊断”和“诊断”的区别。

常见问题：产品适用范围与临床评价的适用范围不一致。产品列入免于进行临床试验的第二类医疗器械目录的产品，建议不要超出免临床目录文件规定的范围。同品种比较的，建议不要超出对比产品的批准的适用范围。

## 二、医疗器械安全有效基本要求清单

此项资料为纲领性文件，是证明产品安全、有效需涉及的内容，起到对审评思路梳理、查漏补缺的作用。

常见问题：证明符合性采用的方法一栏，对符合的相关标准未列明具体标准号，证明符合性采用的方法不充分，证据文件与方法不一致；为符合性提供客观证据的文件一栏，对于包含在产品注册申报资料中的举证文件，应当说明其在申报资料中的具体位置；为符合性提供客观证据的文件一栏，对于未包含在产品注册申报资料中的举证文件，应当注明该证据文件名称及其在质量管理体系文件中的编号备查。

## 三、综述资料

该项资料类似旧法规中的产品技术报告，是对产品的一个全面了解，辅助审评工作。

1. 产品描述

常见问题：仅仅只是产品结构组件的罗列，未结合产品性能特点介绍产品。如心电图机一类产品，有的仅仅是一个数据采集及储存功能，有的不仅有上述功能还随机附有观察、回放、打印等功能，未按照不同的产品功能特点介绍产品。对于大型医疗设备，未说明关键组件的功能、原理及关键材料特性特点，如数字化 X 线摄影系统，其产品关键结构组件建议描述清楚，如球管功能，采用的靶角、靶材；探测器工作原理、像素、构成材料等。

2. 型号规格

存在多种型号规格的产品，应当采用对比表及带有说明性文字的图片、图表，对各种型号规格的结构组成(或配置)、功能、产品特征和运行模式、性能指标等方面加以描述。

3. 包装说明

包装研究应包括材料设计、运输可靠性、安全性研究。

4. 参考的同类产品或前代产品

选取的同类产品的依据未进行分析,与参考的同品种不具有“实质性等同”,差异分析时仅注意与同类产品相同点的比较,而忽略了不同点的比较。

## 四、研究资料

1. 产品性能研究

常见问题:未见产品功能性需求研究、性能需求研究等内容,质量控制相关指标无确定依据。如动态心电图机,对输入动态范围、输入阻抗、增益稳定性、定标信号、系统噪声等相关指标控制要求未明确;产品研究资料制订标准的来源是 YY 1079—2008《心电监护仪》,对于本产品的专用标准 YY 0885—2013《医用电气设备 第 2 部分:动态心电图系统安全和基本性能专用要求》未说明不适用原因。

2. 生物相容性评价研究

常见问题:生物学评价报告样品浸提比例为 0.125 $cm^2$/mL,未提供其样品浸提比例的相关依据;未提供与人体有接触的材料的生物相容性报告;或者生物相容性评价不规范,应参考相关指导原则和系列标准做出评价;研究资料中生物相容性试验项目不齐全,企业提供的供应商评价报告存在问题,且部分原材料生物学评价报告不能代替成品生物相容性评价资料,具体可参考《医疗器械生物学评价和审查指南》。

3. 灭菌/消毒工艺研究

常见问题:灭菌工艺验证报告中验证产品非申请注册产品(验证产品与申报产品在材料、工艺及包装材料等方面不同),灭菌确认参数与试验原始数据不一致,灭菌验证报告中检测时间不符合标准要求,灭菌工艺验证与有效期验证时间不符合逻辑。

4. 产品有效期

过去旧版法规对大部分有源医疗器械产品未规定有效期,新版法规明确提出了医疗器械产品有效期的管理要求,导致企业本部分研究资料缺陷较多。常见问题:有源医疗器械产品有效期研究内容不充分、提供的研究数据无法支持产品有效期。目前有源医疗器械产品有效期试验未形成一个公允可接受的标准,企业自行研究评估的方法很多,在此,笔者介绍 2 个常见评估方法:①通过高完善性元器件等关键部件研究确定。根据每一关键部件的标称使用寿命,结合其在设备中使用频率计算其在设备中的实际预期使用寿命,在此基础上以某一实际预期使用寿命最短的关键部件的计算结果作为整个设备的单周期预期使用寿命。②产品的疲劳试验研究确定。本方法多用于模块集成型或关键部件寿命未知的仪器设备。以关键部件或模块的疲劳试验(加速试验)代替数据分析,确定设备的使用寿命。

5. 生产制造信息

生产制造信息中各种原料的使用情况与产品结构组成(成分)不一致,产品生产工艺流程图缺少检验工序,未对关键工序控制点及参数进行重点描述。

### 6. 临床评价资料

注册申请人通过临床评价应得出以下结论：在正常使用条件下，产品可达到预期性能；与预期收益相比，产品的风险可接受；产品的临床性能和安全性均有适当的证据支持。

常见问题：临床评价对比产品与申报产品不具有可比性、对比资料信息不完整、对比结果不具有等同性、文献资料不足以说明产品的安全有效等；临床文献不是对照产品的专有文献，无法证明该产品与对照产品的关联；申报产品与《医疗器械分类目录》所述的产品不具有等同性，仍按照此路径进行临床评价。

国家药品监督管理局根据《医疗器械分类目录》（2017 版）已经发布了《关于公布新修订免于进行临床试验医疗器械目录的通告》（通告〔2018〕94 号）。对于列入免临床目录的产品需提交的临床评价资料要求包括两方面：一是提交申报产品相关信息与免临床目录所述内容的对比资料；二是提交申报产品与免临床目录中已获准境内注册医疗器械（对比产品）的对比说明，对比说明从基本原理、结构组成、产品制造材料（有源产品考虑与人体接触部分的制造材料）、性能要求、灭菌/消毒方式、适用范围、使用方法方面进行阐述并有相应支持性资料。对比产品的要求：该对比产品的信息，例如性能指标等，应能提供合法来源（可提交但不限于对比产品的标准/技术要求、检验报告、使用说明书、注册证及其附件、企业或政府网站截图等）。与对比产品有差异的项目应予以识别并进行差异分析，差异不应引起安全性、有效性的降低。提交的对比说明应能证明申报产品与免临床目的产品具有等同性。若无法证明申报产品与免临床目录产品具有等同性，则应根据其他途径展开临床评价。

除了与《目录》产品完全等同外，有几种特殊情形也可按免临床目录进行临床评价。①申报产品属《目录》内产品的部件，如符合第二类医疗器械单独申报要求且不改变《目录》内所述用途，可按免临床途径进行申请。②申报产品的构成涵盖了《目录》内多个产品，如果申请人能够证明不同模块的组合不存在相互影响，且临床用途未超出《目录》范围，则可认为是多种豁免临床产品的简单组合，仍可按《目录》中产品临床评价要求对各模块分别进行评价，但是申请人须评价模块组合可能带来的风险。③申报产品部分功能超出免临床目录，属于豁免目录部分可以按豁免目录进行评价，超出部分按同品种医疗器械临床评价或进行临床试验。如超声彩色血流成像设备的免临床要求不包括非常规的应用方式，仅包括基础的超声彩色血流成像模式，不包括在其基础上通过修改波束形成、图像前处理、图像后处理算法产生的成像模式/功能（如超声血流向量成像）。

同品种医疗器械是指与申报产品在基本原理、结构组成、制造材料（有源类产品为与人体接触部分的制造材料）、生产工艺、性能要求、安全性评价、国家/行业标准的符合性、预期用途等方面基本等同的已获准境内注册的产品。基本等同允许申报产品与同品种医疗器械存在差异，但差异应不影响产品的安全性和有效性。按同品种医疗器械临床评价途径进行需满足两个基本条件：一是能证明与所选择的同品种医疗器械基本等同。二是所收集的同品种医疗器械的临床数据充分、证据有力。

在阐述申报产品与所选择的同品种医疗器械（对比产品）基本等同时，需要至少从以下这些方面进行比较分析：包括基本原理、结构组成、生产工艺、制造材料（有源产品考虑与人体接触部分的材料)、性能要求(有源产品包括软件核心功能)、安全性评价、国家/行业标准的符合性、适用范围、使用方法、禁忌证、防范措施和警告、交付状态(无源产品适用)、灭菌/消毒方式、包装、标签、产品说明书。在进行对比分析时,对比产品的注册证上包含了多个型号规格,型号规格间又有较大差异的,企业应确认选择与哪个型号规格进行对比。对比产品可以有一个或者多个。有多个对比产品的,与每个对比产品都要求全项目比较,每一个差异点都应该得到识别,并对存在的差异进行分析。差异分析应通过申报产品自身的非临床研究数据(如实验室研究数据、动物实验数据等)、临床文献数据、临床经验数据、差异部分针对中国人群的临床试验数据来进行验证或确认。对比项目较多,建议以对比表的形式一一列出。对于不适用的项目,不宜直接删除,应阐述不适用的理由。

在进行同品种医疗器械对比时,有几个方面需要特别注意。①应有相同的基本原理。基本原理不同的,不视为同品种医疗器械。其他项目(如结构组成、材料、性能指标、作用部位等)的差异已引起基本原理、作用机制变化的,不视为同品种医疗器械。②结构组成应一致。对减少的组成,一般来说,应重点考虑对有效性降低及应用范围缩窄的影响;对增加的组成,一般来说,应重点考虑安全风险增加及新增临床功能的影响。③性能要求:在安全有效范围内的性能要求应一致。功能参数并非都可以通过检测手段来验证,对临床功能而言,检测往往只能验证产品是否具有该功能,未能确认该功能的临床安全性和有效性。某些临床功能需要提供基于临床试验的临床评价资料,如彩超弹性成像功能。④适用范围:适用范围不仅仅是指注册证中载明的适用范围,还包括说明书或产品技术要求中涉及的临床功能。适用范围应一致,对超出对比产品的部分,应再提供相应临床评价资料。适用范围不同的产品,不具可比性,不视为同品种医疗器械。同品种医疗器械的临床数据可从临床文献数据或临床经验数据方面收集。临床文献数据的收集应全面、准确,文献应该是公开发表的。检索和筛选需确保可重复,避免人为剔除不利数据。检索需提供方案和报告。检出的所有文章需提供目录,纳入分析的所有文章还需提供全文。文献检索和筛选人员应当具有相应的专业知识和实践经验。

临床文献内容要求:①文献应能确认所用的产品是对比产品(对型号规格有较大差异或风险较高的,应关联到具体型号规格)。②文献中的使用方法、性能参数应与对比产品/申请产品一致。③文献内容应能体现使用的方法学、结果以及该研究得出结论的可验证性。④申请多个适应证的,每个适应证都应有对应的文献支持。临床经验数据的收集应包括对比产品的临床研究数据集、投诉和不良事件数据集、与临床风险相关的纠正措施数据集。对比产品的临床研究数据来源需合法,需获得研究者提供的使用授权。投诉和不良事件查询应告知数据的来源(如查询了哪些数据库)、查询的时间、查询的字段等有助于查询结果重现的信息。对所收集到的不良事件或召回等信息,需进行分析评价。评价后认为与对比产品相关的,则应告知申报产品在这方面所采取的降低风险措施(如设计更改、加入新的禁忌证等)。

在进行同品种医疗器械临床评价时,应对临床数据的质量进行评价。以治疗类产品的研究文献举例。①研究设计:患者分组是否随机?患者数量是否足够?试验前各组情况是否相似?随访是否完整?时间是否足够?是否采用了盲法?各组除了试验的治疗措施不同外,其他医疗措施都相同吗?②研究结果:统计学方法应用是否正确?受试者的脱落数是否过高？治疗效果有多显著？把握度有多高？③研究结论：研究结果对患者的利弊等。一般来说，随机对照试验的证据级别较高。如果多篇文献的研究数据报告了相似的结果，就提高了安全有效的确定性。如果多篇文献的数据中观察到不同的结果，那么分析造成不同的原因就很有必要。出现的正面效果、负面影响（如不良事件、副作用等）都应纳入分析。注册申请人通过临床评价应得出以下结论：在正常使用条件下，产品可达到预期性能；与预期受益相比较，产品的风险可接受；产品的临床有效性和安全性均有适当的证据支持。

临床试验为未列入免临床目录，又无法按同品种医疗器械临床评价途径提供充分的评价资料的产品提供了另一条途径。医疗器械的临床试验可在中国境内进行，也允许在境外进行。在中国境内进行临床试验时，需符合医疗器械临床试验质量管理规范的要求，临床试验机构需进行备案管理。临床试验开始前应明确试验的目的，设计合理的方案，选择有代表性的受试对象，制订有效的评价指标，选择合适的统计方法。临床试验设计可参考《医疗器械临床试验设计指导原则》的要求。如进行境外临床试验，还需考虑《接受医疗器械境外临床试验数据技术指导原则》的相关要求。

7. 风险管理

产品风险分析资料中缺少对剩余风险的可接受性评定内容。

8. 产品技术要求

应按照《医疗器械产品技术要求编写指导原则》要求编写产品技术要求，内容包括产品规格型号划分说明、性能指标、检验方法、术语及附录。产品适用的强制性标准中，仅适用标准中部分条款的，应明确说明，并在技术要求中明确采用的具体性能指标。产品技术要求附录需要按照安规要求提交产品主要安全特征，编写要求参照国家医疗器械技术审评中心要求。

常见问题：产品性能指标采纳国家标准、行业标准不完整；注册检验报告检测的指标不能涵盖技术要求中所有性能指标，检测型号不能代表所有申报产品的型号；企业产品设计开发输入对适用标准的采纳研究不充分，未按照相关指导原则采纳全部适用标准。《医疗器械产品注册技术审查指导原则》是由国家总局发布，用于规范医疗器械注册技术审查过程和指导全国医疗器械注册申请人注册申报的规范性文件。除非申请人提出的替代要求经科学论证不低于指导原则要求，否则应遵循指导原则。建议申请人先在国家总局官网上查询是否有与注册产品相关的指导原则，采用并执行指导原则，可提高注册申请的合规性和充分性。

产品技术要求内容规范表达方面，主要问题是原注册产品标准转化为产品技术要求时，未采用规范、通用的术语，性能指标不齐全，检验方法描述不清楚，或包含了设计开发中的评价性内容等。具体描述如下：产品名称不符合《医疗器械通用名命名规则》的要求，如名称中包含注册商标、英文、型号规格等；产品型号规格与原医疗器械注册证不一致，增加或者发生更改；未描述产品型号/规格的划分说明，或描述不清晰，针对型号规格较多的产品，未明确各型号规格间的所有异同；检验方法各项内容的编号和性能指标中各项内容的编号不对应；公式、单位、符号、图表等未符合标准化要求，如 L，μg，kPa 等的规范书写，图表中的数字或字母代号未标注其含义；性能指标中包含产品设计开发中的评价性内容指标,如细胞毒性、热原等生物相容性内容;或者未包含原注册产品标准中的化学性能指标(如 pH 值、重金属含量等)、微生物性能指标(如细菌菌落总数、细菌内毒素、无菌要求等);产品技术要求中擅自增加或修改部分性能指标及检验方法;检验方法与原注册产品标准不一致,或原引用的强制性标准已修订。

产品技术要求执行相关标准方面,主要问题是:①在原注册证有效期限内,发布实施了产品相关的强制性标准,但延续时未执行其全部或部分条款,且未说明不适用理由。②原执行的强制性标准、《中华人民共和国药典》已修订,未在产品技术要求中补充新要求并提供证明产品符合新要求的检验报告。如无菌医疗器械延续注册时,若引用药典中的无菌检验方法,应当在产品技术要求中写明按照《中华人民共和国药典》(2020 版)进行检验,并提供相应合格的无菌检验报告。

9.注册检验报告

常见问题:电磁兼容报告中的检验型号不能覆盖所有注册申请型号。产品首次注册时申报型号有多种,但电磁兼容检测报告中只有一种最具代表性的产品。依据标准要求,电磁兼容检测原则上不接受型号覆盖,建议每个型号的产品都做电磁兼容检测或者差异性检测;若只是产品的应用部分不同,建议企业出具差异性分析说明并连同样机在注册检测过程中递至医疗器械检测中心确认。

安规检验与电磁兼容检验关联性问题:产品在检验过程中会涉及安规检验与电磁兼容检验,若产品在电磁兼容检验报告中有整改项,应明确整改方式,若影响到安规需补检,安规检测过程中同上进行。

医疗器械产品说明书:医疗器械产品说明书是指由医疗器械注册人或者备案人制作,随产品提供给用户,涵盖该产品安全有效的基本信息,用以指导正确安装、调试、操作、使用、维护、保养的技术文件。一般来说标签内容与说明书一致或来源于说明书内容,而两者之间的细微差别在于说明书对象更倾向于用户或使用者,而标签是产品本身特性的客观描述。文章根据实际工作的经验主要讨论医疗器械说明书的编写问题。

首先,医疗器械产品说明书的常见问题是说明书中载明的产品名称、型号规格、结构组成、适用范围等内容与经注册或备案的内容不一致,产品性能与产品技术要求、注册检验报告内容不一致,产品说明书与《医疗器械说明书和标签管理规定》(如规范描述)不一致及适用内容有缺少。如说明书中缺少"生产日期""说明书的编制或者修订日期"等内容,"医疗器械生产许可证号"未规范表述为"医疗器械生产许可证编号",说明书包含商标内容或绝对化表述内容如"最高精度、最高强度、最先进"的表述。其次,说明书不符合国家标准、行业标准的要求及注册技术审查指导原则要求。如由于《医疗器械网络安全注册技术审查指导原则》刚施行不久,而申报产品具有网络连接功能以进行电子数据交换并涉及远程控制功能,但未提供关于网络安全的相关说明。再次,需关注《医疗器械软件注册技术审查指导原则》及《移动医疗器械注册技术审查指导原则》。另外说明书中出现解释性或资料性的内容,但内容缺乏权威依据。如血压小常识、健康护理 100 问等。最后是对于家用医疗器械缺少消费者个人安全使用的特殊要求的编写。因为该类产品使用者一般不是专业医护工作者,缺少经验,使用环境也不是医疗机构这样的限制性的更利于医疗器械发挥作用的环境,同时对于使用中产生的废弃物处理,也不如医疗机构有条件。总之,上述这些方面应该给予消费者个人足够的指导和警示,保证其安全使用。国家药品监督管理局也于2018年11月23日在官网发布了《关于个人购买使用医疗器械的提示》,如说明书存在上述问题,应及时提出说明书变更申请。

医疗器械产品说明书载明了保证医疗器械安全、有效的重要信息,不仅仅是注册申请时使用也涉及后期医疗器械监管的诸多环节,应能真实反映产品的特性,注册人应予以高度重视。另外,应注意上市后不良事件的收集,不断完善说明书中使用说明、注意事项及禁忌证等内容。最后,注册人可持续关注国家药监局、各省局、总局医疗器械技术审评中心、各省审评机构网站及相关微信公众号(如"中国器审"等),包含相关指导原则及法规解读等内容,时刻保持法规收集的及时性与完整性,使说明书的内容不断科学、规范。

10.其他问题

配件为外购的、有医疗器械注册证产品的,应提交该产品的注册证、产品标准和说明书、生物相容性报告,环氧乙烷灭菌的还须检测残留量。

## 五、医疗器械的管理

医疗器械和药品一样,是关系到人民群众身体健康和生命安全的特殊商品。随着社会的发展,物质财富的增长,人们对生命健康的要求越来越高,健康保健需求不断增加,科技高速发展为此提供了更多的便利和选择空间,而医疗器械就是人类健康受益于现代科技的重要媒介。在最近几十年里,医疗器械产业发展越来越快,医疗器械对生命健康的作用也越来越大。医疗器械在人们的生命进程中发挥着日益显著的作用,在人民群众防病治病、健身强体中具有"少不了、离不开"的重要地位。医疗器械产品跨度大,小到纱布、梅花针,大到CT、核磁共振等大型高科技设备;在医疗领域应用范围广,从诊断、治疗到康复、保健,医疗器械无处不在;产品门类繁多,涉及机械、电子、生物、物理、化学、材料、计算机等众多学科;许多产品科技含量高的前沿科学、尖端技术,像基因、纳米、信息等高新技术,都会及时被医疗器械领域吸收利用,造福人类健康。现在各国政府都明确制造商是上市产品的质量的第一责任人,但对于存在潜在的健康风险、关系人民群众生命健康的医疗器械,每个国家都有义不容辞的责任来保护本国消费者的权益,因而几乎所有有医疗器械生产和消费的国家都制定了相应的政策和监管的方法或机制,通过对医疗器械上市前和上市后的监督管理来保证其可靠性和安全性。

1.上市前管理

为了加强医疗器械生产监督管理,规范医疗器械生产质量管理,国家食品药品监督管理总局发布了《医疗器械生产质量管理规范》,企业应按照《医疗器械生产质量管理规范》的要求,在规范的要求下对机构与人员、厂房与设施、设备、文件管理、设计开发、采购、生产管理、质量控制、销售和售后服务、不合格品控制、不良事件监测、分析和改进各个环节进行控制和管理。

汇总国家药品监督管理局网站公布的医疗器械生产企业飞行检查常见的问题,企业通常存在的问题有:

(1)机构与人员:缺乏专业的检测与管理人员,具体表现为企业对管理层面上的要求不高,人员缺失,面对日常生产质量管理,不能保证企业体系的正常运转,对质量控制这一环节投入不大。企业管理者代表对其职责权限、质量管理体系等情况不够熟悉，不能够确保质量管理体系有效运行；不重视员工健康档案管理，缺失人员健康体检信息。不重视培训，企业对法规培训不到位。检验员未经过有针对性的岗前培训。关键岗位人员如关键工序操作人员和检验人员的培训记录缺少具体培训内容和考核记录，仅有考核结论。培训通常流于形式，并非真正意义上提高员工的工作能力和业务学习。

(2)设计开发：设计开发中存在问题较多，汇总如下。①注册核查过程中，须对企业的研究资料(有效期研究、包装研究、软件研究等)进行核查，由于企业理解不到位，应为适用的研究经常误认为不适用，或者没有研究试验的条件，按照《医疗器械生产质量管理规范现场检查指导原则》检查，此项为关键项目，直接导致企业不通过检查。②设计开发不完善，企业未能提供相关的具体研究资料，设计验证(系统整体有效性项目)未能提供验证记录，且检测报告出现的经修复后复测合格的项目未能按照程序文件要求进行变更。未能提供产品设计开发评审、验证阶段的评审、验证记录及参与人员的签字；未建立并保存完整的产品技术文档，如设计输出清单中的进货检验标准、过程检验标准、可追溯性规定及产品说明书等。③设计开发输出文件。采购单上缺少或未注明原材料的采购要求、技术要求或者图纸；产品图纸不全；研究资料，未能提供检测的原始记录；未能提供实时稳定性研究记录，未能提供包装研究资料。④未按《设计控制程序》进行设计开发的活动并形成记录。如未能提供《产品要求评审表》,《设计开发计划书》内容未包括设计开发的输入、输出、评审、验证、确认等阶段的划分和主要工作内容；未按程序形成设计输入清单；未进行设计开发输出环节的评审；未按程序要求对小批生产的可行性进行评审，未能提供试产报告和试产总结报告。现场考核时，产品的生产工艺已更改，但未能按照设计开发程序提供对应的输出、评审、验证和确认过程记录。

(3)生产检验：用于出厂检验项目的检验仪器不进行校准；缺乏专业的检验人员，现场检查时，检验员不会操作检验仪器，无法把控检验关。

(4)记录及追溯性问题：①现场提供的生产过程检验记录和出厂检验记录的产品编号、产品名称与注册检验报告不一致，且有涂改痕迹。最常见的问题是记录随意更改，更改无签名和日期。②企业的可追溯性控制程序和记录无法追溯到关键原材料批号，无法满足追溯的要求。

(5)采购：①未按《采购控制程序》将采购物资分为重要物资、一般物资、辅助物资。企业与主要原材供应商签订的采购合同无供应商的公章，采购程序未对合格供应商的选择、评价和再评价做出规定，未建立供应商管理程序文件，未明确双方所承担的质量责任。②采购记录中关键元器件供应商与注册检验报告中供应商不一致。③主要原材料无采购合同，采购记录不齐全，不能提供原材料采购清单。

(6)原材料存放问题：①企业生产的送检样机所用的原材料是由其他生产企业或供应商购进，购进渠道不正规。②精密电子元器件、传感器、电极片等原材料无库卡，存放在原材料仓外，对有温度、湿度、防静电等要求的电子元器件未设置专门的存放间，随意堆放。

(7)内审和管理评审：企业未提供内审和管理评审的相关记录，未按照管理审查管理程序开展管理评审。

2. 上市后管理

任何被批准上市的医疗器械都不是零风险和绝对安全的，因为所谓批准上市，只是指在现有的社会技术、伦理和法规都可以接受基础上的认可，即“效益大于风险”的一种“风险可接受”产品，是在现有认识水平下，相对符合安全使用的要求的产品，是阶段性的结论。对于医疗器械生产企业来说，若要保证产品在整个生命周期内的安全、有效，就必须进行医疗器械的风险管理。

医疗器械风险指使用医疗器械而导致人体受伤害的危险发生的可能性及伤害的严重程度。如使用输液泵和注射泵输注速度异常、不能泵入药液、死机、输注管路漏液等原因，从而导致临床患者在使用已批准上市的该种产品会产生不可预知的不良事件。而医疗器械生产企业的风险管理就是应对此类问题的有效措施之一。它是指用于风险分析、评价和控制工作的管理方针、程序及其实践的系统运用，主要包括风险分析、风险评价、风险控制等环节。对于生产企业来说，风险管理是质量体系的一个组成部分，贯穿于医疗器械整个生命周期，医疗器械上市后的安全性的评价，如不良事件监测、再评价等工作依然重要。

医疗器械上市后风险管理是建立在对产品安全性信息系统持续的收集、分析的基础上，是对不良事件监测结果的应用和反馈。其核心问题是可接受的风险性问题，即为了获得预期利益可以接受的风险水平。对可接受的风险分析，首先要使用有规定要求的适用标准来判断特定产品或特定风险的可接受水平。同时企业应结合适当的指. 南进行判定与已在使用中的同类产品的风险数据水平进行比较。生产企业不仅应在上市前申请注册时要做好风险管理报告资料的准备工作，而且在上市后生产和销售过程中都有责任提供产品的安全性证据。风险最大的特点就是不确定性，所以借助于风险等级（risk level，RL）的概念来评定风险：$RL=S\times O\times D$，公式中 S 代表严重程度（severity），O 代表发生频率（occurrence），D 代表可发现（detection）。

3. 与上市后风险管理有关的法律规定

（1）不良事件监测

1）概念　医疗器械不良事件指获准上市的质量合格的医疗器械在正常使用的情况下发生的，导致或者可能导致人体伤害的各种有害事件；不良事件的监测指对不良事件的发现、报告、评价和控制的过程”。

2）表现形式　①器械故障，即医疗器械在符合其性能规范或性能要求的情况下失效；②未预期的副作用，即事前不可预测的不良作用；③测试、检验以及使用信息表明如果继续使用将导致不良事件发生。

3）生产企业的报告方式　①可疑不良事件的报告，应在严重伤害事件 10 个工作日之内上报，死亡事件应立即上报，同时遵循可以即报的原则；②补充报告，应在初次报告或产品变更后 20 个工作日之内，其内容包括产品介绍、使用说明、对不良事件的跟踪追访、原因分析、采取何种补救措施等；③医疗器械不良事件企业汇总报告表，应按季度报告。

4）监测意义　①促进上市医疗器械的合理使用，保障广大人民群众身体健康和生命安全；②为医疗器械上市后监督管理提供科学依据；③促进医疗器械生产器械新产品的开发和医疗器械产业的健康发展。

(2)再评价:医疗器械再评价是指对获准上市的医疗器械安全性、有效性进行重新评价,并实施相应措施的过程。从概念上来看,可以明确生产企业是作为医疗器械再评价的主体,应根据医疗器械产品的技术结构、质量体系等要求设定医疗器械再评价启动条件、评价程序和方法;根据再评价的结论,必要时应当依据注册相关规定履行注册手续。

(3)召回:医疗器械生产企业要按照规定的程序对其已上市销售的存在缺陷的某一类别、型号或者批次的产品,采取警示、检查、修理、重新标签、修改并完善说明书、软件升级、替换、收回、销毁等方式消除缺陷的行为。生产企业应按规定建立和完善医疗器械召回制度,收集产品安全的相关信息,对可能存在的缺陷的产品进行调查与评估。

4. 证件管理

我国对第一类医疗器械实行备案管理。医疗器械备案是指食品药品监督管理部门对医疗器械备案人(以下简称备案人)提交的第一类医疗器械备案资料存档备查。境内第一类医疗器械备案,备案人向设区的市级食品药品监督管理部门提交备案资料。进口第一类医疗器械备案,备案人向国家食品药品监督管理总局提交备案资料。香港、澳门、台湾地区医疗器械的备案,参照进口医疗器械办理。办理备案的进口医疗器械,应当在备案人注册地或者生产地址所在国家(地区)获得医疗器械上市许可。

备案资料符合要求的,食品药品监督管理部门应当当场予以备案。备案资料不齐全或者不符合规定形式的,应当一次告知需要补正的全部内容。对不予备案的,应当告知备案人并说明理由。已备案的医疗器械,备案信息表中登载内容及备案的产品技术要求发生变化,备案人应当提交变化情况的说明及相关证明文件,向原备案部门提出变更备案信息。食品药品监督管理部门对备案资料符合形式要求的,应在变更情况栏中载明变化情况,将备案资料存档。

第一类医疗器械备案号的编排方式如下。

×1 械备××××2××××3 号。

其中:

×1 为备案部门所在地的简称:

进口第一类医疗器械为"国"字;

境内第一类医疗器械为备案部门所在的省、自治区、直辖市简称加所在设区的市级行政区域的简称(无相应设区的市级行政区域时,仅为省、自治区、直辖市的简称)。

××××2 为备案年份。

××××3 为备案流水号。

第一类医疗器械产品备案证长期有效。

我国对第二类、第三类医疗器械实行注册管理。医疗器械注册是食品药品监督管理部门根据医疗器械注册申请人的申请,依照法定程序,对其拟上市医疗器械的安全性、有效性研究及其结果进行系统评价,以决定是否同意其申请的过程。境内第二类医疗器械由省、自治区、直辖市食品药品监督管理部门审查,批准后发给医疗器械注册证。境内第三类医疗器械由国家食品药品监督管理总局审查,批准后发给医疗器械注册证。进口第一类医疗器械备案,备案人向国家食品药品监督管理总局提交备案资料。进口第二类、第三类医疗器械由国家食品药品监督管理总局审查,批准后发给医疗器械注册证。香港、澳门、台湾地区医疗器械的注册、备案，参照进口医疗器械办理。

受理注册申请的食品药品监督管理部门应当自受理之日起3个工作日内将申报资料转交技术审评机构。技术审评机构应当在60个工作日内完成第二类医疗器械注册的技术审评工作，在90个工作日内完成第三类医疗器械注册的技术审评工作。需要外聘专家审评、药械组合产品需与药品审评机构联合审评的，所需时间不计算在内，技术审评机构应当将所需时间书面告知申请人。

境内第二类、第三类医疗器械注册质量管理体系核查，由省、自治区、直辖市食品药品监督管理部门开展，其中境内第三类医疗器械注册质量管理体系核查，由国家食品药品监督管理总局技术审评机构通知相应省、自治区、直辖市食品药品监督管理部门开展核查，必要时参与核查。省、自治区、直辖市食品药品监督管理部门应当在30个工作日内根据相关要求完成体系核查。

国家食品药品监督管理总局技术审评机构在对进口第二类、第三类医疗器械开展技术审评时，认为有必要进行质量管理体系核查的，通知国家食品药品监督管理总局质量管理体系检查技术机构根据相关要求开展核查，必要时技术审评机构参与核查。

质量管理体系核查的时间不计算在审评时限内。

技术审评过程中需要申请人补正资料的，技术审评机构应当一次告知需要补正的全部内容。申请人应当在1年内按照补正通知的要求一次提供补充资料；技术审评机构应当自收到补充资料之日起60个工作日内完成技术审评。申请人补充资料的时间不计算在审评时限内。

申请人对补正资料通知内容有异议的，可以向相应的技术审评机构提出书面意见，说明理由并提供相应的技术支持资料。

申请人逾期未提交补充资料的，由技术审评机构终止技术审评，提出不予注册的建议，由食品药品监督管理部门核准后做出不予注册的决定。

受理注册申请的食品药品监督管理部门应当在技术审评结束后20个工作日内做出决定。对符合安全、有效要求的，准予注册，自做出审批决定之日起10个工作日内发给医疗器械注册证，经过核准的产品技术要求以附件形式发给申请人。对不予注册的，应当书面说明理由，并同时告知申请人享有申请复审和依法申请行政复议或者提起行政诉讼的权利。医疗器械注册证有效期为5年。已注册的第二类、第三类医疗器械，医疗器械注册证及其附件载明的内容发生变化，注册人应当向原注册部门申请注册变更，并按照相关要求提交申报资料。产品名称、型号、规格、结构及组成、适用范围、产品技术要求、进口医疗器械生产地址等发生变化的，注册人应当向原注册部门申请许可事项变更。

注册人名称和住所、代理人名称和住所发生变化的，注册人应当向原注册部门申请登记事项变更；境内医疗器械生产地址变更的，注册人应当在相应的生产许可变更后办理注册登记事项变更。

登记事项变更资料符合要求的，食品药品监督管理部门应当在10个工作日内发给医疗器械注册变更文件。登记事项变更资料不齐全或者不符合形式审查要求的，食品药品监督管理部门应当一次告知需要补正的全部内容。

对于许可事项变更，技术审评机构应当重点针对变化部分进行审评，对变化后产品是否安全、有效做出评价。

受理许可事项变更申请的食品药品监督管理部门应当按照首次注册的时限组织技术审评。

医疗器械注册变更文件与原医疗器械注册证合并使用,其有效期与该注册证相同。

医疗器械注册证有效期届满需要延续注册的,注册人应当在医疗器械注册证有效期届满6个月前,向食品药品监督管理部门申请延续注册,并按照相关要求提交申报资料。

医疗器械注册证格式由国家食品药品监督管理总局统一制订。

注册证编号的编排方式为:

×1 械注×2××××3×4××5××××6。其中:

×1 为注册审批部门所在地的简称:境内第三类医疗器械、进口第二类、第三类医疗器械为“国”字;境内第二类医疗器械为注册审批部门所在地省、自治区、直辖市简称;

×2 为注册形式:“准”字适用于境内医疗器械;“进”字适用于进口医疗器械;“许”字适用于香港、澳门、台湾地区的医疗器械;××××3 为首次注册年份;×4 为产品管理类别;××5 为产品分类编码;××××6 为首次注册流水号。

延续注册的,××××3 和××××6 数字不变。产品管理类别调整的,应当重新编号。

附件 1

## 第一类医疗器械备案凭证

×××(备案人):

根据相关法规要求,对你单位第一类医疗器械:××××××(产品名称/产品分类名称)予以备案,备案号:××××××。

××食品药监督管理局

(国家食品药品监督管理总局)

(盖章)

日期: 年 月 日

附件 2

## 第一类医疗器械备案信息表

备案号：

| | |
|---|---|
| 备案人名称 | |
| 备案人组织机构代码 | （境内医疗器械适用） |
| 备案人注册地址 | |
| 生产地址 | |
| 代理人 | （进口医疗器械适用） |
| 代理人注册地址 | （进口医疗器械适用） |
| 产品名称 | |
| 型号/规格 | |
| 产品描述 | |
| 预期用途 | |
| 备注 | |
| 备案单位<br>和日期 | ××食品药品监督管理局<br>（国家食品药品监督管理总局）<br>备案日期：　　年　月日 |
| 变更情况 | ××××年××月××日，××变更为××。<br>…… |

附件3

## 中华人民共和国医疗器械注册证
## （格式）

注册证编号：

| | |
|---|---|
| 注册人名称 | |
| 注册人住所 | |
| 生产地址 | |
| 代理人名称 | （进口医疗器械适用） |
| 代理人住所 | （进口医疗器械适用） |
| 产品名称 | |
| 型号、规格 | |
| 结构及组成 | |
| 适用范围 | |
| 附　件 | 产品技术要求 |
| 其他内容 | |
| 备　注 | |

审批部门：

批准日期：　　年　月　日

有效期至：　　年　月　日

（审批部门盖章）

附件 4

# 中华人民共和国
# 医疗器械注册变更文件
# （格式）

注册证编号：

| | |
|---|---|
| 产品名称 | |
| 变更内容 | “×××（原注册内容或项目）”变更为“×××（变更后的内容）”。 |
| 备　注 | 本文件与“×××”注册证共同使用。 |

审批部门：　　　　批准日期：　　年　月　日

（审批部门盖章）

附件 5

## 医疗器械产品技术要求格式

医疗器械产品技术要求编号(宋体小四号,加粗):

产品名称(宋体小二号,加粗)

1. 产品型号/规格及其划分说明(宋体小四号,加粗)(如适用)

1.1 ……(宋体小四号)

1.1.1 ……

……

2. 性能指标(宋体小四号,加粗)

2.1 ……(宋体小四号)

2.1.1 ……

……

3. 检验方法(宋体小四号,加粗)

3.1 ……(宋体小四号)

3.1.1 ……

……

4. 术语(宋体小四号,加粗)(如适用)

4.1 ……(宋体小四号)

4.2 ……

……

(分页)

附录 A……(宋体小四号,加粗)(如适用)

1. ……(宋体小四号)

1.1 ……

# 第五章　我国创新医疗器械注册与管理

## 第一节　创新医疗器械注册与管理要求

### 一、医疗器械审评审、批制度改革

2014年2月，根据《医疗器械监督管理条例》《医疗器械注册管理办法》《体外诊断试剂注册管理办法》等法规和规章，原国家食品药品监督管理总局制订并发布了《创新医疗器械特别审批程序(试行)》(食药监械管〔2014〕13号)，自2014年3月1日起施行。该程序明确指出，各级食品药品监督管理部门及相关技术机构，根据各自职责和本程序规定，按照早期介入、专人负责、科学审批的原则，在标准不降低、程序不减少的前提下，对创新医疗器械予以优先办理，并加强与申请人的沟通交流。该项文件发布，所谓一石激起千层浪，令各业界欢欣鼓舞。国家药监部门郑重承诺："保障医疗器械的安全、有效，鼓励医疗器械的研究与创新，促进医疗器械新技术的推广和应用，推动医疗器械产业发展。"该程序是在确保产品上市安全、有效的前提下，针对创新医疗器械设置的审批通道，也是食品药品监督管理部门为促进医疗器械创新发展推出的重要举措，从医疗器械监督和审评审批机制方面进行制度创新改革，扫除制度障碍。2014年7月，原国家食品药品监督管理总局令4号《医疗器械注册管理办法》颁布，自2014年10月1日起施行。该管理办法在总则中明确规定"国家鼓励医疗器械的研究与创新，对创新医疗器械实行特别审批，促进医疗器械新技术的推广与应用，推动医疗器械产业的发展"，正式把创新医疗器械纳入医疗器械注册管理办法中。另外，办法还规定，创新医疗器械在注册时，样品可以委托生产，这是新法规针对创新医疗器械出台的绿色通道。随后，各配套政策文件陆续出台，全面鼓励国产医疗器械创新。2015年8月，《国务院关于改革药品医疗器械审评审批制度的意见》(国发〔2015〕44号，以下简称44号文件)发布，以提高审评审批质量、解决注册申请积压、提高仿制药质量、鼓励研究和创制新药和提高审评审批透明度为目标，提出12条主要任务和4条保障措施。2016年10月，原国家食品药品监督管理总局发布了《医疗器械优先审批程序》，对诊断或治疗罕见病、恶性肿瘤、老年人特有疾病和专用于儿童且具有明显临床优势的医疗器械；临床急需且在我国尚无同品种产品获准注册的医疗器械；列入国家科技重大专项或国家重点研发计划的医疗器械，实施优先审评审批。这两个程序的实施对推动医疗器械研发创新、新技术推广应用、产业高质量发展、满足临床需求发挥了积极作用。2017 年 10 月，中共中央办公厅、国务院办公厅联合印发《关于深化审评审批制度改革鼓励药品医疗器械创新的意见》（厅字〔2017〕42 号，以下简称 42 号文件），明确了未来医疗器械审评审批制度改革发展之路，部署了改革战略规划，指明了改革方向，提出了改革措施，以提高医疗器械质量为核心，以切实保障公众用械安全有效可及，以满足人民群众需求为目标，进一步提出了优化审评审批流程等 36 条具体要求。国家药监局周密部署，制订改革任务分工表，明确 14 项重点任务、63 项具体措施。标志着我国医疗器械审评审批制度改革真正进入了实质性改革阶段。44 号文件和 42 号文件明确的医疗器械改革创新的五大主题中，第一个就是创新。这两个文件为推动医疗器械创新发展提供了根本的遵循。国家药监局会同各有关部门和各地监管机构按照 44 号、42 号文件要求，深入推进医疗器械审评审批制度和机制的改革，完善医疗器械监管法规体系，加强对全国医疗器械注册管理工作的指导和协调，提升技术支撑和监管能力，不断提升医疗器械注册审评审批的质量与效率，有力地促进了我国医疗器械产业健康发展。2015 年以来，按照 44 号和 42 号文件的要求，跟踪研究医疗器械产业改革发展需要，国家药监局陆续出台了一批部署和落实相关改革措施的重要规范性文件和指导原则。为深入推进审评审批制度改革，鼓励医疗器械创新，深化供给侧结构性改革和“放管服”改革要求，激励产业创新高质量发展，国家药监局积累前期经验，多次开展调研，组织专题研究，多方征求意见，进一步“量”创新之体“裁衣”，修订试行 4 年多的特别审批程序，于 2018 年 5 月，国家药品监督管理局修改了原国家食品药品监督管理总局发布的《创新医疗器械特别审批程序（试行）》部分内容，形成了《创新医疗器械特别审查程序（修订稿征求意见稿）》。于 2018 年 11 月，国家药监局对创新医疗器械特别审批程序进行了修订，发布了新修订的《创新医疗器械特别审查程序》，自 2018 年 12 月 1 日起施行。新修订的《创新医疗器械特别审查程序》对优先审批产品的符合条件、审评审批流程和监管要求进行了明确。医疗器械按照创新特别审批程序上市需要经过两个步骤。第一步，申请人提出创新医疗器械特别审批申请，食药监总局医疗器械技术审评中心创新医疗器械审查办公室组织专家进行审查，通过审查后将被认定为创新医疗器械。第二步，申请人可继续通过创新医疗器械特别审批通道提出产品注册申请。监管部门将按照“早期介入、专人负责、科学审批”的原则，对创新型器械注册申请予以优先办理，并加强与申请人的沟通交流。完善了适用情形、细化了申请流程、提升了创新审查的实效性、完善了审查方式和通知形式，并明确对创新医疗器械的许可事项变更优先办理。新修订的《创新医疗器械特别审查程序》，设置更为科学，对创新的界定更加清晰明确，更有利于提升审查效率和资源配置。2019 年，为进一步鼓励医疗器械创新，国家药品监督管理局发布了《关于扩大医疗器械注册人制度试点工作的通知》，将试点区域扩大至全国 21 个省、自治区、直辖市）。上海、江苏、浙江、安徽 4 省联合发布了《长江三角洲区域医疗器械注册人制度跨区域监管办法（试行）》，为长江三角洲区域医疗器械注册人跨区域监管提供了法规依据。医疗器械注册人制度的深化落实将进一步激发研发机构和科研人员对产品研发和技术创新的热情，在极大程度上破除医疗器械技术转化的壁垒，提升医疗器械创新投入产出的效率。

## 二、新政策下企业申报创新医疗器械的优势

自2014—2017年，《创新医疗器械特别审批程序(试行)》《创新医疗器械特别审查程序(修订稿征求意见稿)》和《创新医疗器械特别审查程序》的颁布，从政策上为创新医疗器械注册审批带来了极大便利，相当于为创新医疗器械注册开辟了一条“捷径”，在特别审批通道下，创新医疗器械获得注册证的时间一般在3～6个月，而常规医疗器械注册的周期往往需要6～12个月，极大地节约了产品上市前的时间成本。高效的特别审批通道，使企业把握产品市场准入的先机，既提高了研发机构和企业的创新积极性，又有利于促进医疗器械新技术的推广和应用。同时，在创新医疗器械特别审批的过程中，监管机构会指定专人，及时沟通指导，给创新医疗器械的后续研究和审评审批工作提供指导和参考。在此条件下，创新医疗器械审批工作将快速高效的完成，为企业转化科技成果提供了便捷。

## 三、创新医疗器械特别审查程序核心内容解读

但同时需要强调的是，经审查同意按特别程序审批的创新医疗器械，在注册申请时，标准不降低，程序不减少。产品研发是创新医疗器械最重要的阶段，但研发阶段离不开相关质量体系的制订与管理，总之，对医疗器械企业的核心技术创新性和质量管理体系提出了更严格的要求。

对照2014年的《创新医疗器械特别审批程序(试行)》和2017年修订后的《创新医疗器械特别审查程序》，对下文4处主要修订内容进行分析：

1. 明确医疗器械的适用类别

第二类、第三类医疗器械在《创新医疗器械特别审查程序》中有明确规定，符合创新医疗器械的特别审批程序，而第一类医疗器械实施备案管理，不属于行政许可事项，因此第一类医疗器械不适用《创新医疗器械特别审查程序》。规定与实际操作相符合，有效衔接了目前审批审核的要求。

2. 细化特别审批程序审查要求

依据《创新医疗器械特别审批程序(试行)》第二条规定，创新医疗器械须同时符合以下3个条件：①申请人在中国依法拥有产品核心技术发明专利权或者核心技术发明专利已由国务院专利行政部门公开。②主要工作原理/作用机制为国内首创，产品性能或者安全性与同类产品比较有根本性改进，技术国际领先，并且具有显著临床应用价值。③产品完成前期研究并且基本定型产品，研究过程真实、受控，研究数据完整、可溯源。以上3个条件缺一不可。

从创新医疗器械的定义可以看出，创新的关键在于专利。而依据2017年修订的《创新医疗器械特别审查程序》第二条规定，适用于创新医疗器械特别审查的产品，同样需满

足以下3个条件:①申请人通过其主导的技术创新活动,在中国依法拥有产品核心技术发明专利权,或者依法通过受让取得在中国发明专利权或其使用权,创新医疗器械特别审查申请时间距专利授权公告日不超过5年;或者核心技术发明专利的申请已由国务院专利行政部门公开,并由国家知识产权局专利检索咨询中心出具检索报告,报告载明产品核心技术方案具备新颖性和创造性。②申请人已完成产品的前期研究并具有基本定型产品,研究过程真实和受控,研究数据完整和可溯源。③产品主要工作原理或者作用机制为国内首创,产品性能或者安全性与同类产品比较有根本性改进,技术上处于国际领先水平,且具有显著的临床应用价值。

《创新医疗器械特别审查程序》第二条在原规定基础上增加了两条要求:第一条为对于依法通过受让取得在中国发明专利权或其使用权的产品,要求创新医疗器械特别审查申请时间距专利授权公告日不超过5年;第二条为对于核心技术发明专利的申请已由国务院专利行政部门公开的产品,要求由国家知识产权局专利检索咨询中心出具检索报告,报告载明产品核心技术方案具备新颖性和创造性。本条规定对核心专利的创新性和新颖性提出了统一的审核标准及报告出具机构,避免了各报告权威性、调查内容和标准不一致等问题。两项新增规定除了强调专利的新颖性之外,提醒企业提前推进核心专利布局,增强知识产权保护意识,切合创新医疗器械特别审批程序中对核心技术创新性的要求,也旨在鼓励目前已有相关专利的申请人及早提出申请。其专利要求体现在"技术重要性、专利类型、专利合法性、专利地域性"4个方面,专利要求的关键在于申请人必须拥有产品的核心技术发明专利。

国内申请人必须在中国合法拥有产品核心技术的发明专利权,或者通过受让取得在中国的产品核心技术的发明专利权或其使用权;而进口器械申请人须在中国申请该产品的核心技术发明专利或者通过专利合作合约(patent cooperation treaty,PCT)途径进入中国国家阶段。也即专利文本须符合以下5种情况之一:①取得授权发明专利证书;②《发明专利申请公布通知书》;③《发明专利申请公布及进入实质审查阶段通知书》;④《授予发明专利权通知书》;⑤《国际申请进入中国国家阶段通知书》。经查阅文献,2014年全年,总局医疗器械技术审评中心共收到136项"创新医疗器械特批审批申请",最终通过审查的仅有18个国内产品,通过率仅为18.1%。其中,未通过审查的产品最主要原因就是专利问题,占30%,主要问题有:专利文件不全、专利人和专利内容与项目不符或不是核心专利等。申请人需合理安排产品专利的申请及相关文件的准备,否则将面临创新审查未通过而延误整个产品注册时间。需要特别指出的是,申请人必须在专利问题上特别重视并做好充足的资料准备,因为现阶段创新资料受理后,在总局审查阶段未设补充资料环节,即申请人没有补充资料或者与审查专家进行沟通的机会。

3. 限定注册申请时间

《创新医疗器械特别审查程序》新增第十一条,明确规定:"创新医疗器械审查办公室做出审查决定后,将审查结果通过器审中心网站告知申请人。审查结果告知后5年内,未申报注册的创新医疗器械,不再按照本程序实施审查。5年后,申请人可按照本程序重新申请创新医疗器械特别审查"。此次修订明确规定了审批程序的有效时间,旨在推动创新医疗器械的产品转化进程。

4. 终止程序情形规定明确

《创新医疗器械特别审查程序》第二十二条中新增七条国家药品监督管理局可终止本程序的情形，规定如下。属于下列情形之一的，国家药品监督管理局可终止本程序并告知申请人：第一条，申请人主动要求终止的；第二条，申请人未按规定的时间及要求履行相应义务的；第三条，申请人提供伪造和虚假资料的；第四条，全部核心技术发明专利申请被驳回或视为撤回的；第五条，失去产品全部核心技术发明专利专利权或者使用权的；第六条，申请产品不再作为医疗器械管理的；第七条，经专家审查会议讨论确定不宜再按照本程序管理的。主要原因是审核过程是一个动态持续性过程，需要始终符合特别审批程序的要求，一旦出现无法适用特别审批程序的情况，国家药监局能够主动终止特别审批程序，节约了行政资源。另外本条第一点也特别强调了申请人在审查决定做出前可主动要求终止，自行撤回审批申请，与政府机关的权利相对应，同样赋予申请人相应的自主权。

上述 4 处主要修订内容中，其中第二条是《创新医疗器械特别审查程序》的核心内容，更是申请人需要把握的重中之重。这条规定的内容也是对符合创新医疗器械特别审批程序医疗器械的核心要求。具体来说就是：发明专利是产品核心技术；产品主要工作原理/作用机制为国内首创，处于国际领先水平；产品临床效果明显，具有显著的临床应用价值；产品研究基本定型，研究数据真实、完整，具有较强的可溯性和重复性。对比《创新医疗器械特别审批程序（试行）》和《创新医疗器械特别审查程序》，《创新医疗器械特别审查程序》对发明专利的要求要比《创新医疗器械特别审批程序（试行）》的要求更为严格，前者对创新的时间没有明确规定，后者要求创新医疗器械特别审查申请时间距专利授权公告日不超过 5 年，明确要求由国家知识产权局专利检索咨询中心出具检索报告，报告载明产品核心技术方案具备新颖性和创造性。而对创新医疗器械产品主要工作原理/作用机制规定是一致的，即产品主要工作原理/作用机制为国内首创，产品性能或者安全性与同类产品比较有根本性改进，技术上处于国际领先水平，且具有显著的临床应用价值。该项规定体现 3 个重要组成部分，分别为"国内首创""国际领先"和"显著的临床应用价值"。①"国内首创"——总局创新医疗器械审查办公室界定的依据为：境内产品申报时，国内企业没有拿到同类产品注册证；对于进口产品则为在中国境内没有同类产品注册证。②对于"国际领先"概念的界定则较为宽泛，总局主要在专项会上通过《查新报告》由专家评估。③"显著的临床应用价值"——即产品的安全性、有效性甚至价格等比同类产品有显著的优势。申请人可从国内外同类产品上市情况及其分析比较、公开发表于核心刊物的能充分说明产品临床应用价值的学术论文、专著及文件综述等方面提供材料证明其显著的临床应用价值。

## 四、申请创新医疗器械特别审查过程中常见问题

据器审中心数据公布，《创新医疗器械特别审批程序（试行）》颁布开始至 2015 年 10 月，共收到创新医疗器械申请工 262 项，已审查 225 项，同意按创新程序审批的有 37 项，总体通过率为 16.7%。常见的不同意的理由可归纳为：专利问题，缺乏显著临床价值的支持性资料；不属于国内首创；不属于国际技术领先；产品未定型；查新报告不合格。其

中，专利问题最多，而专利部分的主要问题可归纳为以下几点。①发明专利文件不全：申请人仅提交了发明专利书，但未提交权利要求书、说明书等其他文件或者申请人提交了权利要求书、说明书等文件，但未提供产品发明专利状态的相关文件，又或者申请人提交了权利要求书、说明书等文件，但未提供专利已公开的相关文件，仅提供了发明专利申请文件首页。②专利申请未公开：常见案例有申请人提交了权利要求书、说明书等其他文件，提交的是发明专利申请受理通知书；或者申请人提交了权利要求书、说明书等其他文件，提交的是国际申请进入中国国家阶段通知书。③发明专利的专利权人与申请人不符：申请人的发明专利文件显示，专利权人是企业法人代表或技术研发人员，不是申请人。且无转让的证明性文件；或者境内申请人提交的发明专利中，专利权人是另一医疗器械企业，未提交转让协议或专利权许可的相关文件；又或者申请人的发明专利文件显示，专利权人是科研院所而不是申请人，且未提交相关受让资料。④非发明专利：例如申请人提交的专利文件为实用新型或外观的专利，未提供发明专利相关的文件；或者申请人提交的发明专利信息是境外专利主管机构的批准文件，不是中国专利主管机构出具的相关文件；又或者申请人提交的专利文件为 PCT 申请文件。⑤专利内容与申请产品不一致：常见案例有：发明专利中产品与申请产品不一致。或者发明专利中产品应用领域与申请产品应用领域不一致。⑥不是产品核心技术：申请人提交的发明专利所涵盖的技术不是实现产品预期工作原理/作用机制的关键技术；或者是核心技术，但该企业已有同类产品获准按特别程序审批属重复申报。⑦文件混乱：申请人将全部发明、实用新型、外观的专利文件一并提交，对审查效率有一定的影响，或者文件准备质量较差，装订顺序混乱，影响审查效率。

## 五、申请创新医疗器械特别审查过程中常见问题的规避措施

(1)为了证明发明专利是产品核心技术，申请人应该关注以下几点。①发明专利应是产品核心技术。产品核心技术主要是针对创新医疗器械产品，表现在产品本身的特性，例如，针对产品的发明专利：产品预期用途的创新（如人工心脏）、产品结构的变化（如骨小梁结构椎间融合器）、产品性能的改进（如带药可吸收血管支架）、产品使用方法的改进（如无线心脏起搏器、介入心脏瓣膜）等。而非产品本身特性的专利，例如，针对产品制造工艺的变化（如一种制造可植入聚乳酸的新方法）、针对使用产品辅助工具的改进（如血管支架输送系统的微小改进）、针对产品制造设备（采用 3D 打印的方法制造可降解血管支架的设备等），如果不能证明对产品性能或者安全性有根本性改进作用，一般不认定为产品核心技术。②申请人应在中国依法拥有发明专利，或者依法通过受让取得在中国发明专利权或其使用权。任何国外的发明专利都不能满足要求，如果通过受让取得在中国发明专利权或其使用权，应提供相应的证明材料。在实际工作中发现，个别生产企业通过受让取得在中国发明专利权或其使用权，而提供材料却限定只能用于创新医疗器械特别审批申请，不能用于医疗器械的生产，这种情况不能满足要求。③专利应为发明专利。专利类型有 3 种：发明专利、实用新型专利、外观设计专利。申请创新医疗器械应拥有发明专利，其他类型的专利不包括在内。发明是指对产品、方法或者其改进所提出的新的技术方案。它又分为产品发明和技术方案的方法发明。④申请人应同时提交发明

专利证书和专利说明书，而不能只提交其中之一，也不能只提交专利受理通知书。如果尚未取得发明专利证书，应提交发明专利的申请已由国务院专利行政部门公开的证明材料和专利说明书。⑤通过PCT申请专利。PCT是《专利合作条约》(*Patent Cooperation Treaty*)的英文缩写，是有关专利的国际条约。根据PCT的规定，专利申请人可以通过PCT途径递交国际专利申请，向多个国家申请专利。应当注意的是，专利申请人只能通过PCT申请专利，不能直接通过PCT得到专利。要想获得某个国家的专利，专利申请人还必须履行进入该国家的手续，由该国的专利局对该专利申请进行审查，符合该国专利法规定的，授予专利权。

(2)为了证明产品主要工作原理/作用机制为国内首创，处于国际领先水平，申请人应该关注以下几点。①申请人应提交信息查询机构或者专利检索机构出具的查新报告。最好提供省及省级以上信息查询机构或者专利检索机构出具的查新报告，推荐采用专利检索机构出具的查新报告，并且关键词要准确，不能因关键词不准确或设置与产品核心技术无关的关键词而影响查新结果。②提交查新报告主要是为了证明产品主要工作原理/作用机制为国内首创，也就是证明没有国内生产企业的同类产品已上市。③已在国内上市的国外生产企业的同类产品不影响国内生产企业查新报告证明的国内首创结果。但其他国外生产企业的同类产品，如果不能证明其具有明显的国际领先水平，就不能满足要求。④申请人应提交证据证明创新产品处于国际领先水平。如果是国内外均没有上市的产品，申请人应提供核心刊物公开发表的能够充分说明产品临床应用价值的学术论文、专著及文献综述，国内外已上市相似产品应用情况的分析及与申报产品性能的对比，动物试验证明临床应用价值的结果；如果是国内没有上市的国产产品，有上市的进口产品，申请人应提供核心刊物公开发表的能够充分说明产品临床应用价值的学术论文、专著及文献综述，国内外已上市同类产品应用情况的分析及与申报产品性能的对比；如果是国内没有上市的国产产品和进口产品，国外有上市的产品，申请人应提供核心刊物公开发表的能够充分说明产品临床应用价值的学术论文、专著及文献综述，国外已上市同类产品应用情况的分析及与申报产品性能的对比(如有)，动物实验证明临床应用价值的结果。

(3)对于创新型治疗类医疗器械产品，需要注册上市是对医疗器械的基本要求，而临床试验则是绝大多数创新器械的必经之路。为了证明产品临床效果明显，具有显著的临床应用价值，下面就创新器械临床试验申请人应该关注以下几点。

1)创新型治疗类医疗器械进行临床试验可行性试验　根据产品创新程度，查阅创新点在既往临床研究中是否体现，如下列3种情况。①对于国内外均没有上市的产品，申请人应提交核心刊物公开发表的能够充分说明产品的创新内容及在临床应用的显著价值的学术论文、专著及文献综述；国内外已上市相似产品临床应用情况的分析与申报产品性能的对比；动物试验证明临床应用价值的结果。②对于国内没有上市的国产产品，有上市的进口产品，申请人应提交核心刊物公开发表的能够充分说明产品的创新内容及在临床应用的显著价值的学术论文、专著及文献综述；国内外已上市同类产品临床应用情况的分析及与申报产品性能的对比；动物试验证明临床应用价值的结果。③对于国内没有上市的国产产品和进口产品，国外有上市的产品，申请人应提交核心刊物公开发表的能够充分说明产品的创新内容及在临床应用的显著价值的学术论文、专著及文献综述；国外已上市同类产品应用情况的分析与申报产品性能的对比；动物实验证明临床应用价值的结果。创新型治疗类医疗器械既为创新，必有与众不同之处。此创新点既是优点也是潜在的风险点。尽管有充分的非临床数据可以作为支撑，但是很难涵盖全面，在正式进入人体使用前，无法预知所有的风险。如果产品创新度高，某些创新点在既往临床研究中并未体现，例如既往相关临床数据与创新器械本身存在明显较大的差异，使用该类数据进行设计，无法合理预测创新器械的"真实值"，即推算的"预估值"与器械本身的"真实值"远离，使临床试验整体不可控。或者与器械创新点相关的有效安全性的评估方法、标准等存在不适用情况。另外，对于部分高风险产品的申报注册（譬如生物可吸收冠状动脉药物洗脱支架），国家强制要求进行可行性试验的此类产品有：经导管植入式人工主动脉瓣膜、生物可吸收冠状动脉药物洗脱支架、主动脉覆膜支架系统等。而对于非强制要求可行性试验的产品是否可不进行可行性试验？实则不然。可行性试验虽使注册周期延长、产品注册成本增加，但可在早期大致验证产品的安全有效性。因此，可行性试验亦是一种规避不可预估风险的手段。因可行性试验样本量和中心数少，对比动辄几百例的多中心确证性临床试验，其所耗费的时间和经济成本较低。且无论成败与否，皆可以提供相应的经验与依据。如若可行性试验失败，可及时止损，避免更多的时间、经济损失；也可根据本次试验提供相关的数据以进一步改进产品。如若可行性试验成功，其数据可为下一步确证性试验设计的确定提供证据。因此，是否需要进行可行性试验是进入临床阶段创新医疗器械首要考虑的。是否进行可行性试验，需具体问题具体分析，要根据产品情况以及企业情况再行定夺。对于创新程度较低的产品抑或企业对自身产品有高度信心，且无硬性法规要求，亦可直接进入确证性试验。但对于高度创新的高风险医疗器械，如在治疗方式、材料上的创新等，仍建议先进行可行性试验，使相关潜在风险因素得以暴露，器械的安全有效性得到初步验证。

2）合适的对照组设立进入确证性临床试验阶段后，在进行临床试验设计时，随机对照试验（Randomized Controlled Trial，RCT）设计作为高等级的科学证据往往被优先考虑。但就创新治疗类产品而言，对照组的选择较为困难。因创新意味着市场上并无同类产品，所以如何选择合适的对照组是首要解决的。下述提供四点意见以供参考。①已上市相似的产品：根据 2018 年发布的《医疗器械临床试验设计指导原则》，明确规定：如因合理理由不能采用已上市同类产品，可选用尽可能相似的产品作为阳性对照。因此，可选择相似的产品作为对照品。譬如，新型材料接骨板可以选择已上市的金属接骨板作为对照组；创新药物球囊可选择已上市有公认疗效的相类似的药物球囊作为对照等。但是采用相似的产品作为对照前，最好与国家药品监督管理局相关部门进行充分沟通，切不可单方面自认为是相似的产品而贸然采用其作为对照组。②标准治疗方法：首先，根据《医疗器械临床试验设计指导原则》；其次，可考虑标准治疗方法。对于并无合适对照产品但有标准治疗方法的创新器械而言，可以选择标准治疗方法作为对照组。譬如，创新伤口敷料，可选用标准临床换药治疗作为对照。③安慰对照组：根据《医疗器械临床试验设计指导原则》，在试验器械尚无相同或相似的已上市产品或相应的标准治疗方法时，若试验器械的疗效存在安慰效应，试验设计需考虑安慰对照，此时，尚需综合考虑伦理学因素。

对于设置安慰对照,首要考虑的是安慰效应和伦理问题。如创新产品本身对患者为辅助类,不起到主要治疗作用,目前无更加适合的辅助治疗产品或方式,而该类产品存在安慰效应,且治疗中可对受试者设盲,则可考虑选择安慰对照。因为此类产品设置安慰对照可行,且伦理尚可接受。④不设立对照组,根据《医疗器械临床试验设计指导原则》中规定:当试验器械技术比较成熟且对其适用疾病有较为深刻的了解时,或者当设置对照在客观上不可行时,方可考虑采用单组目标值设计。创新型治疗类医疗器械一般为后者,即风险过于悬殊或客观条件限制不具有可行性等。一般为高度高风险的产品,譬如完全创新的人工心脏可采用该种方式。但需要指出的是,根据《医疗器械临床试验设计指导原则》:单组试验的实质是将主要评价指标的试验结果与已有临床数据进行比较,以评价试验器械的有效性/安全性。因此创新类医疗器械采用单组目标值方法最需要考虑的在于"目标值与预期值从何而来",即是否有公认的目标值和与申报产品贴切的预期值。如果缺失公认的目标值,会让整体临床试验的结果不可信,意味着整个临床试验将失去意义。而凭空形成的预期值会使得整个临床试验不可控,从而使得临床试验失败的风险增加。因此,采用单组目标值法进行临床试验设计时,需要十分谨慎。

3)排除标准的确定　在入选排除标准方面,创新型治疗类医疗器械应当按照预期用途来确定,可参照相关指导原则、借鉴既往相关类似产品的相关文献进行确定。在确定入选排除标准时,首要考虑的是自身产品的特殊情况,不可一概而论,以偏概全。譬如开发的产品用途为适用于冠状动脉的分叉病变时,那么对于非分叉病变的冠状动脉病变则不可纳入。需要根据自身创新设计点,进行重新思考和确定。另外,在参考部分文献时,需结合试验目的考虑,不可完全照搬相关标准,因为相关文献中的入排标准往往为单中心的临床试验或临床研究,带有科研目的;而实际在注册确证性临床试验中,往往为多中心临床试验,目的是为验证器械的安全和有效性。入排标准上存在一定差异性。另一方面,严格的入排标准可以使得部分混杂因素得以控制,更容易达到预期的试验目的。但在实际操作过程中,过于严格的入排标准会造成入组困难等问题。因此在设计之初,需要多方面综合考虑相关因素,在"临床试验可控"与"临床实际"之间做好平衡。

4)评价指标的确立　确证性临床试验的主要目的为验证医疗器械的安全有效性。因此,根据目的不同,需要确立不同的评价指标。对于确立评价指标来说,可以参考借鉴指导原则或既往文献。但在借鉴相关指导原则时,也要具体思考自身产品的自有属性,避免出现无法评价情形。譬如,对于创新型接骨板(材料创新,X 射线片下不显影)而言,参考《金属接骨板内固定系统产品注册技术审查指导原则》而选用"产品有效率"作为自身临床试验的主要评价指标,"产品有效率"定义采取指导原则中所定义;同时满足以下要求:①骨折愈合评价标准:局部无压痛及纵向叩击痛,局部无异常活动;术后 24 周骨折部位正侧位 X 射线片上骨折间隙模糊或消失,或者正侧位 X 射线片上可见连续性骨痂越过骨折线。②术后 24 周受试产品无变形或断裂。此时,就上述 b 标准,若仍按照普通金属接骨板的检查方式,采用 X 射线片进行检查收集相关信息,会出现相关问题:X 射线片不能满足评价要求,因创新接骨板在 X 射线片下不显影,无法对钢板螺钉是否断裂进行相关评价。此时需根据产品自身的特性来进行确定,如采用 MR 亦或其他检查方式来满足相关要求。从既往相关参考文献中提取主要评价指标时,需遵循"客观性强、可量化、重复性高”的相关原则进行相关制订。避免采用过于“主观”的相关指标作为主要评价指标。因客观条件无法采用客观指标(如治疗心理精神类疾病的相关器械),则尽可能采用较为客观的评分量表作为主要评价指标。主要评价指标是临床试验的核心关键点,其决定临床试验的成败,亦决定临床试验样本量的大小。临床试验是否科学与可行,多集中于此。因此在设立主要评价指标时,需要十分谨慎。创新型器械在选择其他评价指标时候,除考虑一般情形外,还需考虑自身产品的特殊情形,如本身产品属性的改变带来的评价方式改变,本身产品性质的改变带来的新的风险点的改变(如可降解的金属材料,是否会引起相关全身反应)等。

5)随访时间　一般可以参考借鉴相关指导原则或相关文献。但是,仍需要根据自身产品的属性和临床实际来确立相关的随访时间。如创新可吸收型接骨板,根据《金属接骨板内固定系统产品注册技术审查指导原则》中要求:随访期至少为6个月。若本产品降解周期为9个月,此时随访期为6个月则欠合适,因无法观察到该产品的整个周期。此时随访期的确立应当参考《钙磷/硅类骨填充材料注册技术审查指导原则》中的要求:临床试验的随访持续时间或者长于产品的降解时间,或者直至产品植入后的组织反应达到稳定状态。故随访周期设立为9个月较为合适。随访窗口可根据产品自身特性及临床实际,再进行相应的调整。需要指出的是,临床试验周期应当合适。主要评价终点时间过长往往会得出阳性结果。譬如适应证为上呼吸道感染的医疗器械,如果主要评价指标终点为1个月,则无论有无器械参与,均可能获得100%治愈的效果。此时尽管达到临床试验目的,临床试验结果是“成功”,但却因无法说明器械的作用抑或是疾病自身的原因而使得临床试验事实上失败。而过短的临床试验周期往往因为客观情况未达到疗效而得出阴性的结果。譬如适应证为骨折的产品,如果主要评价指标终点为1周,则无论有无器械参与,均为0%的骨折愈合率。因为在客观条件下,骨折在1周以内愈合的可能性极低,因此尽管试验器械有效,但却因临床试验周期不够,未能观察到有效的终点,从而导致临床试验失败。因此,合理科学的随访时间是临床试验成败的要素之一。

6)盲法　首先,因为医疗器械固有特质,研究者往往不可盲。其次,创新器械和对照产品存在十分明显的区别,以至于受试者和评价者均难以设盲。如创新型康复类、呼吸机类设备,难以对受试者和研究者进行设盲;如创新心血管支架,由于其花纹纹理与对照组不同,难以对评价者设盲。在设盲较为困难,但是仍可行的情况,仍建议进行设盲:譬如对于康复类器械,虽对研究者和受试者均无法设盲,但由于此类设备最终评价往往采用的是评分量表形式进行评价,因此可以采用盲态评价的方式进行设盲,从而减少评价偏倚。

7)治疗操作方式　由于设盲较为困难,如何做到最大限度地减少偏倚是临床试验设计时考虑要点之一。规范治疗操作方式则是一种有效减少偏倚的方法。但是在进行规范治疗方式时,除考虑减少人为偏倚的情况外,还要考虑实际可操作性。严格规范的治疗流程虽可最大程度的减少偏倚,但由于多中心临床试验,不同中心之间存在一定差异,过于严苛的治疗流程会导致方案违背,致使临床试验失败。因此,治疗流程的规范需要根据各中心具体情况进行。如创新康复器械,虽各中心的具体操作流程不同,但总体康复训练项目与训练时间是可控的。因此可通过适当控制总体时间与项目以达到减少偏倚的目的。

（4）为了证明产品研究基本定型，研究数据真实和完整，具有较强的可溯性和重复性，申请人关于产品研究基本定型应该关注以下几点。①产品应经过完整的设计和开发过程。这个过程应包括设计和开发策划、输入、输出、评审、验证、确认、更改的控制。特别应规定产品性能指标可接受标准及确定的依据（包括与已上市产品的性能对比）、制造产品的原材料及性能要求、产品的设计详图及公差要求、主要生产工艺过程及流程图等。②研究数据真实、完整，具有较强的可溯性和重复性。申请人应提交研究的原始数据，包括试验示意图、现场图，研究过程的影响因素和应对方法，研究过程的数据和试验曲线，研究数据处理过程和结果等。③应关注研究数据的准确性。研究数据最好出自有资质的机构或通过 GLP、CNAS 认可的实验室，以保障研究数据真实、完整，具有较强的可溯性和重复性。如果研究数据出自生产企业实验室或其他机构，应注意仪器设备是否已经计量和（或）校准，以及生产企业或其他机构实验室质量管理体系认证的情况。④对于申请创新的产品是否已经进行注册检验、临床试验并未明确限制。理论上，只要产品未最终定型，就仍需要对一些重要的技术安全性问题进行沟通，因此无论是否完成注册检验，还是临床试验已经开展，都可以申请创新。如果是已经受理，进入技术审批阶段，产品的设计和技术已经定型，若产品存在重大技术缺陷和安全技术问题，则极有可能导致整个申请被退审。此外，根据创新医疗器械的审评工作流程与时限以及非创新特批产品的审评流程审批与时限，产品注册受理后再申请创新，并未能明显缩短注册周期。因此对于申请人而言，申请创新特批，应结合自身产品的研制情况，适时申请，宜早不宜晚。

## 第二节 创新医疗器械申报工作

### 一、创新医疗器械申报工作注意事项

1. 创新医疗器械特别审批的申请必须在医疗器械产品注册申报前提交。在申请创新医疗器械申请前，应根据创新医疗器械界定审查的要求准备审查资料。通过申请后，方可进入创新医疗器械产品注册申报申请阶段。

2. 第一类医疗器械不能申请创新医疗器械特别审批。因我国第一类医疗器械实行的是备案制，因此包括进口的第一类医疗器械，都不能进行创新医疗器械特备审批。

3. 创新医疗器械特别审批的申请仅适用于首次注册产品，不适用于延续注册和许可事项变更。包含两种情况：一是首次注册是通过创新医疗器械特别审批获得医疗器械注册的，在获得注册证后，不能在变更或延续注册时申请创新医疗器械特别审批；二是已经获得医疗器械注册证的产品，在上市后申请的发明专利并公开，不能按照创新医疗器械特别审批程序申请医疗器械的许可事项变更或延续注册。

4. 创新医疗器械特别审批不收取申请费用。医疗器械的一般注册申请收费根据医

疗器械类别和地区不同有所区别(见表5-1),创新医疗器械特别审批对此部分费用减免。

**表5-1　医疗器械产品注册费标准**

| 项目分类 | | 境内 | 进口 |
|---|---|---|---|
| 第二类 | 首次注册费 | 由省级价格、财政部门制订 | 21.09 |
| 第三类 | 首次注册费 | 15.36 | 30.88 |

5. 发明专利应公开。如果为申请人自己申请的发明专利,可根据自创新特点,申请创新专利,创新方向可以但不限工艺创新、技术创新、适用范围创新等,创新专利的申报工作见本书第三章内容,在此不做累述,值得注意的是:创新专利的申请周期比较长,甚至长达2年之久,而创新审批的重点在于专利公开,拿到专利的最后结果。因此,在申请创新专利时,当专利通过审查后,可依据《中华人民共和国专利法》第三十四条的规定:国务院专利行政部门收到发明专利申请后,经初步审查认为符合本法要求的,自申请日起满18个月,即行公布。国务院专利行政部门可以根据申请人的请求早日公布其申请。即在初步审查符合专利法要求时,可以主动申请公开,提前进入创新医疗器械界定审查阶段。

如专利为转让或授权的,应注意取得授权,申请人依法通过受让取得在中国发明专利使用权的,除提交专利权人持有的专利授权书、权利要求书、说明书、专利登记簿副本复印件外,还需提供经专利主管部门出具的《专利实施许可合同备案证明》原件。同时,创新医疗器械特别审查申请时间距专利授权公告日不超过5年。

6. 申请人已完成产品的前期研究并具有基本定型产品,研究过程真实和受控,研究数据完整和可溯源。

## 二、国家创新医疗器械申报工作指南

1. 申报法规依据

关于发布创新医疗器械特别审查程序的公告(2018年第83号);总局关于发布创新医疗器械特别审批申报资料编写指南的通告(2016年第166号)

2. 创新医疗器械申请条件

申请人经过其技术创新活动,在中国依法拥有产品核心技术发明专利权,或者依法通过受让取得在中国发明专利权或其使用权;或者核心技术发明专利的申请已由国务院专利行政部门公开。产品主要工作原理(或作用机制)为国内首创,产品性能或者安全性与同类产品比较有根本性改进,技术上处于国际领先水平,并且具有显著的临床应用价值。申请人已完成产品的前期研究并具有基本定型产品,研究过程真实和受控,研究数据完整和可溯源。

3. 申报资料编写

(1)创新医疗器械特别审批申请表:产品名称应符合《医疗器械通用名称命名规则》

等文件相关规定。性能结构及组成、主要工作原理/作用机制、预期用途部分填写的内容应可反映产品特性的全部重要信息，简明扼要，用语规范、专业，不易产生歧义。申请表格式及填写要求见附件1。

(2)申请人企业法人资格证明文件：①境内申请人应当提交：企业营业执照副本复印件和组织机构代码证(如适用)复印件。②境外申请人应当提交：境外申请人注册地所在国家(地区)医疗器械主管部门出具的企业法人资格证明文件。文件需经原出证机关签章或者经当地公证机构公证。

(3)产品知识产权情况及证明文件：①提供产品核心技术知识产权情况说明。如存在多项发明专利，建议以列表方式展示发明专利名称、专利权人、专利状态等信息。②提供相关知识产权情况证明文件。申请人已获取中国发明专利权的，需提供经申请人签章的专利授权证书、权利要求书、说明书复印件和专利主管部门出具的专利登记簿副本；申请人依法通过受让取得在中国发明专利使用权的，除提交专利权人持有的专利授权书、权利要求书、说明书、专利登记簿副本复印件外，还需提供经专利主管部门出具的《专利实施许可合同备案证明》原件。发明专利申请已由国务院专利行政部门公开、未获得授权的，需提供经申请人签章的发明专利已公开证明文件(如发明专利申请公布通知书、发明专利申请公布及进入实质审查阶段通知书、发明专利申请进入实质审查阶段通知书等)复印件和公布版本的权利要求书、说明书复印件。发明专利申请审查过程中，权利要求书和说明书应专利审查部门要求发生修改的，需提交修改文本；专利权人发生变更的，提交专利主管部门出具的证明性文件，如手续合格通知书复印件。

本项资料编写举例如下。

1)产品核心技术知识产权情况说明：×××××有限公司研发的×××××检测试剂盒(×××××测序法)已申请2个国内专利，详细信息如下。

| 序号 | 专利类型 | 申请号/专利号 | 专利名称 | 专利权人 | 专利状态 |
| --- | --- | --- | --- | --- | --- |
| 1 | 发明 | | | | |
| | | | | | |
| | | | | | |

发明专利1＿＿＿＿＿＿＿＿＿＿＿＿

改专利申请已在＿＿＿卷＿＿＿期＿＿＿年＿＿＿月＿＿＿日专利公报上予以公布。本发明公开了一种＿＿＿＿＿＿＿＿＿＿＿＿的方法，该方法包括＿＿＿＿＿＿＿＿＿＿＿＿＿＿＿＿＿＿＿＿＿＿(专利摘要的内容)＿＿＿年＿＿＿月，有限公司委托国家知识产权专利检索咨询中心进行了查新检索，检索结论为：专利要求1-10具备新颖性，符合中华人民共和国专利法第二十二条第二款的规定。

2)相关知识产权情况证明文件：相关知识产权情况证明文件见附件，包括以下几点。

×××

……

3)产品研发过程及结果的综述，综述产品研发的立题依据及已开展的实验室研究、动物实验研究(如有)、临床研究及结果(如有)，提交包括设计输入、设计验证及设计输出在内的产品研发情况综合报告。

4)本项资料编写举例:产品研发过程及结果综述。①立项依据:背景介绍;全球的发病情况;中国的发病情况;临床现状;目前现有的技术;需要解决的关键点。②项目概况:研发过程;项目设计开发策划阶段;必要性分析;可行性分析;技术分析;资源分析;临床可行性;市场可行性。③项目设计开发输入阶段:依据的法律法规和标准;预期用途与技术原理;方法的选择;技术设计;工艺设计;性能要求设计;研发进度安排。④项目设计开发输出阶段:小试阶段;中试阶段;试生产阶段。⑤项目设计开发验证阶段。⑥项目设计开发确认阶段。⑦临床试用。⑧临床试验。⑨结果综述。⑩参考文献

4. 产品技术文件

(1)产品的预期用途:应当明确产品预期提供的治疗、诊断等符合《医疗器械监督管理条例》第七十六条定义的目的,并可描述其适用的医疗阶段(如治疗后的监测、康复等);说明产品是一次性使用还是重复使用;说明预期与其组合使用的器械(如适用);目标患者人群的信息(如成人、儿童或新生儿),患者选择标准的信息,以及使用过程中需要监测的参数、考虑的因素。

(2)产品工作原理/作用机制:详述产品实现其预期用途的工作原理/作用机制,提供相关基础研究资料;明确产品主要技术指标及确定依据,主要原材料、关键元器件的指标要求,主要生产工艺过程及流程图,主要技术指标的检验方法。

本项资料编写举例如下。

1)产品的预期用途

2)产品检验原理

3)主要原材料及其指标要求

4)主要生产工艺过程及流程图

5)产品主要技术指标及确定依据:产品技术要求引用的强制性和推荐性国/行标;产品技术指标确定依据/说明;产品主要技术指标的检验方法。

……

5. 产品创新的证明性文件

(1)信息或者专利检索机构出具的查新报告:应为中国境内信息检索机构出具的科技查新报告或专利检索机构出具的查新报告。报告内容应可证明产品的创新点、创新水平及理由。查新报告的有效期为1年。

(2)国内核心刊物或国外权威刊物公开发表的能够充分说明产品临床应用价值的学术论文、专著及文件综述(如有),可提供本产品的文献资料,亦可提供境外同类产品的文献资料。

(3)国内外已上市同类产品应用情况的分析及对比:第一,提供境内已上市同类产品检索情况说明。一般应包括检索数据库、检索日期、检索关键字及各检索关键字检索到的结果,分析所申请医疗器械与已上市同类产品(如有)在工作原理/作用机制方面的不同之处;第二,提供境外已上市同类产品应用情况的说明。如有,提供支持产品在技术上处于国际领先水平的对比分析资料。

(4)产品的创新内容及在临床应用的显著价值:产品创新性综述,阐述产品的创新内

容,论述通过创新使所申请医疗器械较现有产品或治疗手段在安全、有效、节约等方面发生根本性改进和具有显著临床应用价值。支持产品具备创新性的相关技术资料。本项资料编写如下。

1)产品创新的证明性文件。

①信息或者专利检索机构出具的查新报告(将检索机构出具的查新报告附上)。

②国内核心刊物或国外权威刊物公开发表的能够充分说明产品临床应用价值的学术论文、专著及文件综述(如有)。

经查找国内外核心刊物公开发表的能够充分说明×××××检测

试剂盒(×××××测序法)的临床应用价值的文献,目前已查找到有关于本试剂盒的代表性文献共有__篇,以下是?篇文章的摘要,原文及翻译稿见附件,其中文献××××是×××××有限公司研发团队所著,

发表在医学实验技术领域核心期刊××××上。

文献1:(文献名)

文献摘要

……

(该段重点突出描述申请人参与的文献著作等)文献__文献由×××医院、×××××有限公司等多家单位共同合作完成的一项研究,____年__月__日发表在核心期刊×××××上,报道了一种________方法,能够____________。

2)国内外已上市同类产品应用情况的分析及对比

①境内已上市同类产品的检索情况说明经从国家药品监督管理局官网(数据库名称/网址)数据库,对与本产品预期用途相同的同类产品分别进行检索。查询得到相关产品信息如下。

| 序号 | 产品名称 | 注册证号 | 公司名称 |
|---|---|---|---|
| | | | |
| | | | |

②已上市产品在临床上的应用情况(描述检索的产品在市场上的实际应用情况,如占有市场份额,灵敏度和特异性,优缺点等等。)

3)国内同类产品对比分析 根据以上国内相关______产品的搜索结果,对可应用于__________的产品从适用范围、工作原理、作用机制(根据产品增加相关描述)等方面,与(申请人)自主开发的(产品名称、及创新点的描述)进行对比分析,如表5-2。

**表5-2 申请产品与国内已上市产品的对比分析**

| 对比项目 | 同品种1 | 同品种1 | 申报产品 |
|---|---|---|---|
| 公司名称 | | | |
| 注册证编号 | | | |
| 型号 | | | |
| 原理 | | | |
| …… | | | |

通过上述对本公司的试剂盒和其他公司生产的同类产品的对比可以看出，本公司开发的＿＿产品名称具有(描述自身的优势)＿＿＿＿＿＿。

4)境外已上市同类产品应用情况：①检索结果。②同类产品在国际上的应用情况。③境外同类产品对比分析。④总结(简单总结一下上市产品的应用情况以及申请产品的创新优势)。

5)产品的创新内容及在临床应用的显著价值：①综述。②产品的临床意义(简述申报产品的临床应用意义与价值)。③临床现状(目前常用的治疗/检测/测量/训练方法，各方法的原理/步骤/成本/优缺点是什么。重点突出与申请产品有差异的部分)，可参考如。在临床指南中，建议×××××患者进行××××××治疗/检测/测量/训练。常用的治疗/检测/测量/训练方法有××××法和××××法等。×××××法可(阐述该方法原理/步骤/成本/优缺点等)。××××法(阐述该方法原理/步骤/成本/优缺点等)。④产品的创新内容(分点罗列申请产品的创新点)×××××产品基于×××××平台自主开发的×××××技术(也可能是转让过来的，根据实际情况描述)，对××××××进行治疗/检测/测量/训练。与传统方法及市场上已上市产品相比，本产品有以下创新点：

6)产品临床应用的显著价值：①产品创新内容的临床用用价值(根据创新点，一一解释创新点在临床应用的价值，比如操作上更简便，成本更低，更多的临床意义等。如有国家课题立项资料或者其他获奖的资料可以附上。)②产品的临床试用(本部分要求临床使用单位对申请产品进行试用，并出具临床试用报告，报告因从技术优势评价、安全性和有效性等方面对产品进行评价，该报告最好有临床使用单位的签章。最好有2个以上单位进行试用，每个单位样本例数要适当，分组比例符合实际情况，数据应具有统计学意义)。③结论：综上所述，(产品名称)在技术、安全性、有效性、社会卫生经济学价值上均有显著的优势，在临床应用上具有显著价值。

**6. 产品安全风险管理报告**

(1)基于产品已开展的风险管理过程研究结果。

(2)参照YY/T 0316《医疗器械风险管理对医疗器械的应用》标准相关要求编写。该项资料与一般医疗器械注册相似，不再举例。

**7. 产品说明书(样稿)**

应符合《医疗器械说明书和标签管理规定》(国家食品药品监督管理总局令第6号)中的相关要求。该项资料与一般医疗器械注册相似，不再举例。

**8. 其他证明产品符合《创新医疗器械特别审批程序(试行)》第二条的资料**

如产品或其核心技术曾经获得过国家级、省部级科技奖励，请说明并提交相关证明文件复印件。

**9. 代理人相关资料**

境外申请人应当委托中国境内的企业法人作为代理人或者由其在中国境内的办事机构提出申请，并提交以下文件。

(1)境外申请人委托代理人或者其在中国境内办事机构办理创新医疗器械特别审批申请的委托书。

(2)代理人或者申请人在中国境内办事机构的承诺书。

(3)代理人营业执照或者申请人在中国境内办事机构的机构登记证明。

10. 所提交资料真实性的自我保证声明

境内产品申请由申请人出具,进口产品申请由申请人和代理人分别出具。

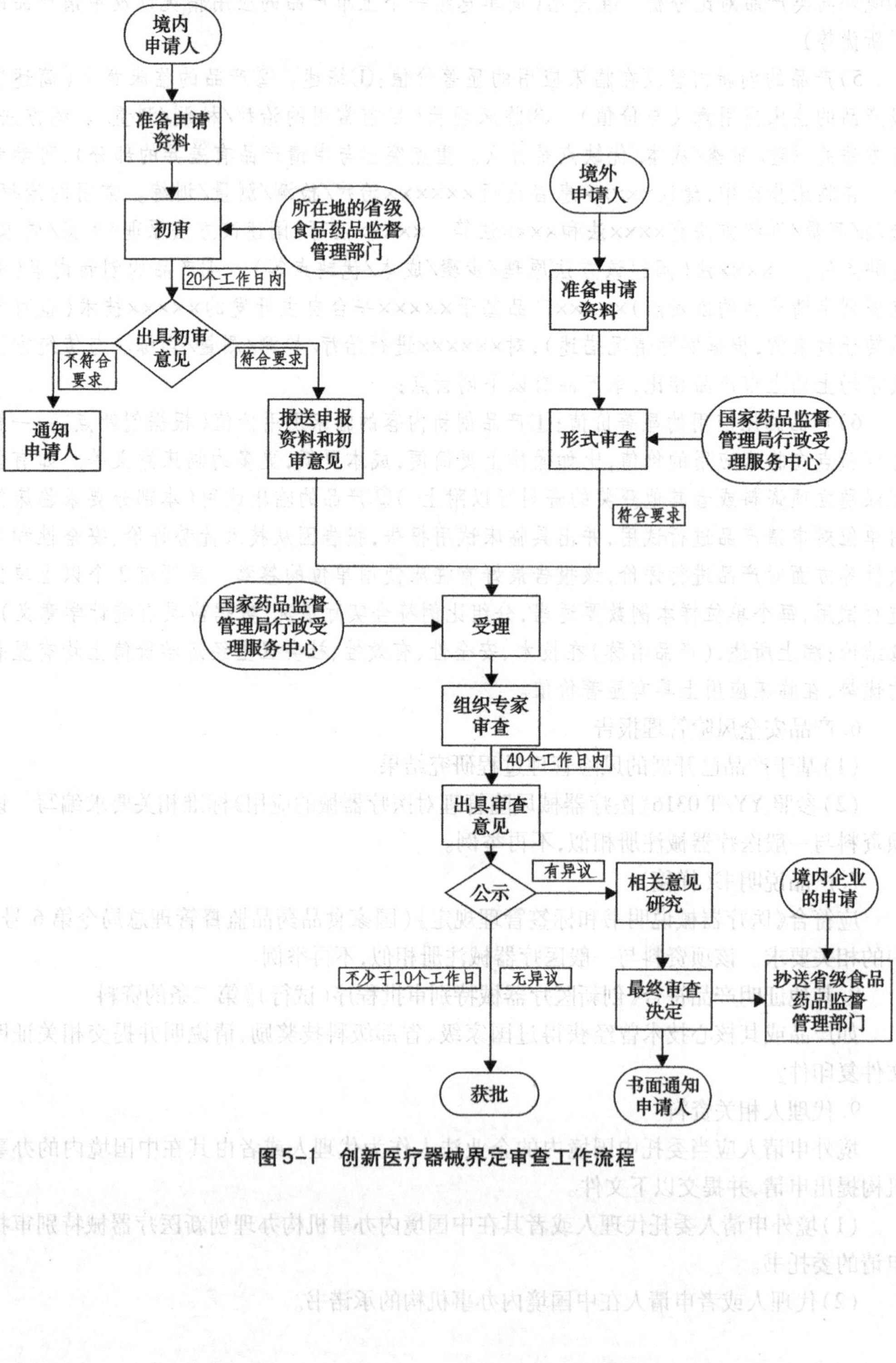


图 5-1 创新医疗器械界定审查工作流程

## 三、河南省创新医疗器械申报工作指南

1. 申报法规依据

河南省第二类创新医疗器械申报资料编写指南(试行)(2020 年第 18 号)。

第二类创新医疗器械审评审批程序(豫药监械注〔2021〕16 号)。

河南省第二类创新医疗器械界定审查工作程序(2021 年第 69 号)。

2. 创新医疗器械申请条件

根据《河南省第二类创新医疗器械界定审查工作程序(2021 年第 69 号)》第二条的规定,申请创新医疗器械界定审查的医疗器械应符合下列条件之一:①获得国家项目支持或我省科技重大专项、重点研发计划的;②仿制国外进口产品,填补国内同类产品空白的;③申报产品为河南省内首创、首仿,并有重大的实质性创新提高的;④具有重大技术创新、产品功能有重大创新提高,或生产工艺有重大改进突破的;⑤持有发明专利首次生产的。

3. 河南省第二类创新医疗器械界定审查工作

(1)界定审查工作职责与分工:①河南省药品监督管理局医疗器械注册管理处负责我省第二类创新医疗器械界定的管理。②省食品药品审评查验中心:设立第二类创新医疗器械审查办公室,负责第二类创新医疗器械界定审查工作。③创新医疗器械审查办公室:对已受理的创新医疗器械界定审查申请项目,组织专家进行审查。

(2)审查时限:共 35 个工作日。①形式审查:5 个工作日;创新审查办公室收到创新医疗器械界定审查申请后,在 5 个工作日内完成对申报资料的形式审查。对符合本程序第四条规定的形式要求的予以受理。对于已受理的创新医疗器械界定审查申请,申请人可以在界定审查决定做出前,自愿申请撤回创新医疗器械界定审查申请及相关资料。②界定审查:30 个工作日;创新审查办公室收到创新医疗器械界定审查申请后,应当于 30 个工作日内给出审查意见。其中,补充资料、异议处理时间不计算在内。

(3)界定审查结果告知书有效期限:5 年。界定审查结果告知后 5 年内,未申报注册的创新医疗器械,不再享受创新医疗器械的有关政策。申请人可按照本程序重新申请创新医疗器械界定审查。

(4)创新医疗器械分类界定资料要求:申请人应当提交第二类创新医疗器械界定审查申请资料,内容应包含但不限于《河南省第二类创新器械申报资料编写指南(试行)》(2020 年第 18 号)“一、申报资料内容”中第(一)项至第(五)项。

1)河南省第二类创新医疗器械申请表(见附件 2)

申请表填写注意以下几点:产品名称应当符合《医疗器械通用名称命名规则》等文件相关规定。性能结构及组成、主要工作原理或者作用机制、预期用途部分填写的内容应当可反映产品特性的全部重要信息,简明扼要,用语规范、专业,不易产生歧义,申请表信息(包括备注)应当完整真实。需要申请专家回避的,应当明确申请回避的专家并详述理由。

2)创新医疗器械产品基本情况表(附件 2):应准确填写产品名称、企业名称、创新理由、结构及组成、适用范围等内容。

3)申请人企业资质证明文件:即企业营业执照复印件。

4)概述:简明扼要阐明产品主要工作原理或者作用机制是否为国内首创或省内首创、产品性能或者安全性的改进情况、核心技术及知识产权情况、产品研发设计情况、显著的临床应用价值等情况。

5)产品知识产权情况及其他创新证明文件。

ⅰ.提供产品核心技术知识产权情况说明,并注明相关发明专利状态(依法拥有、依法通过受让取得、申请公开进入实审)。如存在多项发明专利,可以以列表方式列明发明专利名称、专利权人、专利状态等信息。应避免罗列与申报产品核心技术无关的发明专利。

ⅱ.提供相关知识产权情况证明文件:申请人已获取中国发明专利权的,需提供经申请人签章的专利授权证书、权利要求书、说明书复印件和专利主管部门出具的专利登记簿副本复印件。创新医疗器械申请时间距专利授权公告日不超过5年。

申请人依法通过受让取得在中国发明专利使用权的,除提交专利权人持有的专利授权证书、权利要求书、说明书、专利登记簿副本复印件外,还需提供经专利主管部门出具的《专利实施许可合同备案证明》复印件。创新医疗器械申请时间距专利授权公告日不超过5年。

发明专利申请已由国务院专利行政部门公开、未获得授权的,需提供经申请人签章的发明专利已公开证明文件(如发明专利申请公布通知书、发明专利申请公布及进入实质审查阶段通知书、发明专利申请进入实质审查阶段通知书等)复印件和公布版本的权利要求书、说明书复印件。由国家知识产权局专利检索咨询中心出具检索报告,报告载明产品核心技术方案具备新颖性和创造性。发明专利申请审查过程中,权利要求书和说明书应专利审查部门要求发生修改的,需提交修改文本;专利权人发生变更的,提交专利主管部门出具的证明性文件,如手续合格通知书复印件。

阐述核心技术特点和处于国内的发展水平,并通过文献或产品检索及比对等方式证明该技术国内领先、可填补我省该品种医疗器械空白。

ⅲ.其他创新证明文件:对于获得国家项目支持或我省科技重大专项、重点研发计划支持的、仿制国外进口产品,填补国内同类产品空白的、申报产品为省内首创首仿或具有重大技术创新、产品功能有重大创新提高,或生产工艺有重大改进突破、诊断或者治疗罕见病、疑难病,且具有显著临床应用价值的医疗器械产品。如产品或者其核心技术曾经获得过国家级、省部级科技奖励,请说明并提交相关证明文件复印件。

4.创新医疗器械注册申报工作

(1)职责分工:审评工作,省食品药品审评查验中心指定专人负责第二类创新医疗器械产品的技术审评工作;注册质量体系审核工作,省药品监督管理局医疗器械注册管理处牵头,医疗器械监督管理处及省药品监督管理局相关监管分局配合进行审核。

(2)审评时限:30个工作日+30个工作日,即审评时限为30个工作日,需召开专家审评论证的应召开专家审评会,资料补正及专家审评时限不计入审评时限。省食品药品审评查验中心应当自收到补正资料之日起30个工作日完成技术审评工作。

(3)申报资料编写要求:

1)河南省第二类创新医疗器械申请表(见附件2),要求同创新审查申请表。

2)创新医疗器械产品基本情况表(见附件3),要求同创新审查资料。

3)申请人企业资质证明文件:企业营业执照复印件。

4)概述,要求同创新审查资料。

5)产品知识产权情况及其他创新证明文件,资料要求同创新审查。

6)产品研发过程及结果综述。综述产品研发的立题依据及已开展的实验室研究、动物实验研究(如有)、临床研究及结果(如有),提交包括设计输入、设计验证及设计输出在内的产品研发情况综合报告。

7)产品技术文件,至少应当包括。

ⅰ.产品的适用范围/预期用途:应当明确产品适用范围/预期提供的治疗、诊断等符合《医疗器械监督管理条例》第七十六条定义的目的,并描述其适用的医疗阶段(如治疗后的监测、康复等);说明产品是一次性使用还是重复使用;说明预期与其组合使用的器械(如适用);目标患者人群的信息(如成人、儿童或新生儿),患者选择标准的信息,以及使用过程中需要监测的参数、考虑的因素。

ⅱ.产品工作原理或者作用机制:详述产品实现其适用范围/预期用途的工作原理或者作用机制,提供相关基础研究和能够体现国内首创或省内首创的研究资料。ⅲ.明确产品主要技术指标及确定依据,主要原材料、关键元器件的指标要求,主要生产工艺过程及流程图,主要技术指标的检验方法。

8)产品创新的证明性文件,至少应当包括。

ⅰ.国内核心刊物或国外权威刊物公开发表的能够充分说明产品临床应用价值的学术论文、专著及文件综述(如有)。可提供本产品的文献资料,亦可提供境外同类产品的文献资料。

ⅱ.国内外已上市同类产品应用情况的分析及对比:提供境内已上市同类产品检索情况说明。一般应当包括检索数据库(如国家药监局医疗器械产品数据库等)、检索日期、检索关键字及各检索关键字检索到的结果,分析所申请医疗器械与已上市同类产品(如有)在工作原理或者作用机制方面的不同之处。提供境内外已上市同类产品应用情况的说明。提供支持产品在技术上处于国内或省内领先水平的对比分析资料(如有)。

ⅲ.产品的创新内容及在临床应用的显著价值:产品创新性综述:阐述产品的创新内容,论述通过创新使所申请医疗器械较现有产品或治疗手段在安全、有效、节约等方面发生根本性改进和具有显著临床应用价值。支持产品具备创新性的相关技术资料。

9)产品风险分析资料:基于产品已开展的风险管理过程研究结果;参照 YY/T0316《医疗器械风险管理对医疗器械的应用》标准相关要求编写。

10)产品技术要求:医疗器械产品技术要求应当按照《医疗器械产品技术要求编写指导原则》(国家食品药品监督管理总局通告 2014 年第 9 号)的规定编制。产品技术要求一式两份,并提交两份产品技术要求文本完全一致的声明。

11)产品注册检验报告:提供具有医疗器械检验资质的医疗器械检验机构出具的注册检验报告和预评价意见。

12)产品说明书(样稿):应当符合《医疗器械说明书和标签管理规定》(国家食品药品监督管理总局令第 6 号)的相关要求。体外诊断试剂产品说明书编写应当符合《体外诊断试剂说明书编写指导原则》(国家食品药品监督管理总局通告 2014 第 17 号)的相关要求。

13)符合性声明:申请人声明本产品符合《医疗器械注册管理办法》和相关法规的要求;声明本产品符合《医疗器械分类规则》有关分类的要求;声明本产品符合现行国家标准、行业标准,并提供符合标准的清单。

14)所提交资料真实性的自我保证声明。

## 四、国家医疗器械创新申报工作与河南省创新医疗器械申报的差异

国家药品监督管理局与河南省药品监督管理局创新医疗器械界定与申报工作存在差异。这与地方对创新医疗器械的政策扶持有关(表 5-3)。

表 5-3 创新医疗器械申报工作的差异

| 对比项目 | 国家药品监督管理局 | 河南省药品监督管理局 |
|---|---|---|
| 适用范围 | 国产第三类医疗器械<br>进口第二、三类医疗器械 | 国产第二类医疗器械 |
| 申请流程 | 所在地的省级药品监督管理部门→报送国家药品监督管理局 | 河南省药品监督管理局 |
| 审核时间 | 省局初审:20 个工作日<br>国家局审核:60 个工作日<br>公示时间:10 个工作日 | 审查时限:共 35 个工作日<br>形式审查:5 个工作日<br>界定审查:30 个工作日<br>注册审评:30 个工作日+30 个工作日 |
| 申请条件 | (1)申请人通过其主导的技术创新活动,在中国依法拥有产品核心技术发明专利权,或者依法通过受让取得在中国发明专利权或其使用权,创新医疗器械特别审查申请时间距专利授权公告日不超过 5 年;或者核心技术发明专利的申请已由国务院专利行政部门公开,并由国家知识产权局专利检索咨询中心出具检索报告,报告载明产品核心技术方案具备新颖性和创造性。<br>(2)申请人已完成产品的前期研究并具有基本定型产品,研究过程真实和受控,研究数据完整和可溯源。<br>(3)产品主要工作原理或者作用机制为国内首创,产品性能或者安全性与同类产品比较有根本性改进,技术上处于国际领先水平,且具有显著的临床应用价值。 | (1)获得国家项目支持或我省科技重大专项、重点研发计划的;<br>(2)仿制国外进口产品,填补国内同类产品空白的;<br>(3)申报产品为河南省内首创、首仿,并有重大的实质性创新提高的;<br>(4)具有重大技术创新、产品功能有重大创新提高,或生产工艺有重大改进突破的;<br>(5)持有发明专利首次生产的。 |

续表 5-3

| 对比项目 | 国家药品监督管理局 | 河南省药品监督管理局 |
| --- | --- | --- |
| 审核资料清单 | (1)《创新医疗器械特别审查申请表》并提交支持拟申请产品符合本程序第二条要求的资料。资料应当包括：<br>(2)申请人企业资质证明文件。<br>(3)产品知识产权情况及证明文件。<br>(4)产品研发过程及结果综述。<br>(5)产品技术文件<br>(6)产品创新的证明性文件，<br>(7)产品风险分析资料。<br>(8)产品说明书(样稿)。<br>(9)其他证明产品符合本程序第二条的资料。<br>(10)所提交资料真实性的自我保证声明。 | 界定审查资料项目：<br>(1)河南省第二类创新医疗器械申请表<br>(2)创新医疗器械产品基本情况表<br>(3)申请人企业资质证明文件<br>(4)概述<br>(5)产品知识产权情况及其他创新证明文件<br>注册审评资料项目：<br>(1)河南省第二类创新医疗器械申请表<br>(2)创新医疗器械产品基本情况表<br>(3)申请人企业资质证明文件<br>(4)概述<br>(5)产品知识产权情况及其他创新证明文件<br>(6)产品研发过程及结果综述<br>(7)产品技术文件,至少应当包括：<br>(8)产品创新的证明性文件<br>(9)产品风险分析资料<br>(10)产品技术要求<br>(11)产品注册检验报告<br>(12)产品说明书(样稿)<br>(13)符合性声明<br>(14)所提交资料真实性的自我保证声明。 |

## 五、近年我国创新医疗器械注册审批情况

在“中国制造 2025”“健康中国 2030 战略”等国家战略规划的推动下，中国医疗器械行业继续保持发展态势。据中国医药物资协会统计，我国的医疗器械市场规模从 2001 年的 179 亿元快速增长到 2019 年的 5 800 亿元。2019 年全年中国医疗器械市场销售规模比 2018 年度的 5 250 亿元增长 550 亿元，增长率约为 10.47%。近 10 年年均增长率约为 21.73%。据中国医药工业信息中心统计，2019 年我国医疗器械产业产值增长速度放缓 6.71%，低于 2018 年增长速度，低于医药工业总产值增长速度 7.95%。其中，医疗仪器设备及器械制造产值增长速度仍旧保持两位数 11.56%，卫生材料及医药用品制造增长速度降至 5.29%，由此分析，卫生材料及医药用品制造的增速降低影响了医疗器械产业产值增速。原因可能是连续高增长后基数较大、产业经济形势、相关政策实施等影响。

依据心血管疾病的种类，心血管高端创新医疗器械包括心血管支架、起搏器、封堵器、心电 AI 等。在创新心血管器械领域，如经导管介入心脏瓣膜(TAVR)、生物可吸收冠脉支架系统、植入式左心室辅助系统(人工心脏)等国产企业先于外企获批，国产占据主导，意味着未来中国器械增量市场很可能由国产占据主导。微创介入治疗中，心血管支架、TAVR、内窥镜、球囊导管等器械都属于实施微创介入手术所需的设备，都是国产企业关注的创新方向。

自上海微创医疗和北京乐普医疗先后打破海外技术垄断，上市了具有自主知识产权的心脏冠脉药物洗脱支架(下称:国产支架)产品后，国内企业在上述产品研发领域核心技术不断突破，市场占有率快速提高。目前国产支架市场份额已达到约80%，已基本实现进口替代。国产心脏起搏器目前只有北京乐普医疗、深圳先健科技和创领心律医疗3家有产品获批，市场占有率相对较低。目前国内市场上心脏起搏器主要被外资品牌垄断，NMPA批准的起搏器品牌有美敦力(Medtronic)、圣犹达(St. Jude Medical)、波士顿科学、百多力(Biotronik)、索林集团(Sorin Group)、Vitatron、Livetec Ingenieurbüro等，其中数据显示前3家占据了80%以上的国内市场份额。国产封堵器的企业主要有乐普医疗、先健科技和华医圣杰，市场占有率达99%左右，远超进口厂家，已基本完成进口替代。随着数学、计算科学与信息技术的发展，人工智能算法在现代工业和医学中发挥着越来越大的作用，在医疗器械产品方面的应用不断取得突破，使心电图的自动分析技术得到了大幅提高，目前在心电图诊断分析领域的应用也受到越来越多的关注。2020年，NMPA批准了深圳市凯沃尔电子有限公司的AI-ECG Platform人工智能心电分析软件，是NMPA批准的首个心电AI产品。

总之，相比药品，创新医疗器械则是由国产企业占据主导。2010年，技术含量较高的第三类医疗器械共1 335项获批注册，其中境内1 055项，占79.0%。2014年创新医疗器械特别审查程序开启以来，截至2019年12月31日，进入国内创新医疗器械特别审批程序的产品共计238个，其中心血管相关的产品(影像设备、内窥镜等除外)有78个，AI产品4个。涉及北京市医疗器械创新产品49个，心血管创新产品13个，AI产品1个。全国有73个进入创新程序的产品获得批准注册，其中排名靠前的省、市分别是北京21个、上海15个、广东11个、江苏11个。从批准产品的类型来看，植入类医疗器械33个，诊断类设备14个，体外诊断试剂14个。截至2020年11月底，国家药监局共收到创新医疗器械审批申请1 400余项，280余个产品进入“绿色”通道。截至目前，已批准生物可吸收冠状动脉西罗莫司洗脱支架系统、神经外科手术导航定位系统等100个国内首创、国际领先的创新医疗器械产品上市；44项产品进入优先通道，胸主动脉覆膜支架系统等28个产品获批上市。创新医疗器械审评审批时间较其他第三类产品首次注册的平均时间缩短近3个月，一批创新性强、技术含量高、临床需求迫切的产品得以早日成功上市。国产创新医疗器械持续、快速、健康的发展不仅需要企业不断提高自身的综合能力，同时还需要监管部门不断完善配套体制、机制，切实推进创新体制改革，使更多的国产医疗器械产品逐步替代进口产品，推动国内医疗器械产业的健康发展。为深化供给侧结构性改革和“放管服”的改革要求，国家将加快创新医疗器械、临床急需医疗器械的审批上市，进一步激发医疗器械企业的活力和研发创造力。在创新思维的驱动下，医疗器械行业将迎来新一轮的整合升级，我国自主创新研发的医疗器械将逐步占据市场主导位置。

从国家药品监督管理局医疗器械审评中心2017—2019年发布的《创新医疗器械特别审查申请审查结果公示》来看，国内通过创新医疗器械特别审查数量最多的4个省、市分别为上海、北京、广东、江苏，其中，上海的总数居于首位，北京次之，江苏和广东的总数相同。从产品类型来看，2017—2019年通过审查的国内创新医疗器械主要集中在有源类(有源诊断治疗设备、有源植入器械)、无源植入器械及体外诊断试。

附件 1

## 境内及进口创新医疗器械特别审查申请表

## 创新医疗器械特别审查申请表

## （境内申请人）

受理号：CQTS××××1×××2

| | |
|---|---|
| 产品名称 | （应符合医疗器械命名规则） |
| 申请人名称 | |
| 申请人注册地址 | |
| 生产地址 | |
| 规格型号 | |
| 性能结构及组成 | （填写的内容应可反映产品特性的全部重要信息，简明扼要，用语规范、专业，不易产生歧义） |
| 主要工作原理或者作用机制 | （填写的内容应可反映产品特性的全部重要信息，简明扼要，用语规范、专业，不易产生歧义） |
| 适用范围或者预期用途 | （填写的内容应可反映产品特性的全部重要信息，简明扼要，用语规范、专业，不易产生歧义） |
| 联系人：__________联系电话：__________传真：__________<br>联系地址：____________________<br>e-mail：__________手机：__________ | |
| 申请资料：<br>①《创新医疗器械特别审查申请表》并提交支持拟申请产品符合本程序第二条要求的资料。②申请人企业资质证明文件。③产品知识产权情况及证明文件。④产品研发过程及结果综述。⑤产品技术文件。⑥产品创新的证明性文件。⑦产品风险分析资料。⑧产品说明书（样稿）。⑨其他证明产品符合本程序第二条的资料。⑩所提交资料真实性的自我保证声明）<br>（可附页） | |
| 备注：申请人如实填写利益相关方面的专家/单位信息，包括并不限于理化指标检测、生物性能试验、动物实验、临床试验、合作研究者、知识产权买卖方等，并明确申请回避的专家及理由。 | |
| 申请人（盖章）：__________<br>法定代表人（签字）：__________　　申请日期：__________ | |
| 初审意见：<br>经初审，该申请符合《创新医疗器械特别审查程序》相关要求，同意报国家药品监督管理局进一步审查。<br>××药品监督管理局<br>（盖章）<br>日期： | |

# 创新医疗器械特别审查申请表
## (境外申请人)

受理号:CQTS××××1×××2

| | |
|---|---|
| 产品名称 | (应符合医疗器械命名规则) |
| 申请人名称 | |
| 申请人注册地址 | |
| 生产地址 | |
| 规格型号 | |
| 性能结构及组成 | (填写的内容应可反映产品特性的全部重要信息,简明扼要,用语规范、专业,不易产生歧义) |
| 主要工作原理或者作用机制 | (填写的内容应可反映产品特性的全部重要信息,简明扼要,用语规范、专业,不易产生歧义) |
| 适用范围或者预期用途 | (填写的内容应可反映产品特性的全部重要信息,简明扼要,用语规范、专业,不易产生歧义) |
| 申请人在中国境内的代理人或办事机构名称:____________<br>联系人:________ 联系电话:________ 传真:________<br>联系地址:____________<br>e-mail:____________ 手机:________ | |
| 申请资料:<br>①《创新医疗器械特别审查申请表》并提交支持拟申请产品符合本程序第二条要求的资料。②申请人企业资质证明文件。③产品知识产权情况及证明文件。④产品研发过程及结果综述。⑤产品技术文件。⑥产品创新的证明性文件。⑦产品风险分析资料。⑧产品说明书(样稿)。⑨其他证明产品符合本程序第二条的资料。⑩所提交资料真实性的自我保证声明。<br>(可附页) | |
| 备注:申请人如实填写利益相关方面的专家/单位信息,包括并不限于理化指标检测、生物性能试验、动物实验、临床试验、合作研究者、知识产权买卖方等,并明确申请回避的专家及理由。 | |
| 申请人盖章或签字:<br>申请人在中国境内的代理人或办事机构盖章:<br>申请人在中国境内的代理人或办事机构负责人(签字):____________<br>申请日期:________ | |

附件 2

# 河南省第二类创新医疗器械申请表

<table>
<tr><td>产品名称</td><td>（应符合医疗器械命名规则）</td></tr>
<tr><td>申请人名称</td><td></td></tr>
<tr><td>申请人注册地址</td><td></td></tr>
<tr><td>生产地址</td><td></td></tr>
<tr><td>规格型号</td><td></td></tr>
<tr><td>性能结构及组成</td><td>（填写的内容应可反映产品特性的全部重要信息，简明扼要，用语规范、专业，不易产生歧义）</td></tr>
<tr><td>主要工作原理或者作用机制</td><td>（填写的内容应可反映产品特性的全部重要信息，简明扼要，用语规范、专业，不易产生歧义）</td></tr>
<tr><td>适用范围或者预期用途</td><td>（填写的内容应可反映产品特性的全部重要信息，简明扼要，用语规范、专业，不易产生歧义）</td></tr>
<tr><td colspan="2">联系人：　　　　联系电话：　　　　传真：<br>联系地址：<br>e-mail：　　　　　　　　　　手机：</td></tr>
<tr><td colspan="2">申请资料：<br>①河南省第二类创新医疗器械申请表。②创新医疗器械产品基本情况表。③申请人企业资质证明文件。④概述。⑤产品知识产权情况及其他创新证明文件）。<br>（可附页）</td></tr>
<tr><td colspan="2">备注：申请人如实填写利益相关方面的专家/单位信息，包括并不限于理化指标检测、生物性能试验、动物实验、临床试验、合作研究者、知识产权买卖方等，并明确申请回避的专家及理由。</td></tr>
<tr><td colspan="2">申请人（盖章）：<br>法定代表人（签字）：　　　　申请日期：</td></tr>
</table>

附件 3

## 创新医疗器械产品基本情况表

| | |
|---|---|
| 产品名称 | （应符合医疗器械命名规则） |
| 企业名称 | |
| 创新理由 | □填补国内空白　　□填补省内空白 |
| 结构及组成 | （填写的内容应可反映产品特性的全部重要信息，简明扼要，用语规范、专业，不易产生歧义） |
| 适用范围 | （填写的内容应可反映产品特性的全部重要信息，简明扼要，用语规范、专业，不易产生歧义） |
| 申报单位法定代表人（签字）：<br><br>年　月　日 | 申报单位（签章）<br><br>年　月　日 |

# 第六章　国外创新医疗器械注册与管理经验对我国的启示

随着全球经济的快速发展和医疗健康水平的提高,人口总量的不断增长以及社会老龄化的问题,许多国家慢性疾病人数开始迅速增长。人们对健康的重视日益增加,对医疗器械的需求也越来越多,促使医疗器械相关科学技术迅速发展,医疗健康体系面临巨大挑战,对医疗科技的创新提出了更高要求,全球医疗科技创新呈现明显上升的趋势,发达国家纷纷把医疗科技创新及其产业化提升作为国家战略,加速抢占医疗科技创新的制高点。科技创新是国家和社会发展的最根本动力,医疗科技创新更是与国计民生紧密相关的国家战略。医疗器械产业是我国的战略性新兴产业,医疗器械涉及医学、免疫学、组织工程、生物医学工程、材料学、电子信息等诸多学科,前沿科学技术的转化和创新医疗器械产品的涌现使得医疗器械监管部门面临巨大挑战。其中一个大的挑战就是,医疗器械行业的发展速度远远超过监管资源的增长速度。我国医疗器械市场已经逼近发达国家医疗器械市场规模。一直以来,在医疗器械审评审批中,解决产品安全性和有效性的技术审评问题是监管部门的工作重点。审评审批部门需要不断学习产品相关的基础科学,及时关注和掌握创新医疗器械的前沿技术。但仍然有不少声音认为监管部门的认识落后于行业。由于工作性质和领域的差异,监管部门和研发生产企业的工作重点天然不同,实际上并不具备可比性。对于监管部门来说,需要掌握科学技术的同时,及时研究创新检测方法、评价方式、审评路径来面对不断发展的创新产品。同时,在符合科学理论、卫生经济学的基础上,及时调整和修订审评审批要求,进一步促进新的技术的推广应用。美国 FDA 器械和辐射健康中心(CDRH)器械审评员数量为 867 人,日本药品医疗器械综合机构(PMDA)为 500 人,我国国家药品监督管理局医疗器械技术审评中心为 126 人,而我国医疗器械年均注册数量大约是美国的 3 倍、日本的 8 倍。如何在保证申请注册的医疗器械产品安全、有效的前提下提高注册工作效率,是各国监管机构迫切需要解决的问题。因此借鉴国际经验,探索我国医疗器械科技创新和创新医疗器械监管模式问题是新时代的一项重要课题。目前,全球医疗器械产业主要集中分布在美国、欧洲、日本等发达国家和地区,其中美国的医疗器械产业在全球市场占有主导地位。

## 第一节 美国医疗器械科技创新策略

1. 改善外部环境以利于医疗器械创新

在过去几十年,美国能成为医疗器械创新的领军者,主要有如下理由:强大的经济动力和市场需求,如新技术应用的补偿;医学研究上的领先及在医学领域的领导地位刺激了先进医疗设备的问世及应用;美国的医疗系统以尽快采用新的技术作为医疗工作准则,并将此作为对医疗器械创新公司及发明人的一种激励和回报,因此市场对医疗器械创新产品的接受程度较高,并且医院和研究人员享有设备采购自主权;生产要素及关联产业的辅助配合提供了在医疗器械创新和保持上的优势;由风险投资者和其他投资者构成的辅助的投资团体等,这些优势因素是推动产学研医合作创新的重要力量。

2. 政府资助临床研究推动医疗器械创新

美国政府是支持医疗器械临床研究的重要力量,临床研究及其他类型的以医院为基础的研究占到了美国医疗器械领域公共投入资金的很大一部分,临床研究在 NIH 资助的大学研究费用中约占 13%。

3. 临床人员广泛参与医疗器械创新

临床医师及临床工程师等临床人员是获取医疗器械使用信息及改进意见的直接用户,其需求知识和参与程度对医疗器械创新活动具有重要作用,可以提高产品质量及安全性、降低产品的差错率。因此美国产业界的普遍做法是根据用户的实际工作环境以及其对相关专业知识和技能的掌握程度来鼓励他们参与设计、测试和试验、开发等相应的环节,以保证产品的成功问世。

4. 大学强大的科研力量为合作创新提供基础

作为美国从事科学研究的主要基地及科技创新的源头,高等院校(特别是研究型大学)及每年产生的数以千计的专利为医疗器械产业创造了大量的产品创新及产业化机会。如美敦力、强生、波士顿等企业每年都会投入大量的资金用购买专利以推动新产品的研发,而且还会与华盛顿大学、佐治亚技术学院等高校在技术转移方面签订诸多协议,以缩短创新进程,加速成果转化。美国明尼苏达大学作为典型的州立大学,通过技术商业化办公室将大学里的科技创新成果不断向商业化转移,为所在州带来了巨大的经济效益。斯坦福大学的高科技研发区是美国西海岸创新产业集中地。以斯坦福大学为研发中心的 80 km 半径内,大约有 200 家医疗器械公司,医疗行业从业者数量庞大,年营业额高达 150 亿美元。美国作为最大的医疗器械消费市场,医疗器械生产企业近 8 000 家,加利福尼亚州(美西)、明尼苏达州(美中)和马萨诸塞州(美东)均以医疗器械著称。明尼苏达州拥有数以千计的医疗器械企业,是当地的支柱产业,拥有众多国际医疗器械公司巨头的总部,同时明尼苏达也拥有世界上最好的医疗中心,被誉为“医疗器械的硅谷”,当地的医疗器械企业规模悬殊,绝大部分是中小型企业,80% 以上的公司员工人数低于 50

人。这些中小型企业多半都是以医疗器械的研发创新为支撑点,待到产品雏形之际,便寻求与大型企业的合作,为产品赢得上市销售的机会。

5. 成立技术转移办公室保障产学研合作顺利进行

美国从1980年的《技术创新法》开始正式鼓励研究机构向产业开放、制订产学研之间的人员交流计划,促进技术转移和转化。《技术创新法》中规定联邦实验室必须设立专门的技术研究和应用办公室开始,就奠定了公共研究机构及大学技术转移的基础,几乎所有大学及联邦实验室都设立了技术转移类机构,负责技术推广应用、产学研合作联系、知识产权管理与技术转让等合作业务性工作。

## 第二节 美国医疗创新监管情况

1. 美国医疗器械创新监管情况

美国的医疗器械产业在全球市场占有主导地位。作为医疗器械的主要市场和制造国,美国占据全球医疗器械市场约40%的市场份额,早在20世纪90年代初期,美国的科技创新对经济增长的贡献率就高达90%。美国对于医疗器械的监管由美国食品药品监督管理局(Food and Drug Administration,FDA)下属的医疗器械与放射健康中心(center for device and radiological health,CDRH)负责。FDA于2004年3月首次提出关键通道计划(critical path initiative),鼓励在医疗器械研发、评价和生产过程中的科学创新。2006年,FDA在此基础上发布了关键通道机会列表,列出了76个具体的科学机会,面向全社会,共同解决药品、医疗器械等医疗产品监管中面临的科学问题。其中,可以归纳为6个方面:①更好的产品评价工具;②提高临床试验效率;③生物信息学的利用;④21世纪的生产方式;⑤研发解决公共健康亟须问题的产品;⑥针对特殊风险群体。FDA于2011年2月首次提出了医疗器械创新计划(innovation initiative),以提升FDA的监管能力,包括采用多种媒介和工具加深对产品或技术的理解,制订应用指导原则建立风险-收益框架,增加审批决定的公开透明等。并且FDA从两个方面支持和引导医疗器械创新。一是优化并建立新的医疗器械审评审批途径,加快创新型医疗器械进入市场。2013年5月17日,FDA发布了医疗器械优先审评(Priority Review)途径,适用于治疗或诊断危及生命、不可逆衰竭性疾病或状况的医疗器械。除此之外,该类产品还应满足至少一个条件:①器械具有优于现有技术的突破性技术,且临床优势明显;②尚无批准的可替代治疗或诊断手段;③器械有突出的、优于现有已批准的产品的临床优势;④器械的利用度最符合患者的利益。授予优先审评的申报产品将会排在审查申请队列的最前列。同时,申报产品还可能获得额外的审评资源,如小组审评、专家会审评等。二是适时制订并发布有助于审评决策的创新工具和战略计划,合理分配监管部门内外资源,推进创新监管科学发展来促进行业创新。自2010年起,FDA每年都会发布监管科学优先事项等监管科学发展计划。一方面,针对FDA审评员面临的器械监管问题制订1~2年计划,优化FDA资源配置集中解决问题，体现出FDA积极应对创新医疗器械的各项挑战。另一方面，监管机构提供行业一个信号，动员机构外部所有力量，研究更好的评价方法以获得医疗器械大数据，最终推动创新产品的面世。

(1)美国医疗器械监管机构重组：2018年6月以来，器械和放射保护健康中心(Center for Devices and Radiological Health，CDRH)基于医疗器械产品全生命周期的监管模式开始尝试运行，以期新的组织架构全面实施后，能促进整个CDRH的信息共享，加强集体决策，充分发挥员工的专业能力。机构重组并不改变其职能，意在依据产品线整合CDRH上市前和上市后的监管资源，利用专业人员的知识优化决策，对医疗器械实现全生命周期(total product lifecycle，TPL)的监管。重组新机构采取分阶段实施的方法，从2019年3月18日开始运行部分部门，期望在2019年9月底全运行。下面从CDRH机构的建立、机构重组的目的和现状，探析对我国医疗器械科学监管的一些启示。

(2)美国CDRH机构的建立及重组：1906年，当时美国总统Theodore Roosevelt签署"Pure Food and Drugs Act"，后成立了美国食品和药品管理局(FDA的前身)，国会上明确了FDA在保护和促进人用药、兽药、生物制品、医疗器械和辐射产品以及化妆品的发展方面的职责。由于当时对医疗器械的监管重视程度不够，在1938年、1944年、1968年、1970年、1976年法案多次修订中并未提及。直至1982年，FDA将医疗器械和辐射产品的管理单位合并为CDRH，自此美国越来越重视对医疗器械的监管。现今，美国食品药品管理局(FDA)是美国政府在健康与人类服务部(DHHS)和公共卫生部(PHS)中设立的执行机构之一，其主要职责是促进和保护公众卫生健康。FDA由食品安全和营养应用中心(CFSAN)、药品评估和研究中心(CDER)、器械和放射保护健康中心(CDRH)、生物制品评估和研究中心(CBER)、兽用药品中心(CVM)、烟草制品中心(CTB)、卓越肿瘤中心(OCE)和日常事务办公室(ORA)8个部门组成。其中CDRH需确保患者和医疗人员及时且持续获得安全有效和高质量的医疗器械和放射性产品，同时为消费者、患者及医疗人员提供所监管产品的信息，因而该中心是FDA在医疗器械领域的主要监管机构。医疗器械监管职责包括产品的全生命周期，从医疗器械产品的早期研发、生产、销售直至售后。产品生命周期的各阶段，均需相关部门制订适宜的监管措施，收集有价值的产品信息用于助力产品上市前监管的决策。2013年9月，FDA内部形成了项目联合小组(program alignment group，PAG)，PAG计划的制订旨在解决和应对创新、全球化、受监管产品日益复杂、"新法规"相关的挑战，这些变化给FDA带来很大的压力和改革需求。因此，FDA希望通过PAG计划制订出可能的最佳计划，在不增加制造商和研究者额外负担的原则下解决这个行业监管范围内的问题。该举措为后期推进CDRH机构重组打下了坚实基础。目前由FDA网站信息可知，此次CDRH机构重组将原来的10个办公室改为7个，现CDRH包括中心主任办公室、沟通和教育办公室(OCE)、管理办公室(OM)、产品评价和质量办公室(OPEQ)、科学和工程实验室办公室(OSEL)、政策办公室(OP)、战略合作和技术创新办公室(OSPT)。重组过程中将原合规办公室(OC)、器械评价办公室(ODE)、体外诊断和放射卫生办公室(OIR)以及监测与生物统计办公室(OSB)合并为现在的超级办公室(super office)——产品评价和质量办公室。CDRH机构重组重点变化主要体现在以下几点。第一，组建产品评估和质量办公室(OPEQ)，OPEQ已于2019年5月

1日正式运行。该超级办公室将专注于医疗器械产品全生命周期监管，以确保患者能够获得全生命周期保持高质量、安全和有效的医疗器械。CDRH依据产品类型和技术将产品审评、质量、监管等相关专家整合到特定团队，重组后的机构将开始一种新的业务方式，使得监管人员能够更好地关注器械、制造商和医疗器械行业。OPEQ下设各部门将集合特定技术团队的评估、合规、监督和放射卫生办公室的综合专业人员，以简化监管审查的绩效并改善沟通。第二，细化OPEQ下设部门：OPEQ下设直属办公室、法规项目办公室（office of regulatory programs）、临床证据和分析办公室（office of clinical evidence and analysis）以及7个卫生技术办公室（OHT）。OHT与之前ODE中组织上市前部门一致，每个办公室将负责某类特定器械产品线全生命周期监管。如OHT2心血管器械办公室，将心血管器械相关的上市前评估、合规和执行、监管人员合并到OHT中，依据心血管产品线形成多个小组，但整个团队会定期分享他们在上市前监管、召回或检查报告审查、不良事件报告等信息并互相交流，更好地了解技术或产品制造过程中的信息。第三，CDRH在机构重组过程中也合并了部分办公室。一是政策办公室（OP），该办公室包含两个新成立小组——指南、立法和特别项目小组，以及监管文件和特别项目小组。二是合并科学与战略伙伴关系部门、数字健康、健康信息和创新团队，组建战略合作伙伴关系和技术创新办公室（OSPT），各团队继续履行其原有职能。CDRH通过重新调整管理服务架构，使整个医疗器械监管体系能够通过最优化的机构设置、最佳的协调机制提供卓越的服务。第三是将内部和外部沟通交流职能合并入沟通和教育办公室（OCE）下设的交流部门，达到简化CDRH中心的沟通交流职能的目的。

CDRH此次机构重组是根据医疗器械产品线整合CDRH上市前审批和上市后监管职能，以期相关专家能够更好地利用现有技术知识优化基于产品线的决策，通过重组创建一个更加高效、完善的组织架构，畅通内部信息共享渠道，从而更好地专注医疗器械全生命周期监管。众所周知，医疗器械涉及多学科，机制差别巨大，其复杂性是确保患者获得安全或创新产品的障碍，而如何科学地简化评估和监督过程值得相关监管部门探究。

2.美国人工智能医疗器械监管与应用分析

不同于传统医疗器械，人工智能医疗器械具有迭代速度快、算法可释性差、对诊疗影响较大等特点，产品审批涉及产品划分、算法评估、临床评价、数据处理等多方面内容，难度较大，对管理机构和人员在审批途径、方法、指标等方面的选择提出挑战。2017年8月，美国出台《数字健康创新行动计划》（digital health innovation action plan），提出要鼓励创新，提高管理效率，实现监管现代化。作为医疗器械的监管机构，美国食品药品监督管理局认为传统审批程序不能很好适用于人工智能医疗器械产品，计划通过开展软件预认证试点项目等改革探索，创新审批模式，提高对产品上市后真实世界数据的利用效率，为上市前审批创造较为宽松的空间，并在上市后持续保障产品的安全、有效。FDA针对人工智能医疗器械传统途径审批也已展开，多种用途产品陆续上市，已积累一定审批经验。本研究旨在通过对FDA人工智能医疗器械准入制度的改革创新和已上市产品审批与应用的分析，总结前沿监管思路与方法，以期为我国行政管理部门和制造商对人工智能医疗器械产品的监督与管理提供参考。

FDA将数字医疗器械软件主要分为4类，即医疗器械独立软件、移动医疗应用程序、临床决策支持软件和医疗器械数据系统。前3种软件涉及疾病检测、监测、诊断、治疗等功能，是目前运用人工智能技术的主要软件类型。FDA参考国际医疗器械监管机构论坛标准，根据软件所申明的用途和所针对疾病的严重性对其进行风险分类。而最后一类软件功能以医疗数据的储存、传输和管理为主，通常作为低风险软件管理，不作为人工智能软件监管的重点。以独立软件为代表的人工智能医疗器械在使用过程中会根据真实世界数据和反馈不断自我学习与进化，FDA希望能根据软件特性制订新的管理框架和监管范式，在不影响产品上市后安全性和有效性的基础上，允许其在一定程度内学习和进化以提高软件性能，且不需要重新审批。2019年2月，FDA发布了《人工智能医疗器械独立软件修正监管框架(讨论稿)》提出对人工智能独立软件进行全生命周期监管的思路与方法。FDA认为人工智能软件持续的改进和迭代可以遵循以下原则：①制造商需要建立质量标准监管系统，以及包括数据管理、特征抽取、训练和评价在内的机器学习质量管理规范；②制造商可以在提交上市申请时同时提交产品在使用时发生“学习”后，性能等方面预期发生的变化，并提供产品发生预期变化后仍保持安全性和有效性的方法；③当产品发生预期变化后收集资料做好记录，如产品发生预期外变化则需与FDA沟通，将变化控制在预期之内或提交新的预期变化申请；④加强管理透明度和产品真实世界性能监测，并提交周期性报告。

无论从分类编号还是参与评审的专家组来看，美国人工智能医疗器械的审批与其他医疗器械一样，根据产品的功能与用途进行分类。一些影像辅助诊断产品在功能未发生改变的情况下，虽引入了人工智能算法，但仍能被视为与十余年前上市的参照器械等同，通过510(k)途径获准上市，不需要开展大规模临床实验。具有新的功能和用途的中等风险人工智能医疗器械通过De Novo途径上市后，也将为其后续具有相似功能的产品建立新的分类，并将成为后续产品的实质性等同的参照器械，从而加快产品的上市速度。虽然FDA对Ⅱ类特殊控制的人工智能器械提出了算法说明要求，但从目前获准上市器械的概要文件中可以发现，产品对于算法部分的描述较为简单且没有统一标准。部分产品明确提出运用了人工智能技术或机器学习、深度学习、卷积神经网络等算法、模型，而部分产品仅提到算法，甚至少量产品未对算法进行描述，这个现象在影像辅助诊断以外的产品中尤为明显。制造商大多通过短期、小规模临床实验从产品的灵敏度、特异性等角度证明产品性能优于已上市参照器械，且在用途上未引入其他风险，即可获得实质等同的判定。近年来，美国人工智能医疗器械上市产品数量快速增长，除本土产品外，以色列、意大利、中国等多个国家都已有产品在美国上市，这一方面说明美国市场的巨大吸引力，另一方面也肯定了美国注册准入制度的效率。从已上市产品来看，人工智能软件的分类代码不断增加，既有通过De Novo审批途径后新设立的，也有既有类型产品在技术改进后引入人工智能技术的，已实现了多种疾病的监测、诊断和检测。

从监管制度建设与产品上市进展来看，美国人工智能医疗器械的发展仍处于起步阶段，器械上市审批仍沿用传统审批程序，已上市的数十种产品应用范围仅包括癌症、心脑血管、眼科和骨科等领域小部分疾病的辅助诊断、检测和监测。但同时，该领域发展受到联邦政府的高度重视，上市产品数量与用途迅速增长，注册审批经验不断积累，多个针对人工智能特点制订的审批模式正在探索、试点阶段，管理当局希望能通过对制度的创新和对上市后真实世界数据的有效利用，继续加快产品上市速度，保障产品使用安全，并顺应产品特点，允许其在上市后继续"进化"。

3. 美国启动突破性医疗器械项目监管

如前所述，为鼓励医疗器械创新，满足危及生命的疾病的医疗需求并加速患者使用新器械，FDA 从两个方面支持和引导医疗器械创新。一是优化并建立新的医疗器械审评审批途径，加快创新医疗器械进入市场；二是适时制订并发布有助于审评决策的应用工具和战略计划，合理分配监管部门内外资源，推进创新监管科学发展来促进行业创新。2013 年 5 月 17 日，FDA 发布了针对临床急需和创新医疗器械的优先审批途经，该途经可用于 PMA、510(k)或 De Novo 申请，获批的产品可进入优先审批队列，并获得小组审评、专家会审评等更多的审评资源。获得优先审批的医疗器械必须是用于治疗或诊断危及生命、不可逆衰竭性疾病或状况，或满足下述任一一个条件：①产品运用的突破性技术可为现有临床治疗带来重要意义。②现有市场无可替代的治疗或诊断手段。③产品有突出的、优于现有已批准产品的临床优势。临床优势指能够更早期或更准确进行诊断，或者与现有治疗方法相比较其有效性和安全性大幅提升，比如对无法耐受现有治疗手段的患者提供有效治疗，相同疗效下大幅降低治疗的毒副作用，或者诊断子痫前期的体外诊断试剂等。④产品的使用符合患者利益。

FDA 于 1990 年《医疗器械安全法案》中提出人道主义用器械（humanitarian use device）的认定条件和豁免审批途径，鼓励企业研发用于治疗或诊断罕见病的人道主义用器械。具体来说，申请人应至少向 FDA 充分证明使用该器械不会对患者构成重大的不合理风险，同时使用它可能给患者健康带来的益处大于风险，以保护患者。该类医疗器械应同时满足以下条件：①用于治疗或诊断患病率极低的疾病，该疾病每年在美国的影响人数少于 4 000 人；②尚无其他已上市器械能够治疗该疾病；③使用该器械不会给患者带来严重的、不合理的风险；④可能给患者带来的益处超过疾病或损伤的风险。当医疗器械被认定人道主义用器械后，可申请人道主义用器械豁免（humanitarian device exemption）途径。起初，FDA 对于人道主义用器械使用中罕见病的界定、企业盈利都有严苛的限定，造成企业研发成本升高，研发热情降低。2007 年 FDA 颁布的《儿科医疗器械安全改进法案》（Pediatric Medical Device Safety and Improvement Act）解除了应用于儿科（22 岁以下）的人道主义用器械盈利的限制。2016 年 12 月，美国议会通过《21 世纪治愈法案》（21st Century Cures Act），修订了人道主义用器械的定义，将原有罕见病人数限制从"少于 4 000 人"改为"不多于 8 000 人"。同时，根据修订后的罕见病影响人数，进一步放宽了人道主义用器械的年度销售数量，即销售量在"人均年使用量×8 000"范围内的部分允许获利。超过部分可以继续销售，但是本年度内剩余时间内不能获取利润。

2012 年发布的《食品和药品监管安全和创新法案》（*Food and Drug Administration Safety and Innovation Act*）中补充增加了对于定制器械临床使用和上市后管理的限定，完善了监管要求，包括①仅用于治疗非常罕见的疾病情况，例如预期使用人数少，不足以开展临床试验的情形；②年生产数量不得超过 5 件；③生产企业应按规定进行生产，并每年向 FDA 提交上一年度报告。

2014 年 9 月，FDA 正式发布《定制器械豁免》（*Custom Device Exemption*）指南文件，详

细解读了定制器械的法规条款和相关要求。定制器械可以豁免医疗器械上市前许可和上市前批准时的具体要求，这是由其设计生产和临床应用特点决定的。但作为医疗器械产品，定制器械仍要满足质量管理体系基本要求。

2015 年 4 月 13 日，FDA 启动医疗器械快速通道途径（expedited access pathway），旨在加快治疗或诊断危害生命或不可逆衰老疾病（如慢性或阳性肝炎、心肌梗死、癌症、中风等）的上市速度。进入快速通道的产品享有前文中“优先审评途径”的优惠政策，同时，申请人可与 FDA 下设医疗器械和辐射安全审评中心（center for devices and radiological health，以下简称“CDRH”）工作人员讨论制订一份数据开发计划，确定申请人需要收集的临床和非临床数据，以及器械研发和上市的时间表，在研发阶段对申请人进行指导。同时，为了加快器械的上市，FDA 会平衡上市前和上市后所需要的数据信息，包括使用临床中期点或替代终点，将部分上市前生产核查改为上市后检查，以及将部分上市后要求作为条件性批准的一部分。

CDRH 于 2018 年 12 月 18 日正式发布《突破性器械项目指南》（*Breakthrough Devices Program*，BDP），是在推出突破性药物认定（Breakthrough Therapy Designation，BTD）后正式启动突破性医疗器械监管项目。《突破性器械项目指南》作为美国鼓励临床急需医疗器械的指导原则，确定了突破性医疗器械的监管原则、认定标准以及注册审评的前期指导。此指导原则吸收了 CDRH 之前发布的《治疗或诊断危害生命或不可逆衰老疾病的医疗急需的器械上市前批准和分类的快速通道指南》、《医疗器械上市前申请的优先审评指南》和 2011 年实施的创新通道等一系列相关政策的经验，在制度设计层面进行综合，避免不同快速通道造成的审评资源重复配置。突破性器械项目的实施让患有危及生命和不可逆衰老疾病的患者有更多的机会进行治疗，能够促进患者获得创新的、更安全的新疗法和诊断方法。同时此项目进一步缩短了医疗器械生产企业研发、上市的时间，节约了医疗器械生产企业的前期投入。FDA 为器械制造商提供了与审评专家进行注册前互动的机会，更及时、更有效地解决在上市前设计开发阶段出现的问题。通过突破性器械审查的产品可以进行优先审评，获得 BDP 认定的产品生产企业可以通过冲刺会议与审评团队可以在规定的时间内就特定的议题（如动物试验设计方案、临床试验设计方案）形成时间表并最终达成一致意见。通过数据研发计划（data development plan，DDP），制造商与审评团队对上市前后收据的临床使用数据进行分配，进而加强此类医疗器械的全生命周期监管。同时，对于用于治疗不太严重疾病但在安全方面进行创新的器械，CDRH 于 2019 年 9 月发布《医疗器械更安全技术项目草案》（safer technologies program，STeP），鼓励合理预期可显著提高现有治疗方法或诊断方法安全性的医疗器械上市。此类器械针对的是与疾病和病死率相关的潜在疾病或状况，其严重程度低于符合 BDP 条件的患者即治疗或诊断非危及生命或合理可逆条件的疾病。作为 BDP 的补充途径，FDA 认为此类医疗器械在提高安全性方面发挥同样的作用，促进患者更及时地获得安全性更高的医疗器械，因此在资源许可的情况下，FDA 打算逐步为 STeP 项目提供类似于 BDP 鼓励政策，包括及时的沟通交流、DDP 的早期介入、优先审查和高级审评团队。

4. FDA 实施最小负担医疗器械监管科学

FDA 的审评结论是基于申请人提交的申报资料和同类产品上市后的种种表现。但面对全新的医疗器械时,无同类产品上市后表现供参考,因此,出于对患者负责的态度,技术审评人员希望申请人尽可能多地提供临床试验数据,可这一过程无疑将大大延缓新产品上市。

通过不断地探索,FDA 意识到对于临床急需的新产品或新技术而言,通过衡量产品携不确定性上市后的风险和患者获益两个因素,更能够做出利于患者获益的决定,而且大大减轻申请人负担,鼓励研发。基于此种考虑,FDA 在 2012 年 3 月发布了在上市申报资料的审核中考虑风险-获益因素的指导原则,接着 2017 年 12 月发布了申请人最小负担原则的指导原则草案,风险-获益原则和最小负担原则作为 FDA 监管科学的核心要义,在创新或临床急需医疗器械的审评制度中均有体现,如在对创新医疗器械的技术审评过程中,减少上市前数据提交要求而提高对上市后数据的收集和监控要求等。

美国 FDA 致力于通过加快开发、评估、审查和监督过程,帮助患者更及时地获得新的医疗器械并能够持续使用高质量、安全和有效的现有医疗器械,以符合其保护和促进公众健康的法定使命。通过简化监管流程,消除或减少与 FDA 监管活动相关的不必要负担,患者可以更早且持续获得有益的产品。为此,FDA 提出并持续推动最小负担原则,至今已经 20 多年,经历了从提出目标、落实推进到不断完善的历程。最小负担原则适用于所有医疗器械以及与任何医疗器械监管相关的所有活动,包括:①PMA、510(k)、重新分类申请、人道主义器械豁免(HDE)申请和试验用器械豁免(IDE)申请;②《临床实验室改进修正案》(CLIA)豁免申请;③索取信息通知书或重大补正通知书;④问题递交,包括预提交申请;⑤关于医疗器械开发的非正式或互动咨询;⑥专家审评和建议;⑦上市后监测,包括医疗器械报告(MDR)和上市后研究;⑧重新分类和 510(k)豁免;⑨指导原则文件及其应用;⑩合规相关的沟通;⑪法规编纂。

1997 年美国国会首次将最小负担条款加入联邦法案[*Food and Drug Modernization Act*(FDAMA) of 1997],指示 FDA 在医疗器械上市前审批中采取最小负担方法,以消除可能延迟有益新产品上市的不必要负担,但同时保持有关器械许可和批准的法定要求;2000 年 11 月 2 日 FDA 发布了《根据 FDAMA 最小负担原则编写和回应补正通知书的格式建议》(*Suggested Format for Developing and Responding to Deficiencies in According with the Least Burdensome Provisions of FDAMA*)。补正通知书是 FDA 在审评过程中发给企业,要求其提供补充信息的信函。根据最小负担原则,该指导原则建议 FDA 工作人员使用特定的格式来编写补正通知书。2002 年,FDA 发布了针对最小负担的指导原则文件《1997 年 FDA 现代化法案的最小负担规范:概念和原则》(*The Least Burdensome Provisions of the FDA Modernization Act of* 1997:*Concept and Principles*)。该指导原则指出,虽然 FDAMA 的最小负担规范仅适用于上市前申请(PMA)和上市前通告[510(k)],但 FDA 认为所有的上市前监管活动均应遵守最小负担原则。该文件还定义了"最小负担"一词,并提出了行业和 FDA 工作人员在 PMA 和 510(k)审查中运用最小负担原则的建议方法,包括侧重于上市许可的法定和监管标准。2012 年国会在《FDA 安全与创新法案》(*Food and Drug Administration Safety and Innovation Act*)中明确了最小负担的标准。2016 年国会在《21 世纪治愈法案》(21st Century Cures Act)中进一步澄清了最小负担原则在医疗器械上市前审评中的实施方法。具体包括:①确保 FDA 所有上市前审评人员及其主管接受培训,熟悉有关最小负担要求的意义和实施方法；②对培训进行审计；③获取医疗器械生产商对 FDA 执行最小负担原则的反馈；④在要求申报方提供与产品申报有关的补正信息时，应在保证器械的安全性、有效性得到合理确认的前提下考虑最小负担方法；⑤应考虑上市后信息在以最小负担方法对产品安全性、有效性进行合理确认中的价值；⑥所有被接受的最小负担方法均不能改变器械上市的审批标准。2017 年 FDA 发布了 2 份指导原则，分别是《最小负担规范：概念和原则（草案）》[*The Least Burdensome Provisions: Concept and Principles (Draft)*]（2017 年 12 月 15 日）和《根据最小负担原则编写和回应补正通知书的格式建议》(*Developing and Responding to Deficiencies in Accordance with the Least Burdensome Provisions*)（2017 年 9 月 29 日）。2019 年 FDA 发布《最小负担规范：概念和原则》(*Least Burdensome Concept and Principles*)指导原则终稿（2019 年 2 月 5 日），取代 2002 年发布的《最小负担指导原则》。FDA 认为，应将最小负担原则作为一项持续的政策，广泛用于上市前和上市后的器械监管活动，以消除或减轻不必要的负担，使患者能够及早并持续获得高质量和安全有效的医疗器械。该指导原则反映了 FDA 在医疗器械产品全生命周期中应用最小负担原则的理念。最小负担原则始终以科学为基础，坚持其立法初衷，采用替代方法，高效利用资源来有效地解决监管问题。该指导原则还提出了在上市前和上市后环节中，FDA 和企业在与器械相关的申请和与 FDA 的交流中实施最小负担原则的方法实例。

根据 FDA《最小负担规范：概念和原则》（2019 年 2 月 5 日），最小负担的定义是“用最少量的必要信息，在适当的时间、以最有效的方式，恰当地解决相关监管问题或事项。”

具体原则主要为 7 条，分别是：①FDA 将要求提供必要的最少信息，以充分解决当前监管环节中遇到的问题或事项。②企业在提交资料（包括上市前申报资料）时，应保证 FDA 审评负担最小：企业应提交有序、清晰、简洁的信息；企业不应向 FDA 提交与监管决定无关的信息；企业在遵循 FDA 指导原则建议时，应在递交资料中注明所使用的相关 FDA 指导原则文件。③FDA 将采用最有效的方法解决监管问题和事项：FDA 将采取所有合理的措施来简化流程和政策，并在适当的时间范围内做出监管决策，例如遵循 MDUFA 的绩效目标；FDA 将尽可能常规性地使用正式和非正式的交流方式来解决问题；FDA 计划采用适用于具体情况和需求的合理方法来解决监管问题和事项，企业也应该采用相同的做法；FDA 将适当考虑企业回复 FDA 监管问题需花费的时间和资源问题。④全生命周期的审评策略：企业应适时提供恰当的信息，用于解答当时的监管问题。比如，FDA 将考虑在适当和可行的情况下通过收集上市后数据来减少上市前的数据收集，企业也应考虑相同的做法。⑤FDA 监管方式应与技术发展相适应，充分考虑技术的创新周期、证据需求和患者及时受益。⑥FDA 将在合理和可行的前提下利用和参考其他国家的数据和监管决策。⑦FDA 将在国际医疗器械监管趋同和协调工作中应用最小负担原则，如积极参与开发、认可和使用国际组织和其他标准制订机构发布的志愿共识标准。最小负担原则在医疗器械监管中的应用如下。

（1）最少量必要信息

1）降低临床数据来源限制：利用现有临床数据，包括同行评审文献、利用真实世界数据（RWD）和境外数据。例如，基于已发表的文献和有完整临床记录的人文关怀病例，

FDA 批准了一项治疗小儿食管闭锁的人道主义器械豁免(HDE)申请。在许多器械的510(k)提交资料中,同行评审的文献已被用于支持扩大适应证使用或其他标签变更。例如,利用现有的成人临床数据外推医疗器械在儿童中的应用。真实世界数据是从各种常规医疗服务中收集的与患者健康状况和(或)医疗服务有关的数据,可能来源于电子病历(EHR)、登记信息和医疗行政索赔数据。通过在常规医疗服务中广泛使用医疗器械唯一标识(UDI),各种来源的数据可被收集和分析。例如,一个包括囊性纤维化病变患者登记系统的公开数据库被用于支持 510(k))中报告的临床有效性。

2)非临床研究:FDA 遵守自下而上的数据要求方法,虽然临床数据有时可能是满足监管要求的必要条件,但在适当的情况下,应考虑使用非临床数据替代临床数据。在要求临床数据之前,应考虑是否能使用描述性信息、体外研究、计算机建模和模拟,和(或)动物实验数据来解决相关监管问题。①自下而上的数据递交方法:FDA 在考虑上市申请时,通常需要申请人补充额外的信息。要求提供的补充信息,俗称补正,可能包括补充的描述性信息、非临床或临床性能数据。FDA 的补充数据要求应遵循逐步的分析法过程,确保每项要求都反映最小负担原则。根据补正通知书指导原则,每一个补交要求应确认已提交的资料,解释现有资料不足的原因,解释补交资料与监管决策的相关性,并明确提出要求补交的资料。例如,在 510(k)提交资料过程中,FDA 应首先考虑描述性信息是否充分。虽然只有少数 510(k)提交资料仅依赖于描述性信息,但 FDA 和企业应考虑此方法。例如,在一些骨科骨板和螺钉的 510(k)提交资料中,由相同或相似材料制造的器械之间的尺寸分析被用于支持实质性等同的结论。当描述性信息不充分时,FDA 和企业应考虑非临床性能检测或使用临床样本的分析研究是否可以回答实质性等同问题。当其他形式的非临床实验室性能检测不足以证明实质等同时,通常要求进行非临床动物和(或)生物相容性研究。当分析或非临床实验室测试或非临床动物实验和(或)生物相容性研究不足时,FDA 可要求提供临床性能数据。②利用计算机建模和仿真研究在适当情况下,应利用计算机建模和仿真(computer modelling and simulation,CM&S)来支持医疗器械的安全性和有效性评估,作为传统的台架试验或动物性能测试的替代或补充。CM&S 可以减少设计验证的时间和成本,并可用作设计确认的工具。例如,CM&S 已被用于预测心血管和骨科器械在模拟载荷条件下的机械性能。此外,CM&S 已用于估算患者接受磁共振成像(MRI)检查时所吸收的射频能量,由此评估医疗器械的安全性。③实验室检验数据的使用:在适当情况下应考虑接受以非临床数据代替临床数据,如利用组织模型测试影像诊断产品的成像性能、评价植入物的磁共振成像兼容性,以及来自高强度治疗超声的组织效应。④接受替代评价方法,解决一个特定审评问题可能有不同方法,应考虑选择满足审评要求的最小负担方法。其中之一是运用科学原理避免重复测试,常用的是生物相容性。在适当情况下,FDA 和企业可采用美国之外的临床数据或大规模动物安全性研究来证明某些生物相容性终点。另一个是考虑缩小适应证范围。如果提交的证据不支持标签声明或预期用途,FDA 和企业可以讨论支持适应证的证据,从而支持产品缩小适应证范围上市。

(2)最有效的方法

1)减轻传统临床研究负担:在适当的情况下,可以考虑具体器械采用历史对照组、非比较性结局研究、受试者自身对照、客观性能标准(objective performance criteria,OPC)、性能目标(performance goal,PG)或适应性研究设计(包括 Bayesian)等方式。

2)使用获益-风险评估:最小负担原则与 FDA 在医疗器械监管决策中权衡获益和风险的方法一致。在所有监管过程中,医疗器械的获益和风险都存在一定的不确定性。在某些情况下可以接受较大的不确定性,如潜在获益高(例如突破性器械)或潜在风险低时。在确定器械的安全性和有效性时,FDA 会综合考虑疾病特征、获益及风险程度、不确定性及患者意愿等。当 FDA 确定潜在获益大于潜在风险,并且该器械的研究结果有临床意义时,可能会做出积极的决定。例如,尽管一种二尖瓣修复器械在临床研究期间和国外使用病例中出现了严重不良事件和死亡事件,但 FDA 确定,该产品对预期寿命和生活质量较低的患者群体的潜在获益大于潜在风险。经过获益-风险评估,FDA 认为该器械用于这一特定的患者群体时,能够合理保证安全性和有效性。

3)优化流程及减轻审评负担:最小负担原则也适用于简化监管流程,提高效率。FDA 已经实施了几项政策和措施,以减轻行政负担,消除重复劳动,节省 FDA 和企业的资源。①减少重复申报。将多个器械或多个适应证捆绑提交或使用合并申请可以避免注册资料的重复提交和审评,通过一次审评有效地解决共同的科学和监管问题。②提高申报效率。通过特殊和简化 510(k)路径证明实质性等同,减轻申报负担。特殊 510(k)程序利用质量体系(QS)法规和设计控制,而简略 510(k)程序依托于 FDA 指导原则文件。另外,PMA 年度报告可用于对不会影响安全性和有效性的设计、标签和工艺变更进行总结,FDA 依此决定该变更是否需要提交 PMA 补充申请。最后,采用电子申报资料也有助于提高申报的效率。

4)医疗器械开发工具(MDDT):MDDT 是用于评估医疗器械的有效性、安全性或性能的方法、材料或测量工具;经 FDA 认定,可用于简化器械开发和监管评价。在认定后,MDDT 可以有效地支持 FDA 在特定应用场景下的器械监管决策,减少器械的开发成本和 FDA 审查时间,因为使用这些方法不需要 FDA 每次都审查其有效性。例如,FDA 对两份患者报告结果量表进行了认定,这两份量表即可用于支持器械申报。

5)智慧监管:智慧监管是 FDA 在解决特定问题尤其是医疗器械发展前沿问题时制订的政策,主要包括:重新分类申请(De Novo)、医疗器械配件新规则、多功能器械产品、软件预认证、一般健康产品、移动医疗应用程序等。

6)依据共识标准:制订自愿共识标准并获得 FDA 认可,能够让 FDA、企业和其他利益相关方就可用于支持医疗器械安全有效使用的过程、方法和可接受标准达成一致。FDA 将在参与自愿共识标准的制订和认可时考虑最小负担原则。在没有获认可的共识标准的情况下,审评性能数据需要提交完整的测试方案和数据报告。针对已获 FDA 认可且包含明确有效可靠的检测方法的标准,通过提供符合性声明,申请人和 FDA 可以不必讨论检测方法是否科学有效,而是将资源集中在审查测试结果上。当共识标准既包括明确的检测方法,又包括性能指标和(或)检测标准时,符合性声明就有可能取代上市前申报中对检测方法和完整数据的提交和审查。FDA 接受多个标准的符合性声明,对许多通用器械类别不再要求额外提供测试数据来支持注册申报。

7)国际协调 FDA 将在促进协调工作时使用最小负担原则:国际协调符合最小负担

原则，因为它可以使制造商在不重复工作的情况下满足多个国际监管机构的监管要求。FDA 参与国际医疗器械监管者论坛（IMDRF），制订和推进器械监管的关键原则、国际公认的指导原则文件和审计实践，这些实践均支持多区域的监管融合。例如，制订试行统一的注册申报资料的目录（ToC）格式。医疗器械单一审计项目（MDSAP）也是重要的国际协调举措。MDSAP 应用最小负担原则，通过进行一次审计来满足多个监管区域的要求。其目标是在不同的国际监管机构都分别发起审计时，帮助企业减轻监管负担，最大程度减少监管审计的次数，规避重复的监管要求，避免业务中断。

（3）适当的时间：平衡上市前和上市后的负担是 FDA 践行最小负担原则的目标之一，FDA 在适当的时间提出要求是实现平衡的主要方式。FDA 应只要求企业提供作特定监管决定所必需的信息。要求提供信息时，FDA 应评估获取必要信息的适当时间，并在合理确保器械安全、有效的同时，确定是否可以从上市前评价向上市后评价转移。在确定器械是否适合上市时，应考虑对上市后评价的依赖，如质量管理体系、上市后研究、上市后监测和医疗器械报告。

应用最小负担原则提高效率的一个示例是 FDA 和企业对质量体系法规（21CFR 第 820 部分）的依赖。制造商可以在不递交 510（k）报告的情况下，对已获许可的器械和标签进行某些设计变更。这种情形平衡了受 510（k）监管器械的上市前和上市后信息，并鼓励 FDA 和企业使用基于风险的评估来确定变更是否会显著影响安全性或有效性。

另一个例子是适时测试：针对试验用器械豁免申请，早期可行性研究的器械评价政策允许在确保受试者受到充分保护的前提下在器械研发的早期阶段启动临床研究。作为 FDA 在 2014—2015 年度战略重点“取得上市前和上市后数据收集的最佳平衡”的一部分，FDA 审核了需要接受 PMA 审评的 200 种器械产品类别，评估这些器械是否是上市前/上市后数据收集转换或重新分类的候选产品

5. FDA 对创新产品进行早期介入

FDA 提出数据开发计划这一全新概念，通过与申请人共同完善数据开发计划来完成对产品研发的早期介人。数据开发计划要求由申请人向 FDA 提供数据开发计划草稿，草案内容包含申请人计划收集的上市前和上市后数据，PMA 申请时拟提交的数据类型，上市前和上市后数据的分析利用方法等。FDA 基于草稿，对申请人的数据开发计划能否支持注册申报产品安全性和有效性进行判断，并派审评人员与申请人共同改进数据开发计划。通过与申请人共同完善数据开发计划，实现 FDA 从产品研发就开始介入，包括研发过程的关键阶段、动物试验、临床实验、质量体系建立、注册申报资料填写等。

6. 对上市后数据的高利用率

FDA 对多数创新或临床急需产品的批准均带有附加条件，即通过对上市后数据的收集分析为产品安全和有效提供进一步的证据，也为今后同类产品的技术审评提供支持。而凡此种种是依赖 FDA 将上市后数据纳入内部数据库实现的。FDA 上市后数据库免费对外开放，供临床大夫、患者和技术审评人员了解产品上市后的表现，如有无不良事件、不良事件级别和描述、不良事件的处置等信息。上市后数据库不仅协助临床大夫避免选择不良事件频出的医疗器械，同时也为 FDA 科学监管提供基础，使上市后数据替代部分上市前数据成为可操作性极强的监管措施。

7. FDA 实施关键路径计划

保护公众健康是 FDA 的使命,FDA 主要通过以下三种途径来实现该使命。第一,保证医疗产品的安全、有效;第二,促进医疗产品创新,让更安全、更有效的产品以病人偿付得起的价格提供给公众;第三,帮助公众获得其所需的准确、科学的信息。为了实现该使命,美国 FDA 提出了"关键路径计划",以解决产品从基础研究走向市场周期过长的危机,从而改善产品创新过程。FDA 于 2004 年 3 月首次提出关键通道计划(critical path initiative),鼓励医疗器械在研发、评价和生产过程中的科学创新。2006 年,FDA 又发布了关键通道机会列表,列出了 76 个具体的科学机会,有助于解决包括药品、医疗器械等医疗产品监管的科学问题。其中,76 个具体内容可以归纳为 6 个方面:更好的评价工具;提高临床试验效率;生物信息学的利用;转向 21 世纪的生产方式;研发解决公共健康急需问题的产品;针对特殊风险群体。美国 FDA 关键路径计划的核心价值主要体现在两个方面:科学审评前移和优化准入路径。科学审评前移是将市场准入过程中政府的服务职能前置或前移,有助于产品从研发阶段就与法规、准入要求对接,从而设计出符合市场准入要求的产品,提高产品质量、缩短准入周期;优化准入路径是减少市场准入过程中的风险和不确定性,有助于新产品、新企业的发展。

8. FDA 实施医疗器械监管科学研究

2011 年 2 月,FDA 成立了监管科学研究院,至今已有 10 余年,欧盟、日本也相继在监管科学研究方面发力。正是在这套监管科学理论的支持和不断完善下,FDA 出台了一系列制度文件和指导原则,使审评更加科学合理。为了提升审评能力,提高服务质量和效率,CDRH 从 2013 年开始制订并发布监管科学优先事项(regulation science priority)。CDRH 将监管科学定义为监管服务中的科学。它有助于保障监管决策的可靠性,并通过开发和应用工具、标准和方法,研究整个产品生命周期内的安全性、有效性、质量和性能的公共卫生的预期影响;监管科学优先事项充当催化剂,以提高医疗器械产品的安全性、有效性、性能和质量,并促进创新的医疗器械进入市场;为机构年度计划和预算提供参考;定期评估注册科学的研究进程,更好地为注册决策服务;发布注册科学优先事项,为外部机构的研究和工作提供指导,并加强合作,使资源利用最大化。医疗器械监管科学的研究将促进医疗器械从被动走向主动,从跟踪迈向引领,对企业产品和技术的创新也具有重要作用。随着研究的深入和发展,监管科学的重要性将愈发明显。

## 第三节　其他国家器械科技创新策略

1. 德国医疗器械科技创新策略

德国的医疗器械产业规模居于世界第二,仅次于美国,全国约有 170 多家医疗器械生产商,中小规模公司占很大部分,研发实力强大,领先世界技术水平,是欧洲医疗器械的主要制造国,以中国为主的亚洲市场是其第三大出口市场。德国拥有全球医疗器械产业的中心——图特林根市，聚集着顶尖的医疗器械生产企业，无论是技术水平还是销售金额都在全球首屈一指，不仅是欧洲最大的医疗器械生产国和出口国，也是世界上排名前列的出口国。随着德国医疗器械产业的蓬勃发展，该国医疗器械产品的出口额已经居于世界第二，目前德国医疗器械公司生产的产品大部分用于出口，比例远高于其他西欧经济体医疗器械产业值所占国民经济份额。

（1）政府给予大力支持：德国医疗器械产业的兴盛与国家的政策扶持有很大关系，在德国研发医疗器械新产品所需总费用远低于在美国所需。在德国科技园的发展过程中，德国政府给予了大力支持。一是政府支持将学校、研究机构和其他机构尽量迁入园区，在园区建立并运作孵化器。所谓运作孵化器，即政府雇用专业人士向入驻园区的新企业提供法律、技术、行政管理等方面的咨询服务；二是政府支持所有入园企业与外部企业之间建立连接，园区管理部门还会帮助企业在园区内部和外部寻找客户；三是德国经济部和卫生部推出"健康经济出口计划"，促进德国企业发展潜在客户。德国政府建立基金会，用于鼓励企业申请专利。德国卫生部设有药品和医疗器械局，由医疗专家、工程师等组成，对医疗器械进行监管。政策支持也极大地推动了德国医疗器械行业的发展。

（2）研发环境优良，研发效率高：德国医疗器械产业之所以发达，与其良好的研发环境息息相关。通常来说，在德国，医疗器械产品上市3年后必须更新。德国是欧洲医疗技术的创新中心，平均每年医疗器械相关专利申请达1 300项左右。数据显示，德国医疗器械行业销售盈利的8%被用于研发，这一比例比西方国家平均值高1倍。此外，德国医疗器械的研发效率极高，新器械开发费用约为800万~1000万欧元，而美国研发同样的产品需8 000万美元（约合7 200万欧元）。

2. 日本医疗器械科技创新策略

日本医疗器械产业历史悠久，二战后，日本医疗器械行业实现了突破式发展，并保持世界先进水平。目前，日本医疗器械行业发展主要有以下特点。

（1）医疗器械产品结构化调整：医疗器械产品结构化调整，使日本医疗器械产品的市场规模逐步萎缩。日本医疗器械行业很好地把握了20世纪七八十年代电子医疗器械浪潮带来的机会，这也是其腾飞的最大推动力，直至今日，日本在相关医疗器械品类上仍然具有较强的全球竞争力。但20世纪90年代以后，日本在医疗器械技术发展上建树甚少，这也是目前其医疗器械行业竞争力下滑和国内市场进口比例升高的重要原因。

（2）优化医疗器械监管政策：日本医疗器械监管政策滞后于药品，2010年后优化审评推动行业发展。日本医疗器械监管的成熟期晚于药品，在20世纪80年代才逐步成熟，2000年趋于完善。但因其监管政策过于严格，医疗器械行业的准入门槛和成本整体较高。2010年后，日本开始进行监管优化和审评提速，逐渐推动医疗器械行业发展。

（3）实施医保控费机制：医保控费机制促使医疗器械质量与经济效益达到平衡。2000年以前，日本国内医疗器械价格较高，2000年之后，日本监管当局建立了细致、强力、多维度的医疗器械控费机制，在保证医疗器械质量和实现经济效益之间不断寻求平衡，取得了明显效果。

（4）成立技术转移办公室保障产学研合作顺利进行：日本从1998年的《技术转让促进法》开始正式支持大学成立科技中介机构，负责利用大学内相关研究成果申请专利并对民间企业等提供专利许可，管理大学教师兼职技术转移工作和技术入股或投资等工作。技术转移机构在不同机构的设立形式具有差别，但总体目标基本一致，其他形式的机构如"合作联络处""科技开发应用中心"、"知识转移合作伙伴计划中的KTP协调咨询机构"和"KTP办公室"等。

3. 欧洲医疗器械科技创新策略

(1)鼓励临床人员参与企业创新：欧洲等国家和地区非常重视临床人员在医疗器械产业创新中的作用，鼓励临床人员（如临床医师、医学物理师、临床工程师等）参与器械的产品设计、研发、试验、生产等各环节，临床人员成为参与器械创新不可或缺的重要力量。但是对于临床人员参与企业创新的利益保障机制并没有过多规定，相反，为预防临床人员参与企业创新过程中所带来的不良影响，一些机构制订了相关的道德条例。如爱尔兰医学委员会基于医生和产业间的合作关系，发布的执业医师职业道德指南——阐明了医生与医疗器械公司合作中应遵循的道德准则，包括是否应该接受医疗器械公司的礼物、款待、赞助及教育基金；是否应该参加公司促销或赞助的教育会议；是否使用正确的途径跟进器械安全的发展等。在鼓励医疗器械企业与临床需求的结合方面，日本设立了"医工"结合专项基金以激励临床人员参与器械创新。

(2)完善监管环境适应创新发展：相对而言，欧美的监管环境比较完善。首先是注重过程监管，不过于强调上市前的注册审批，拥有从规范医疗器械企业生产环境到上市前产品审批再到上市后产品抽检、不良事件监测和召回的合理监管布局；其次是聚焦于高风险医疗器械产品，8% ~10%的医疗器械被划分为高风险产品管理；最后是对成立专门机构对联邦政策及其对医疗器械产业的影响进行评估和调整等。因此，欧美医疗器械监管的效率较高，有利于医疗器械产品较快上市，为鼓励器械创新提供了良好环境。日本则从加入第三方认证制度、加强审批队伍建设、放宽生产限制等方面不断完善监管制度，提高监管效率，以激励国内企业创新。

4. 国际医疗器械科技创新及创新监管对我国的启示

(1)促进我国医疗器械行业发展可以从以下3方面入手。

1)鼓励中小型企业加速创新　我国医疗器械行业集中度较低，比如迈瑞医疗作为国内最大的医疗器械生产商，其2016年的销售额超过90亿元人民币，但尾部的上万家医疗器械企业的规模普遍较小，且同质化严重，而企业规模小则会导致研发投入不足、设备落后，严重制约了这些企业的自主创新，导致我国医疗器械企业的市场竞争力较弱。我国医疗器械产业要实现快速发展，需重视企业这一创新主体，无论是小微企业的科技创业，还是龙头企业的发展壮大，都需要各种相关体系的支持，包括资金支持、政策扶持等，各地还要逐步出台地方性政策，进一步鼓励当地企业创新。

2)重视创新成果保护　医疗器械产品的专利保护难度较大，专利成果内容也较为复杂。因此，保护医疗器械产品知识产权，是推动医疗器械企业自主创新的有力手段。

3)加强国际研发交流　首先，随着全球制造业产能转移以及国内装备制造能力的提升，我国已经成为医疗器械的重要出口国。其次，国内已经形成初始的医疗器械产业集群，拥有较高素质的研发团队和技术工人，能够完成高性价比的产品，利用成本优势，将跨国企业的技术研发等产业环节整体引入国内已经成为一种趋势。

(2)CDRH 机构重组对我国医疗器械监管的启发

1)医疗器械全生命周期信息整合:在原 CDRH 机构中,大型的办公室有 200~600 人,自然会在 CDRH 内部形成中心信息共享的障碍,从而阻碍专业人员在规定时间内了解相关信息进而做出科学决策。因此,使得 CDRH 期望通过这种信息整合、协同工作的模式更高效、科学地做出决策。我国第二类、第三类医疗器械实行注册管理,境内第二类医疗器械由省级医疗器械监管部门负责审评审批,进口第二类、第三类及境内第三类医疗器械由国家药品监督管理部门负责审评审批。同时,医疗器械产品检验、生产核查、临床核查、不良反应监测、上市后监管等职能均由不同部门完成。各监管部门仅了解产品生产、研发、上市前研究、不良反应等碎片式信息,形成众多"信息孤岛"。整合医疗器械产品全生命周期监管信息,切实做到上市前和上市后监管融合、信息共享不失为突破障碍,向科学监管迈出的一步积极探索。

2)临床为导向的科学决策,2019 年国家药品监督管理局医疗器械技术审评中心(简称"器审中心")也进行了机构改革,抽调原有技术审评部门的临床与统计学专家形成了两个临床与生物统计部门,分别针对医疗器械和体外诊断试剂申报中涉及的临床与统计资料进行审评。表明器审中心对医疗器械临床研究、避免临床资源浪费、建立科学临床评价途径的重视。

3)上市后信息纳入上市前审评决策,FDA 持续推进"最小负担"(the least burdensome)原则的应用,即在适当的时间,以最有效的方式,使用所需的最少信息量解决监管问题。CDRH 为切实完成相关工作,同时提高应对多方面挑战的能力,提升维护公共健康水平的效率,CDRH 基于科学现状,考虑将一些数据的收集由上市前转变为上市后,利用真实世界数据支持上市前决策。如前所述,器审中心积极参与国际监管者论坛(IMDRF)相关项目,持续参与和推进真实世界数据在我国的落地,完善医疗器械产品注册、上市使用、不良反应等数据的收集和使用探索,建立相关机制以期将最新的科学信息纳入决策制订中,从而更好地应对全球化相关的挑战。

4)优化审评审批制度,通过近两年的医疗器械审评审批制度改革,目前医疗器械审评已从单一主审审评模式逐渐过渡为"分级、分路、分段"的技术审评新模式。配合产品的风险类别和申请事项,调动不同的审评资源,包括一名审评员参与的"单一主审"路径,两名或者两名以上审评员参与的"双审"路径和"项目小组审评"路径。2017 年 5 月,食药监总局连续发布一系列鼓励药品医疗器械创新的政策意见征求稿。其中,《关于鼓励药品医疗器械创新加快新药品医疗器械上市审评审批的相关政策(征求意见稿)》对审评制度提出了更高的要求。经过半年的研究论证,许多意见已经落地,并转化为具有可操作性的要求。2017 年 11 月,食药监总局医疗器械技术审评中心已经发布《专家咨询会/专家公开论证操作规范》,充分调动专家资源,解决重大技术争议问题、重大复杂科学问题,提高沟通交流效率,并接受社会监督。

(3)美国突破性器械项目启动对我国医疗器械监管的启发:针对 FDA 此项措施,对我国医疗器械监管具有一定的借鉴意义,提醒监管部门开拓审评审批创新路径。2017 年 10 月中共中央办公厅、国务院办公厅印发了《关于深化审评审批制度改革鼓励药品医疗器械创新的意见》,明确提出加快临床急需药品医疗器械审评审批和支持罕见病治疗药品医疗器械研发，目前，我国已制订针对治疗严重危及生命且尚无有效治疗手段疾病的医疗器械的优先审批程序，这与美国优先审评途径基本等同。同时，对于具有在中国核心技术发明专利，国内首创、国际领先技术的医疗器械，也可以被认定创新医疗器械，给予优先审评。但在治疗罕见疾病的人道主义用器械、满足患者/医生特殊需要的定制器械方面，仍然是空白。医疗器械的研发和生产一定程度上受到市场的驱动，对于治疗或诊断罕见病的医疗器械，如果采取与常规医疗器械等同严格的上市前审评审批要求，有可能会阻碍企业的研发和申请积极性。FDA 对于人道主义用器械的法规修订历程和监管要求变化对我们有比较多的启示。从 1990—2016 年，人道主义用器械的定义中罕见病受影响人数翻了一倍，这与现实中罕见病的影响人数随着总人口的增长而变化是契合的。同时，FDA 通过放宽年度销售量，从限制行业以盈利为目的研发生产人道主义用器械，到允许行业获得一定的利润。这一系列的举措无不表明 FDA 促进人道主义用器械研发生产的决心，而这一变化的驱动力就是临床需求。医疗器械监管是为公众用械安全有效服务的，随着时代的变迁，社会中人口数量和分布也在不断变化，监管策略应及时、积极调整，而不能一直保持僵化和保守。除人道主义用器械，定制器械往往应用于具有特殊解剖结构或生理情况的患者或是医生特殊操作的需要，每个定制器械可能都不相同，造成器械年使用量比人道主义用器械更少，需求更加迫切。我国的人口基数比美国大，这就意味着人道主义用器械和定制器械的受益人群将更加庞大。下一步，需要进一步研究美国 FDA 的人道主义豁免途径和定制器械豁免途径，建立符合我国实际情况的相关审评审批程序。

（4）美国人工智能医疗器械监管对我国的启发：我国医疗器械管理存在“严进宽出”的特点，上市后监管力度不足，数据难以获得和利用，我国人工智能医疗器械管理需要借鉴国外已有经验并结合我国行业发展特点，就国内外器械研发方向尽快建立目标疾病的测试数据库，从产品的试验设计、临床表现、工作流程和数据安全管理等方面做好上市前评价，并逐步完善上市后监管机制，积累器械全生命周期管理数据和经验，为领域长期发展做好准备。目前，国家药品监督管理局及其下属机构已发布《深度学习辅助决策医疗器械软件审评要点》《医疗器械生产质量管理规范附录独立软件》《医疗器械软件注册技术审查指导原则》等临床与注册指导性文件，并已着手进行眼底影像、肺部影像等数据库的建设。截至 2020 年底，我国已有 8 个国产和 1 个进口人工智能医疗器械通过审批并在国内上市，类型包括眼科图像诊断、心电数据监测与诊断、生化数据监测和影像分析辅助诊断等软件和器械。

（5）关于美国最小负担原则的价值和应用对我国监管的思考

1）应用最小负担原则有利于推行审评审批制度改革：推行药品医疗器械审评审批制度改革的目标是确保患者获得高质量、安全和有效的医疗器械，以及更好促进更安全、更有效、更经济的医疗器械产品快速应用到临床实践。应用最小负担原则符合改革精神。成功应用最小负担原则，减轻审评负担，将有限的审评审批资源聚焦于高风险医疗器械产品，从而确保患者获得高质量、安全和有效的医疗器械；成功应用最小负担原则，通过最少量的必要信息、最有效的方式和恰当的时机，可以更好促进安全、有效、经济的医疗器械产品快速应用到临床实践。最小负担原则作为医疗器械监管科学和审评科学的内容之一，可为其提供新的方法、标准和工具。创建具有中国特色的最小负担原则，其关键点之一在于如何界定和判定“最”，因为无相关标准。相形之下，“减轻(少)负担”可能会提供一个较为稳妥的提法。

2)最小负担原则与注册审评的其他原则协调一致：医疗器械注册审评已经设定了3个基础原则，分别是全生命周期原则、安全有效基本原则和获益风险评价原则。从FDA推行最小负担原则的实践来看，最小负担原则更早于全生命周期原则和获益风险评价原则，是相互推动和促进的关系。例如，最小负担原则强调平衡上市前和上市后数据的收集，与全生命周期原则一致；最小负担原则强调不降低法规要求的安全有效标准，与安全有效基本原则一致；最小负担原则强调获益风险评价的作用，与获益风险评价原则目标一致。审评是基于信息的决策科学。信息涉及输入、处理和输出。全生命周期原则用于信息流的全链条，安全有效基本原则用于信息输入，获益风险评价原则用于信息处理。最小负担原则也是基于信息的原则，从信息处理的角度提出有效的方式、合适的时机、必要的信息，因此最小负担原则也是基于信息的科学，属于审评科学体系。

3)最小负担原则的落地需要法规体系支持：作为一项原则，其落地需要系统性的政策和配套文件推动。20年间，FDA先后在《FDA现代化法案》《21世纪治愈法案》等3部法案中持续加强其立法地位，同时对符合最小负担原则的44项工作制订指导原则。一方面表达了推行最小负担原则的力度和决心，另一方面也是客观将最小负担原则落地到医疗器械的全生命周期、全监管系统。因此，建议在《医疗器械注册管理办法》等相关法规中持续给予最小负担原则以立法地位，同时将最小负担原则嵌入器审中心正在推行的全方位改革中。一是梳理我国现行指导原则体系，汇总符合最小负担原则的指导原则，表明药监系统推行最小负担原则的决心；二是研究制订新的指导原则，进一步推动最小负担原则落地。

4)践行最小负担原则的方法：①简明扼要的补正通知书。企业在申请过程中的最大期待是补正通知书的确定性。建议器审中心按照最小负担原则制订补正资料要求指导原则文件，要求补正通知书应简明扼要，提出补正通知书的四要素“证据、差距、原因、期望”。如申请资料补正通知书应包括以下部分：确认已交资料：提供了什么；指出差距：问题在哪里；指明原因：为什么需要补充信息；明确期望：需要补充什么信息。同时，建议器审中心为审评员提供专业的补正通知书四要素写作基础培训及精进培训，确保补正通知书内容清晰、简明合理。②提升医疗器械标准在产品全生命周期中的作用。我国目前有超过1 700个医疗器械标准，标准的使用可以简化上市前注册申请、上市后监督抽验等工作。尤其是我国医疗器械产品日益国际化的今天，标准是世界各国和地区监管机构广泛认可和使用的最主要技术规范；标准还可以通过创建医疗器械开发、制造和评价的一致性方法来支持全球协调。在没有医疗器械产品相关标准的情况下，产品技术要求的性能指标和评价方法需要慎重评价。在有医疗器械产品相关标准的情况下，申请人和药监部门可以不需要讨论检测方法是否科学有效，而是将资源集中在审查临床评价资料、风险管理资料等其他注册申报资料上，从而减轻监管部门和行业的负担。③研究争议处理与监督。作为一项新创立的原则，从建立到实施需要经过不断地调整平衡、迭代完善。FDA用20年时间来持续推进和完善最小负担原则的实践。最小负担原则在具体实施过程中会遇到各种问题,因此有必要建立受审企业和审评机构间的争议处理机制。一是,在具体审评部门内提供申诉复审渠道;二是,设立第三方独立协调员,来协调争议处理;三是,设立最小负担原则相关的评审及监管部门绩效指标,定期监督和考核,形成闭环,并向主管部门提供绩效报告,量化改革成效。

(6)对创新产品进行早期介入:我国监管部门发布的《创新医疗器械特别审批程序》也提出了早期介入的概念,但其本质是申请人提交申报资料后,经监管部门审核,对满足创新要求的由专人负责一路绿灯依照规定程序进行审评审批,仅仅是一种程序优先,而对产品研发过程的介入很少。而 FDA 提出的数据研究计划,实现了监管部门参与产品研发到上市的全过程,缩短了上市时间,极大节约了企业成本,并保证了产品安全有效。建议我国借鉴美国的数据开发计划,对创新或临床急需产品的加快上市的方式不要仅停留在程序优先,而是更多地参与到产品设计、研发、论证和注册全过程,真正做到"早期介入"。医疗器械作为技术密集型产业,关系人民福祉,一直受到国家重点关注。现正直中国制造向中国创造转变的机遇期,监管部门更应加大鼓励创新力度,革新监管思路,通过合理的顶层设计,做到合理配置监管资源,宽严有别、松紧适度的监管,以此保障人民用械安全和行业创新。

(7)提高上市后数据的利用率:我国对产品上市前的审评审批极其严格,产品一旦上市后,对其监管略显薄弱和不够全面,对医疗器械的监管整体原则是严进宽出。对上市后产品不良事件的监控一直是监管部门的责任,且相关数据未对外公开,即使各监管部门之间数据也未能实现互通有无,这就造成了产品上市前的技术审评缺乏同类产品做参考。对创新或临床急需器械而言,"附条件审批"缺乏制度来源,其技术审评依然以上市前数据作支撑,仅仅是通过技术审评优先、注册检验优先、体系核查优先等程序优势加速审评,无法从根本上加快创新或临床急需医疗器械的审评审批。2017 年 10 月中共中央办公厅、国务院办公厅印发的《关于深化审评审批制度改革鼓励药品医疗器械创新的意见》已提出对于临床急需和支持罕见病治疗的药品医疗器械可附带条件批准上市,但尚未发布详细规定。建议完善现有注册法律法规体系,使"附带条件批准上市"更具可操作性,同时建立上市后监管数据库,建立多部门互通机制,最大限度发挥上市后监管数据作用,为上市前和上市后监管服务。

(8)实施关键路径计划:美国 FDA 实施关键路径计划是围绕其监管使命,即保证医药产品安全有效,又促进创新进步,使公众能够获得更有效、更便宜的产品。这与我国现阶段医疗器械监管的使命是一致的。因此,应借鉴关键路径计划,改革我国监管方式,提高效率,简化程序,促进医疗器械产品的安全与发展。

(9)加大科学监管研究力度:反观国内监管,《创新医疗器械特别审批程序》这样的制度性文件,多是对监管程序的阐述,缺乏监管科学理论支撑。这也导致在制度的制订过程中,总是难以涵盖所有情况,一旦遇见特殊情况,只能按照制度执行,而无理论作指导。2019 年 4 月四川大学成为国家药监局首个医疗器械监管科学研究基地,2020 年新年前夕,国家药品监督管理局批复华南理工大学为国家药监局医疗器械监管科学研究基地,标志着医疗器械监管科学研究正在稳步推进、有序展开。建议我国监管部门加大对监管科学的研究力度,特别是加强创新型医疗器械监管科学的研究。一是加强大型高端医疗器械、急救类医疗器械的监管与评价技术研究；加强基于远程/无线传输技术的医疗器械产品的安全有效性评价研究、用于穿戴式和有源植入式医疗器械的柔性电子先进技术研究以及人工智能医疗器械产品检测技术与标准化研究。二是加强对新材料创新监管与评价技术研究，如医疗器械生物学评价指南体系建立及评价的现代化研究和新材料植入器械评价性能和评价方法新技术研究等。三是我国中医医疗器械在世界上独树一帜，拥有广泛的使用群体，具有传统中医特色，并且在使用及技术上具有传承和明确功效，是我国中医的一个宝藏。在这些领域我国都有技术优势，且发展前景广阔，大有可为，应以此构建中国风范的医疗器械监管科学体系，领跑世界。同时积极推进我国监管科学重点实验室的评定、发展和运行。重点实验室是全国各地研究机构发挥自身研究专业特长，进行重点专项研究的科研部门，是我国药品监管科学研究项目的重要技术支撑机构。在落实第一批重点实验室技术成果的同时，对第二批重点实验室严格筛选，面向社会根据国家药监局重点实验室基本定位和监管发展的需要，重点面向监管科学技术支撑的高校、科研院所，统筹区域布局，服务监管需求，重点在“两品-械”产业创新发展集中度较高的地区和院校加强重点实验室布局和建设。要充分利用国内知名高校、科研院所在科技创新、监管科学研发等方面优势，针对我国药监系统监管缺乏监管科学新工具、新方法、新标准的现状补短板、强弱项，应围绕党中央、国务院确定的区域发展重大战略部署如京津冀、长三角、粤港澳大湾区等加强布局，支撑区域监管需求，服务产业发展。提高应对新冠肺炎等重大突发公共卫生事件的能力，解决监管急，加强在5G、大数据等新业态、新技术方面的重点实验室建设。

# 第七章 我国创新医疗器械的未来发展与展望

## 第一节 概述

医疗器械是对患者的疾病进行诊断和治疗的重要手段，是保障公众健康的重要基础和支撑。随着科学技术的不断发展，以及人们对医疗健康水平需求的提高，医疗健康体系面临巨大挑战，对医疗科技的创新也提出了更高要求。近年，全球医疗科技创新呈现明显上升的趋势，发达国家纷纷把医疗科技创新及其产业化提升作为加速抢占医疗科技创新制高点的国家战略。目前，全球医疗器械产业主要集中分布在美国、欧洲、日本等发达国家和地区，其中美国的医疗器械产业在全球市场占有主导地位。在此国际环境下，我国作为发展中国家，医疗器械行业面临重大挑战：企业平均规模较小，经营企业多、小、散，研发投入不足，创新机制和模式欠缺，跨国医疗器械公司仍然垄断我国高端医疗器械市场，因此将医疗器械产业定位为战略性新兴产业的工作迫在眉睫。自 2014 年以来，国家发布了一系列鼓励政策，鼓励医疗器械产业“调结构、转方式”，促使产业保持健康发展的良好势头。着力提升医疗器械科技创新能力，对于推动中国医疗器械产业科学发展，彻底改变我国大型医疗设备长期依赖进口的局面，推进医疗器械产业结构的转变，满足人民群众日益增长的健康生活需求，提高公众健康保障水平，保障医疗卫生体制改革的顺利实施，培育发展医疗器械战略性新兴产业，具有非常重要的现实意义。

## 第二节 医疗器械发展现状况

随着中国经济发展和人口老龄化趋势以及民众健康意识的逐渐提高，医疗器械作为对患者的疾病进行诊断和治疗的重要手段、保障公众健康的重要基础和支撑，其行业市场不断扩大，成为当前最具发展活力的行业之一。医疗器械行业不仅仅是健康产业的基础行业，还是一个涉及医疗、机械、电子等多行业、多学科交叉、资金与知识密集的、具有很大发展潜力的高新技术产业。近年中国医疗器械销售额呈现快速增长趋势，继美国、欧盟之后我国已成为世界第三大医疗器械贸易国，国内市场认可度已从中低端品质逐步向中高端品质提升。据《中国医疗器械行业发展报告(2020)》统计：2019 年我国医疗器械出口总额为 554.87 亿美元，较上年增长 21.16%。其中，进口额 267.85 亿美元，同比增长 20.84%，出口额 287.02 亿美元，同比增长 24.46%。2021 年 2 月 9 日，工信部就《医疗装备产业发展规划(2021—2025 年)》公开征求意见。《规划》中指出：新中国成立以来，我国医疗装备产业从无到有、从落后到追赶，现已进入“跟跑、并跑、领跑”并存的新阶段。“十三五”期间，我国医疗装备产业高速发展，市场规模年均复合增长率为13.6%，2019 年市场规模达 8000 亿元，国内企业产值的国际占比已超过 10%，成为全球重要的医疗装备生产基地。到 2025 年，我国关键零部件及材料取得重大突破，高端医疗装备安全可靠，产品性能和质量达到国际水平，医疗装备产业体系基本完善。届时高端医疗装备在诊疗、养老、妇幼健康、康复、慢病防治、公共卫生应急等领域实现规模化应用，规上企业营业收入年均复合增长率 15% 以上；我国预计将有 6 ~ 8 家企业进入全球医疗器械行业 50 强。此外，到 2030 年，我国应成为世界高端医疗装备研发、制造、应用高地，为我国医疗服务质量和健康保障水平进入高收入国家行列提供有力支撑。由此可见，国家对医疗器械行业发展关注与决心。

## 一、国内医疗器械发展状况

医疗器械产业是世界经济中极具活力和发展前景的高新技术产业之一，是世界各国竞相抢夺制高点的战略领域。在技术驱动和需求拉动的双重影响下，全球医疗器械产业持续增长和快速发展。新中国成立，我国医疗器械产业经历了从无到有，从落后到追赶甚至超越的发展历程。从新中国成立初期全国只有 70 多家医用刀剪钳镊及车床、台架等传统的产品制造商和医疗器械维修保养厂家，到现在 16 000 多家生产企业。中国的医疗器械发展经历了 3 个快速增长阶段，由小到大迅速发展，现已成为一个产品门类比较齐全、创新能力不断增强、市场需求十分旺盛的朝阳产业。特别是近年来，医疗器械产业发展速度进一步加快，不但连续多年产值保持两位数增长，而且产品出口的数量和科技含量也在不断提升，打破了长期以来我国中高端医疗器械产品被国外跨国集团及在华三资企业垄断，国有、民营企业所占份额极低的局面，改善了国产医疗器械产品以中低端耗材和家用检测器材为主，低水平制造和恶性竞争的不良市场竞争现象。目前，我国医疗器械发展状况有以下特点。

1. 晚、短、薄、小、快

我国医疗器械产业起步晚、发展时间短、基础薄弱，企业普遍规模较小，但是发展速度快、产值提升高、发展空间巨大。中国医疗器械企业数量多，根据国家药品监督管理局官网上公布的数据：截至 2021 年 3 月，我国拥有医疗器械生产企业约 1.6 万多家，拥有医疗器械备案生产企业 1.6 万多家。大多数企业产品以中低端为主，生产研发投入不足。中低端市场规模在我国整个医疗器械市场中的占比高达 75% 左右，医疗器械产业研发与产业基础薄弱，虽然企业生产产品种类齐全，一次性医院耗材、输液器、B 超、呼吸机等产品产量均居世界第一，但企业缺乏自主创新能力，除了超声聚焦等少数技术处于国际领先水平，国产医疗器械产品不论在技术能级、档次方面，还是在产品功能、外观以及操作便捷方面，与美、欧、日等发达国家有明显的差距，产品技术性能和质量水准落后于国际先进水平，难以满足国内临床和科研的需求。在高科技产品方面，中国医疗器械的总体水平与国外先进水平的差距约为 15 年，这就造成国内高端医疗器械市场绝大部分都被国外厂商占领，大中型医疗设备、中高端医疗设备如像影像设备、精密仪器等一直以进口为主，高端产品也极度依赖进口。不少关键技术被发达国家跨国公司垄断，国产医疗器械在高端领域失利的最主要原因是研发投入力度小。根据《中国医疗器械行业发展蓝皮书 2020》数据统计：2017—2019 年，65 家 A 股上市医疗器械公司研发投入情况：2017 年营业收入 845.32 亿元，研发投入 56.63 亿元，占营业收入的 6.65%；2018 年营业收入 1 025.11亿元，研发投入 71.81 亿元，占营业收入的 7.0%；2019 年营业收入 1 173.1 亿元，研发投入 86.94 亿元，占营业收入的 7.41%，正在逐步接近跨国医疗公司研发投入水平。由此可见，我国医疗器械行业研发投入严重不足，整个行业投入研发总费用还不及一家大型跨国公司研发投入，严重影响了我国医疗器械行业的创新发展。

2. 国产设备市场保有率低

截至 2019 年，我国医疗设备在国内市场保有率非常低，特别是高新技术设备：CT 类国产设备的市场保有率为 11% 左右，MRI 类国产设备保有率在 17% 左右，超声类国产设备的市场保有率在 13% 左右；也有保留率较高的设备，如供应室及手术室消毒类设备国产占有市场76% 左右，电刀超声刀等国产市场占有24% 左右。这一特点与高端医疗器械技术壁垒难以攻克、研发困难有关，中国大多数的三甲医院在采购高端医疗器械时依赖进口，甚至作为不二选择，国产医疗器械往往为第二选择。如 CT、心脏起搏器、大型生化分析仪等高级仪器，主要为进口产品。国内企业虽然也能生产出一些高端医疗设备，但是产品大多数仍然以仿制为主。在出口方面，医疗器械也大多以中低端产品为主，由于相关生产企业多，导致中低端医疗器械产品生产产能过剩和市场的过度竞争。

3. 产业集中化进程加快

近年来，中国医疗器械市场容量保持高速增长，随着医疗器械各细分领域的快速发展，上市企业的数量不断增加，上市企业的营收占比逐渐加大，企业并购成为实现企业业务增长的重要方式。现已呈现东部沿海地带集中化发展的趋势，形成了浙江腔镜集散地，江苏一次性耗材和骨科生产基地，湖北激光、病理设备、医用纺织品生产基地，河南卫生材料生产基地等规模化、产业化的格局。政策利好的环境也有利于这一趋势的发展：原卫生部《健康中国 2020 战略研究报告》明确指出，对于自主研发药品、医用耗材、医疗器械和大型医用设备等，国家主管部门将专门推出 100 亿元的民族健康产业重大专项。国务院《"健康中国 2030"规划纲要》指出：药品（医疗器械）审评审批制度改革，研究建立以临床疗效为导向的审批制度，提高药品（医疗器械）审批标准。《中国制造 2025》指出：要提高医疗器械的创新能力和产业化水平，重点发展影像设备、医用机器人等高性能诊疗设备，全降解血管支架等高值医用耗材，可穿戴、远程诊疗等移动医疗产品，实现生物 3D 打印、诱导多能干细胞等新技术的突破和应用。

4. 细分领域市场份额不断上升

医疗器械行业是当今世界发展最快、交易最活跃的朝阳产业之一。发达国家的医疗器械市场规模与药品的市场规模相当，但中国医疗器械市场规模只有药品市场规模的1/5。从全球医疗器械各细分领域销售额来看，排名前3位的分别是IVD、心血管、影像，而我国以中低端的医疗设备为主，其次是高值医用耗材、IVD。目前，IVD方面生化、分子及定性免疫诊断已基本完成国产替代，但高附加值的免疫类监测仍替代率较低，高值耗材方面心脏支架已实现进口替代，但人工关节的高值耗材仍被进口垄断。同国际市场相比，国内IVD、高值耗材市场份额所占比重还较低，人均消费额与发达国家还有较大差距，增长空间巨大。这为我国医疗器械行业发展提供了良好的经济环境。

5. 医疗器械进出口结构不够科学

近年来，我国医疗器械进出口规模总体呈现一定幅度的增长，但出口的医疗器械产品仍以低值耗材、中低端产品为主，产业对原材料和劳动力等低成本要素依赖很大。以按摩保健器具、医用耗材敷料为主的前十大出口产品，占据我医疗器械出口总额的44.5%。虽然我国高端医疗器械产业在国家支持和企业努力下取得了迅速发展，尤其是影像诊断设备逐步实现进口替代，个别产品如超声、监护等设备在国际市场中逐渐显现一定的影响力。但是，由于全球市场长期被跨国公司垄断，在以CT、核磁共振等为主的大型设备领域，我国高端产品的技术水平和综合性能与发达国家相比还仍有较大差距，临床使用时间较短，国际市场认可度较低，对外出口目前仍处于弱势，国际化道路任重道远。造成此现象的主要原因是我国医疗器械生产企业面向国际市场的开发力度不够，阻碍了信息渠道，导致医疗器械进出口不够科学。

## 二、国外医疗器械发展状况

1. 美国医疗器械产业现状

美国作为医疗器械的主要市场和制造国，约占据全球医疗器械市场份额的40%，产品的技术水平和质量比较高、市场规模巨大、增长稳定。早在20世纪90年代初期，美国的科技创新对经济增长的贡献率就高达90%，其医疗科技创新的主要来源是高校，其中明尼苏达大学作为典型的州立大学，通过技术商业化办公室将大学里的科技创新成果不断向商业化转移，为所在州带来了巨大的经济效益。另外，斯坦福大学的高科技研发区是美国西海岸创新产业集中地，以斯坦福大学为研发中心的80 km半径内，大约有200家医疗器械公司，医疗行业从业者数量庞大，年营业额高达150亿美元。

美国作为最大的医疗器械消费市场，医疗器械生产企业近8 000家，加利福尼亚州(美西)、明尼苏达州(美中)和马萨诸塞州(美东)均以医疗器械著称。明尼苏达州拥有数以千计的医疗器械企业，是当地的支柱产业，拥有众多国际医疗器械公司巨头的总部，同时明尼苏达也拥有世界上最好的医疗中心，被誉为“医疗器械的硅谷”，当地的医疗器械企业规模悬殊，绝大部分是中小型企业，80%以上的公司员工人数低于50人。这些中小型企业多半都是以医疗器械的研发创新为支撑点，待到产品雏形之际，便寻求与大型企业的合作，为产品赢得上市销售的机会。

2. 德国医疗器械产业现状

德国的医疗器械产业规模居于世界第二，仅次于美国，全国约有170多家医疗器械生产商，中小规模公司占很大部分，研发实力强大，领先世界技术水平，是欧洲医疗器械的主要制造国。德国拥有全球医疗器械产业的中心——图特林根市，聚集着顶尖的医疗器械生产企业，无论是技术水平还是销售金额都在全球首屈一指，不仅是欧洲最大的医疗器械生产国和出口国，也是世界上排名前列的出口国。随着德国医疗器械产业的蓬勃发展，该国医疗器械产品的出口额已经居于世界第二，目前德国医疗器械公司生产的产品大部分用于出口，比例远高于其他西欧经济体医疗器械产业值所占国民经济份额。德国医疗器械产业的兴盛与国家的政策扶持有很大关系，在德国研发医疗器械新产品所需总费用远低于在美国所需。

3. 以色列医疗器械产业现状

以色列的生命科学产业在全球科技发展环境下呈现快速增长的趋势，医疗器械行业尤为突出。以色列是世界第二大医疗器械供应国，拥有非常强大的创新创业能力，以及发达的高科技产业，以色列的医疗器械公司占全球整个行业公司数量的53%，拥有生命科学产业公司近750家，其中55%主要针对医疗器械的研发和生产，公司产品主要负责出口。

以色列医疗器械产业拥有成熟的科研成果转化机制，特别是早期技术研发转化方面，功能齐全。政府对科技研发产业的支持，所发挥的作用是不可替代的。以色列拥有强大的风险投资、发达的学术机构，以及广泛的国际合作，同时拥有高素质的人力资源。其中，约34%的人口接受过大学教育，拥有硕士以上学历的人群占全国人口的12%，在工业从业人群中，约40%从事研发工作，每1 000人中有医师3～6人，每10 000人中有工程师135人，稳居世界第一。以色列医疗器械的技术研发者绝大部分是医生，因为这些人来自临床，收到各种各样的临床需求，医生往往会根据在临床实践中遇到的问题来思考创新性的解决方案。当他们设计出一个产品雏形时，就会与工程师共同合作来设计出产品原型，原型设计完成之后，会立即申请IP(intellectual property)。以色列医疗器械公司的核心技术为IP，与中国的医疗器械行业不同，他们不需要完成研发、临床、市场、销售等一系列环节，部分公司在完成临床的相关实验后，会选择将产品的IP出售给一些跨国公司，主要是考虑到在领域的退出途径。

## 三、中国医疗器械创新现状

打破国外医疗器械产品的市场垄断，唯有自主创新开发中高端医疗器械，突破核心部件与关键技术，提升我国生产中高端产品的能力，提升产品技术竞争力。大力发展中国医疗器械设备的自主创新，可以综合降低公众的医疗费用，推动先进医疗技术向基层普及，促进医疗质量的提高，同时有助于推动我国新医改战略的实施，有助于缓解“看病难、看病贵”的社会矛盾。通过自主创新实现中国医疗器械产业的科学发展，可以提升我国相关产业的技术水平和产业竞争力，改变我国医疗器械产品出口集中在中低端产品的现状。自主创新发展中国医疗器械设备产业，符合国家战略新兴产业发展方向的要求。我国从2013年开始提出医疗器械创新，到现在为止已经过去7年，中间经历了政策的多次调整,摸索出一套符合我国国情的医疗器械创新之路。

1. 中国医疗器械创新政策

医疗器械的创新,首先需要体制的创新。我国之前创新环境不够良好,主要表现在以下几方面:①我国医疗器械以跟踪研究为主,现我国医疗器械产业发展缺少整体的战略规划,产、学、研、用没有形成配套体系,产品研发和临床实际应用结合不紧密,产品和技术不能真正满足临床医疗需求。创新和知识产权的利益保障机制还不完善。医疗器械技术创新投入高,研发周期长,对技术创新成果不能有效保护,高投入得不到相应的补偿,打击了企业进行技术创新的热情,影响到医疗器械行业的发展。②医疗器械作为高新技术产品必然需要大量的资金、人力和技术投入。由于多种原因,很多医疗器械企业并不重视科技创新,几乎没有自主知识产权技术,自主创新能力低,整体水平与发达国家差距很大。长期以来,无法掌握高端医疗器械核心部件及关键技术,是我国医疗器械产业创新升级的难关之一。许多国内医疗器械企业具备仿制国外企业产品的能力,却无法仿制核心部件。核心部件占整机成本比重大,均依赖进口。国内企业在研发上多为短期行为,冀望短、省、快,模仿畅销产品,习惯于在仿制中创新。目前,大部分医疗器械高端技术与产品均为进口,具有自主知识产权的关键技术成果很少。③中高端医疗器械产业具有高技术、高风险、高投入的特点,医疗器械生产企业投入产出的特点是周期长、费用高,由此增加了医疗器械生产企业进行创新投入的风险,影响了医疗器械生产企业进行技术创新的积极性。④很多医疗器械企业缺少自主研发团队,研发也不具备可持续性。不少企业虽有自主研发团队,但产品前景并不乐观。某些关键环节上即便有所突破,但由于综合研发能力、系统集成能力欠缺,无法生产出高质量的产品投放市场。⑤持续创新的重要基础是市场推动。国内不少企业的创新产品由于未能及时打开市场,缺少市场推动力,导致持续创新乏力,产品无法得到市场认可,最终被市场淘汰。因此,医疗器械产品的研发,不仅要强调创新,更要强调持续创新。只有可持续的创新,才具有持久的竞争力。⑥我国大量的科研成果与产品产业化之间存在较大距离,中间缺少有效衔接,转化机制存在很多问题。⑦目前我国对医疗器械创新产品的管理体制,缺乏在产品注册、上市、采购及金融政策等多方面配套的政策支持,缺乏对于医疗器械创新链的支持力度。⑧医疗器械行业始终处于供应链中间位置,上游的国家基础工业、电子、机械、能源等,以及下游的医疗卫生产业状况等都会对医疗器械行业产生决定性影响。我国的机械、电子技术整体水平均与国际先进水平相差较远,这也是制约我国医疗器械产业创新发展的原因之一。⑨目前我国大部分医疗器械企业规模较小,产值超过1个亿的企业不多,无法开发新的医疗器械品种,即使开发出有市场竞争力的创新产品,企业也很容易被国外医疗器械巨头收购。⑩我国医疗器械市场化程度较高,国外大型医疗器械制造商资金雄厚、技术先进、人才集中,在大型高端医疗器械的研发上积累了数十年丰富的经验,垄断了主要高端医疗器械产品的核心技术。国际大型医疗器械制造商可以凭借其资金优势和品牌优势,通过收购国内企业或由国内企业代工(OEM)的方式降低生产成本,进入基础医疗器械市场,给我国医疗器械生产企业带来强大的竞争压力。⑪各国政府对医疗器械产品的市场准入都有非常严格的规定和管理,我国在医疗器械生产过程管理和质量保证体系方面与发达国家仍有较大差距,通过国际认证的国内厂家和产品较少。国内医疗器械产品出口面临一系列非关税贸易壁垒，并且国内医疗器械企业缺乏国际医疗器械市场运作经验的专业人才，国际贸易经验不足，进入国际市场困难较大，都影响到我国医疗器械产业的创新发展。因此，我们需要建立相应的政策，激励企业主动自主研发、自主创新，营造良好的科研创新环境，为医疗器械产业的健康发展奠定基础。

（1）《创新医疗器械特别审批程序》：我国医疗器械创新之路起步相对较晚，美国从2009年开始就开辟了创新医疗器械审批的新途径，而我国2013年年初，才首次发布了《创新医疗器械特别审批程序（试行）》征求意见稿，经过1年时间的征求意见、修订、整理，与2014年正式发布实施《创新医疗器械特别审批程序（试行）》，《创新程序（试行）》对创新医疗器械做了定义，创新医疗器械应同时符合三点要求：①申请人经过其技术创新活动，在中国依法拥有产品核心技术发明专利权，或者依法通过受让取得在中国发明专利权或其使用权；或者核心技术发明专利的申请已由国务院专利行政部门公开。②产品主要工作原理/作用机制为国内首创，产品性能或者安全性与同类产品比较有根本性改进，技术上处于国际领先水平，并且具有显著的临床应用价值。③申请人已完成产品的前期研究并具有基本定型产品，研究过程真实和受控，研究数据完整和可溯源。对创新医疗器械审评资料、审评程序都做了相应的要求，为申请人进行创新医疗器械申请、审批提供法律依据。并提出“早期介入、专人负责、科学审批”的原则，在标准不降低、程序不减少的前提下，对创新医疗器械予以优先办理，并加强与申请人的沟通交流。据不完全统计，实施这项措施以来，进入这个通道注册的产品比同类其他产品的时限减少83 d。随着《创新程序（试行）》的试行，针对试行过程中出现的问题，2015年8月国务院印发了《关于改革药品医疗器械审评审批制度的意见》（国发〔2015〕44号，以下简称《意见》），提出“加强审评队伍建设”的建议，提出改革事业单位用人制度，面向社会招聘技术审评人才，实行合同管理，其工资和社会保障按照国家有关规定执行。并根据审评需要，外聘相关专家参与有关的技术审评，明确其职责和保密责任及利益冲突回避等制度。建立首席专业岗位制度，科学设置体现技术审评、检查等特点的岗位体系，明确职责任务、工作标准和任职条件等，依照人员综合能力和水平实行按岗聘用。2016年，原食品药品监管总局发布《医疗器械优先审批程序》，对列入国家科技重大专项或者重点研发计划的医疗器械、诊断或者治疗罕见病、恶性肿瘤、老年人特有和多发疾病、专用于儿童的医疗器械以及临床急需医疗器械予以优先审批，促进此类产品尽快上市。2018年，国家药品监督管理局发布了新修订的《创新医疗器械特别审查程序》，自2018年12月1日起施行，新修订的《创新医疗器械特别审查程序》完善了适用情形、细化了申请流程、提升了创新审查的实效性、完善了审查方式和通知形式，并明确对创新医疗器械的许可事项变更优先办理；新修订的《创新医疗器械特别审查程序》，程序设置更为科学有效，有利于提升创新医疗器械审查效率，为鼓励医疗器械产业创新发展发挥积极作用。

（2）医疗器械上市许可持有人制度：医疗器械上市许可持有人制度是推动创新医疗器械审批实施的又一大助力。2020年12月21日，据新闻联播消息，国务院总理主持召开国务院常务会议，会议通过《医疗器械监督管理条例（修订草案）》，内容指出将强化企业、研制机构对医疗器械安全性有效性的责任，明确审批、备案程序，充实监管手段，增设产品唯一标识追溯、延伸检查等监管措施。“医疗器械上市许可持有人”正式写进《条例》。

上市许可持有人(marketing authorization holder,MAH)制度又称"注册人制度",是一种将上市许可与生产许可相分离的管理模式。在这种模式下,上市许可持有人可以将产品的生产委托给其他专门的生产商,而产品的安全性、有效性等质量保障则均由上市许可持有人负责。由此,通过将上市许可和生产许可进行"解绑",可以有效抑制医疗器械制造企业的低水平重复建设,提高新型产品研发和生产的积极性,推动委托生产行业快速发展,从而在整体上达到促进我国医疗器械行业繁荣发展的目的。

医疗器械 MAH 制度的目标主要有三点:一是构建一个自始至终为医疗器械的产品质量承担管理义务的责任主体;二是解除医疗器械产品上市许可和生产许可的捆绑关系,让医疗器械 MAH 成为疏通产品注册与生产管理壁垒的主体;三是优化医疗器械行业资源的分配,刺激行业研发投入增加,为高技术含量的新产品研发扫除障碍,从而推动整个行业的创新发展。

医疗器械 MAH 制度的关键内容包括:首先,允许科研机构和研发人员作为注册申请人,提交医疗器械临床试验申请和上市许可申请,取得医疗器械注册证的申请人即转变为医疗器械注册人,也就是医疗器械 MAH。其次,医疗器械 MAH 具备相应生产资质的,既可自行生产,也可委托生产。持有人不具备生产条件的,可以直接委托具备资质的企业生产产品。再次,在医疗器械委托生产中,如果受托方不具备生产资质,可凭委托方的注册证办理生产许可。最后,医疗器械注册人可委托多个受托方进行生产。

在医疗器械 MAH 制度实施之前,上市许可一般只颁发给具有医疗器械生产资质的企业,研发机构和科研人员并没有独立获得上市许可的机会。在医疗器械委托生产的过程中,一般规定只能指定一家生产企业作为受托人。也就是说,医疗器械从产品注册到委托生产这一过程中,注册与生产是深度捆绑的,这导致行业资源流动受限和社会生产分工受阻,最终影响行业整体的健康发展。

"上市许可持有人制度"这一体制的建立,允许研发机构和科研人员申请上市许可。MAH 制度改写了过去医疗器械产品注册和生产许可"相互捆绑"的历史,允许符合条件的医疗器械研发机构、科研人员、医生等成为注册申请人,单独申请医疗器械注册证,并委托有资质和生产能力的企业进行生产。持有人制度还将改变我国原有制度下,科研人员只能通过技术转让或隐名持股获得短期利益、隐名利益的尴尬局面,极大地鼓励研发机构和科研人员从事医疗器械创新,有效激发市场活力,加快我国由医疗器械生产大国向创新大国的转变。研发型企业专注研发环节,降低企业成本。根据锐官网数据统计:我国医疗器械相关企业共有 4 万多家,其中生产企业约 1.6 万家,且 90% 以上为中小型企业,技术含量较低,年产值过亿的企业不足 400 家。

医疗器械 MAH 制度的推出可有效解决初创企业早期面临的资金有限、生产人员缺乏等困境,让创新企业、研发企业专注于产品的研发环节,把生产环节开放给服务企业,在加强创新的同时降低企业成本。根据锐官网数据统计:采用外包方式生产二类(气腹机等)医疗器械的企业 3 年便可节约费用近 1 000 万元,同时还可以大幅缩短产品的上市周期,实现新产品的快速产业化,使企业更具市场竞争力。优化资源配置,产业链整体受益。数据显示,我国中小医疗器械生产企业的工厂使用率只有 5% ~10%,造成大量资源浪费。施行 MAH 制度后,医疗器械研发机构和科研人员可以选择自行生产或委托生产,有效避免企业低水平重复现象,改善同一品种多家许可、多家竞争的局面,提高资源的使用效能。

此外,MAH 制度还可促进医疗器械行业的专业化分工进程。创新型企业专注源头创新,CRO 辅助企业研发,CMO 进行产品生产落地,医疗器械服务企业也可加速进行市场布局。可以预计,持有人制度全面实施后,我国医疗器械产业将快速进入分化与重组的时期,产品产业集中、创新集聚的步伐将进一步加快,市场竞争、生态优化的活力将进一步迸发。

(3)《专利法》与《专利优先审查管理办法》:创新医疗器械申请的关键在于核心专利,核心专利的获得有多条途径,申请人自行申请、专利转让以及专利受让,这就放宽了对申请人核心专利持有性质的要求。另外一点值得注意的是,发明专利已获授权或已被公开均可:《创新医疗器械特别审查程序》第二条第(一)项的规定中并不要求核心专利技术必须已经取得"专利权",而是将门槛降低到"核心技术发明专利的申请已由国务院专利行政部门公开"即可;取得授权不易,而实现专利公开却并非难事(授予专利权的条件参见《专利法》第二章、《专利法实施细则》第五十三条);由于专利延迟公开(经初步审查认为符合专利法要求的自申请日起满 18 个月即行公布)、候审案件积压和按序审查等原因,等待进入实质审查程序的候审阶段和实质审查程序往往各需 1 ~2 年时间,故自专利申请日起一般需要 3 ~4 年才有望获得授权。不过,《专利法》第三十四条规定了国务院专利行政部门即 SIPO 可以根据申请人的请求早日公布其申请;一般说来,如果申请人提交发明专利申请的同时请求提前公开,则有望自申请日起 3 个月左右获得公开。因此,创新主体在向 SIPO 提交发明专利申请的同时可请求提前公开以赢取时间优势。

申请人自行申请或取得受让均可:科研院所、公司或个人均可以作为发明专利的申请人或专利权人,也可以依法转让或受让专利申请权或专利权,这对创新医疗器械从科研平台走向产业应用无疑具有巨大推动作用。因此,除了自行研发创新医疗器械并申请发明专利之外,医疗器械生产企业还可以通过受让途径获得体现产品核心技术的发明专利申请权或专利权。

值得注意的是,专利必须为中国专利。《创新医疗器械特别审查程序》中所述的"由国务院专利行政部门公开"的发明专利申请,或"中国发明专利权或其使用权",是指由 SIPO 以中文形式公开的发明专利申请或授予的发明专利权,包括外国人、外国企业或外国其他组织在中国申请的专利;对于"外国专利",即由中国以外的其他国家或地区的专利行政部门公开的发明专利申请或授权的发明专利权,即使其申请人或专利权人为中国公民或住所位于中国境内的科研机构、企业,其也不符合《创新医疗器械特别审查程序》第(一)项的要求。

尽管取得与产品核心技术相关的发明专利公开即容易满足上述《创新医疗器械特别审查程序》第二条第(一)项之规定,但是,获得了发明专利授权相比于仅仅公开了专利申请而言,在申请创新医疗器械特别审批时用于证明其产品核心技术的创新性将具有更大说服力,也将为获准注册后赢得市场提供更大助力。然而,等待专利授权的时间漫长,不过这一问题在 SIPO 于 2017 年 8 月 1 日起施行《专利优先审查管理办法》(以下简称《办法》)后可得到一定缓解。《办法》第十条明确了针对优先审查案件自发明专利申请在45日内发出第一次审查意见通知书并在1年内结案。因此,获批优先审查的专利申请相比于普通案件可以更早地进入实质审查阶段,并且实质审查程序所需总时长也将大为缩短,故其有望自申请日起1~2年内获得授权,远低于普通审查途径所需的3~4年。《办法》第三条中明确了可以请求优先审查的六种情形,其中第一种为包括生物在内的国家重点发展产业。由于医疗器械的范畴涵盖了IVD,而不少IVD产品都与生物检测相关,其属于《办法》第三条第(一)项规定的国家重点发展的生物产业。因此,当企业就创新IVD产品向国家知识产权局提交发明专利申请时,建议其同时请求优先审查,以争取早日获得发明专利授权。

(4)关于创新型医疗器械定价和招投标工作:关于创新型医疗器械定价和招投标工作,医疗服务价格工作准备分两步走:一是对全国各省医疗收费情况进行摸底,更新全国医疗收费总目录,在此基础上,各省根据本省实际情况制订相应收费目录;二是加快新技术准入和相关定价工作,从而形成统一的市场,各省根据技术能力适当选取国家核准过的新项目,从而减轻医疗器械企业负担,推进创新型医疗器械在市场的推广。在上述工作完成以前,各省仍按照现行制度执行,由省内制订相关医疗服务项目的收费目录和收费标准。承担药品和医疗耗材招标采购政策制订的职能。对于包括创新型医疗器械在内的获准上市销售的新产品,将从以下两个方面出台相关政策:一是细化医疗器械省级集中招标采购平台备案采购制度,限定备案周期;二是形成全国医疗器械价格联动机制,逐步实现"一省挂网、全国可采",最大限度降低企业招标及销售成本,为创新型医疗器械顺利上市销售扫除障碍。

(5)各地利好政策:各省、自治区、直辖市药监局,为促进创新医疗器械的开展,也纷纷制订一系列利好政策。如烟台市科技局制订《烟台市药品和医疗器械创新产品奖励实施细则(试行)》,对该市申报创新医疗器械的企业予以奖励。北京市药品监管局对创新医疗器械施行绿色通道快速审评的政策,其首个创新医疗器械"下肢步行机器辅助训练装置"从提交所有审批材料到获得上市许可证仅用了34个工作日,比法定工作时限缩短了一半以上。

2. 创新医疗器械特别审批现状

(1)从数量上看:根据《众成医疗器械》网整理的数据显示,自2014年CFDA开通创新医疗器械特别审批申请途径以来,截至2021年3月17日,超过300项医疗器械进入了创新器械审批程序。2014年开始,进入程序的创新医疗器械逐渐增加,2017年达到顶峰,2018年国家药监局新修订《创新医疗器械特别审批程序》,创新审查程序的内容和流程有所调整,适用情形、审批标准更加严格规范,导致进入审批程序产品数量减少。2019年仅有10款创新医疗器械进入程序,2020年回升至53项。获批企业中,博尔诚(北京)科技和厦门艾德拔得头筹,分别各有2件产品进入特别审批。

(2)从区域上看:从地区分布来看,获批企业绝大多数位于北、上、广、深及沿海经济发达地区:国家级创新医疗器械产品主要集中在北、上、广和江苏,这几个地区医疗器械行业发展水平较高,获批创新产品数量遥遥领先,总数超全国的3/4。其中,北京位居首位,多达27项产品,广东、上海均有18项产品。从全国各省医疗器械优先审批数量分布来看,广东省以265件高居第一位,天津市以257件居第二位,重庆市以121件居第三位。其后分别是安徽省、福建省、山东省、上海市、北京市、浙江省、湖北省。这几个地区也是我国医疗器械行业发展水平较高的地区。

(3)从产品类别上看:从通过的创新器械分类来看,高值耗材占据了1/2以上。正是因为最近几年我国高值耗材行业在技术研发上的投入增加,国内高值耗材的市场现状较之前几年已经有了较为明显的变化。国产高值耗材市占率迅速提升,国产替代也在稳步推进。其中,心血管占据了绝对优势,超过1/3的创新医疗器械都应用于心血管领域。这也使得心血管领域高值耗材成为了我国国产替代做得比较好的领域。以药物支架为例,2003年强生Cypher成为首个获得FDA认证的药物洗脱支架,并在2006年占据全球超过60%的市场份额。不过几年时间,国产心血管支架就实现逆转,外资和国产品牌在国内的市场占有率变为20%和80%。2011年,强生宣布退出心脏支架市场。

IVD则是第二大类,占总数的19%。这也是最近两年国内实现飞速发展的行业。在新冠疫情中,国内IVD企业也有着突出表现,在很短的时间内便研发出了针对新冠病毒的各种检测试剂盒。由于IVD器械基本应用于检验科,因此,检验科是医疗器械应用排名第二多的科室。内科排名第3,有23款创新医疗器械应用在内科。上述获得特别审批的IVD产品中,据不完全统计,已有4件产品获准注册,分别是:达安基因的“21三体、18三体和13三体检测试剂盒”(国械注准20143401960),西安金磁纳米生物的“MTHFRC677T基因检测试剂盒(PCR-金磁微粒层析法)”(国械注准20153401148),上海五色石的“SMN1基因外显子缺失检测试剂盒(荧光定量PCR法)”(国械注准20153402293),以及博奥生物的“呼吸道病原菌核酸检测试剂盒(恒温扩增芯片法)”(国械注准20163400327)。上述4件获批产品均为三类IVD,在体外诊断试剂中属管理级别最高,其在向CFDA申报注册前必须完成注册检验和临床试验,并且由CFDA直属的器审中心(CMDE)进行技术审评;按照《体外诊断试剂注册管理办法》的规定,国产三类IVD的技术审评周期为90个工作日,形式审查、流程处理和技术审评过程中申请人补正资料的时间另计,故三类IVD从申报注册到获批往往需要至少1年以上的时间,而前述进入特别审批途径的IVD产品从进入创新医疗器械特别审批公示至取得注册证耗时为4~9个月,平均为6个月左右,远远低于普通流程所需的时间,为创新医疗器械进入市场大大降低了时间成本并赢取了先机。

治疗器械则包含粒子加速器等放射治疗器械,以及电刺激类治疗器械。这类器械占比排在第三。值得一提的是,同属放射器械大类的影像器械在创新医疗器械中的占比也排在第四。近年来,我国医疗器械企业在这个领域也实现了突破。凭借技术上的突破,市场占比也节节攀高。

另外,从各地医疗器械分类来看,北京和上海的种类最为齐全,涵盖了所有8种创新医疗器械。相比之下,广东则在手术机器人领域存在空白。

(4)从获批情况看:截至2020年年底,已获批上市的创新医疗器械101款。从历年审批的医疗器械分类来看,占比最大的高值耗材和IVD主要都在2019年前获批,尤其是在2017年达到顶峰——高值耗材和IVD当年各有35款和13款通过试行创新程序审批。这种情况显示了早期器械创新的发力点着力在这两个领域的特点。由于医疗器械需要较长时间的研发和积累，早期难有突破也在情理之中。随着时间的推移，更多的器械种类进入了创新程序。从2018年开始，人工智能、软件和手术机器人开始逐渐增多。

(5)从通过审批次数看：超过一次创新医疗器械审批企业统计，总共262款创新医疗器械分别归属于217家医疗器械企业。其中，有多达32家企业有不止一款创新医疗器械进入通道。排名前5位的分别是先健科技（深圳）有限公司、北京品驰医疗设备有限公司、上海联影医疗科技有限公司、微创心脉医疗科技（上海）有限公司和上海微创医疗器械（集团）有限公司。其中，先健科技（深圳）有限公司有多达9次通过创新程序，皆为高值耗材。不过，如果算上各种关联公司，上海微创医疗器械（集团）有限公司才是当之无愧的巨无霸，按照微创集团在官方新闻稿中提到，微创旗下已有19个获批进入创新医疗器械特别审查程序的创新医疗器械。

(6)创新医疗器械审批的新变化：2018年12月1日，新的《创新医疗器械特别审查程序》发布实施，创新医疗器械审批也发生了微妙变化。据不完全数据统计，2018年12月1日以后，按照新规通过的创新器械，按照其创新点主要分为两类：设计或材料创新、功能或疗法创新。当然，由于产品各异，加之水平有限，这样的划分可能并不全面，仅供参考。从统计来看，设计或材料创新的医疗器械共有44项，是最大的创新点。这其中，高值耗材就贡献了32项，是第一大因素。

而在地域分布上，近两年广东异军突起，有14项创新器械在新规实施后获批，是数量最多的，且类型也相当完整。北京和上海分别以11款和9款排名2、3位。有意思的是，新规实施以后近一年半时间，进口创新医疗器械的比重也不少——13款产品，实际上只比广东注册数量略少，排在第二位。这其中，10款都是高值耗材，检测器械和治疗器械分别有1种和2种。

新规实施后的进口创新医疗器械企业分布上比较分散，分属13家企业。不过，从历年进入创新程序的企业来看，美敦力系是当之无愧的大户，共有5次通过审批，在总计34次进口创新医疗器械审批中独占鳌头。这也体现了老牌医疗器械巨头强大的创新能力。这些进口创新医疗器械从产品类型上看，心血管类创新器械仍居首位，有8款跟心血管相关，占8.61%，其他类产品旗鼓相当，不差上下。这说明这一领域国内医疗器械行业依然有可以发挥的地方，以进一步实现国产替代。比如，心脏起搏器就是目前我国生物材料产业中的短板，国产化率不到10%。同时，创新市场的国产生物材料虽然占70%的市场份额，但产品以低价为主，高价产品几乎全被国外占领。这些领域都存在国产替代的市场机会。

可见新创公司在产品创新方面相比于传统企业更具爆发力。对于新创公司而言，通过着力研发创新产品，走先精后广的路线，更容易在细分领域取得优势并占领制高点，同时创新产品能为企业赢得政策扶持，形成滚雪球的优势效应，有利于其快速成长壮大。

3. 与国外创新医疗器械审批的差异

(1)中美创新医疗器械审批进展：FDA为鼓励医疗器械创新，满足危及生命的疾病的医疗需求并加速患者使用新器械，制订了针对创新和临床急需医疗器械的特别审评审批程序，主要包括优先审批（priority review of premarket submissions）和加速审批通道（expedited access pathway，EAP）。

优先审批:2013 年 5 月 17 日,FDA 发布了针对临床急需和创新医疗器械的优先审批(priority review)途径,该途径可用于 PMA、510(k)或 De Novo 申请,获批的产品可进入优先审批队列排队审评,并获得小组审评、专家会审评等更多的审评资源。获得优先审批的医疗器械必须是用于治疗或诊断危及生命、不可逆衰竭性疾病或状况,或满足下述任意一个条件:①产品运用的突破性技术可为现有临床治疗带来重要意义。譬如经导管主动脉瓣能够通过股动脉送入介入导管,将人工心脏瓣膜输送至主动脉瓣区打开,从而完成人工瓣膜置入,恢复瓣膜功能,置入过程无须开胸,术后恢复快,这对于患者而言多了一种治疗选择,临床意义重大。②现有市场无可替代的治疗或诊断手段。③产品有突出的、优于现有已批准产品的临床优势。临床优势指能够更早期或更准确进行诊断,或者与现有治疗方法相比较其有效性和安全性大幅提升,比如对无法耐受现有治疗手段的患者提供有效治疗,相同疗效下大幅降低治疗的毒副作用,或者诊断紫癜前期的体外诊断试剂等。④产品的使用符合患者利益,比如肿瘤标志物检测相关的试剂,可指导临床用药,使患者能够有针对性地接受治疗。值得一提的是,优先审批通道不仅能由申报人提出,也可由审评人员根据产品特性提出,一个在审产品一旦进入优先审批通道,类似产品也将纳入优先审批通道。

加速审批通道:加速审批通道面向那些着眼于未解决的危害生命的或不可逆衰弱疾病的临床需求的医疗器械,该通道旨在缩短此类器械的上市所需时间,使患者更早地使用以提高生命质量或维持生命,加速审批通道仅适用于 PMA 和 De Novo 申请。

不同于优先审批通道,加速审批通道仅通过申请人申请并经 FDA 批准后方可进入。产品获准进入加速审批通道后,可享受互动式审评、高级管理层介入(办公室级别或中心级别)、FDA 指定的项目经理人参与数据开发计划以及审评排队优先等权利。加速审批通道的申请流程:①提出加速审批通道申请:加速审批通道的申请只能由申请人以提交数据开发计划(data development plan)草稿的方式提出。FDA 规定同类产品可同时进入快速审评通道,直到有类似产品的安全性和有效性经上市前和上市后数据得到充分验证。②审核数据开发计划草稿:FDA 收到数据开发计划草稿后,30 d 内做出是否同意产品进入快速审批通道的决定。对允许进入加速通道的产品,FDA 将介入产品研发、临床研究器械豁免(investigational device exemption,IDE)、PMA、De Novo 等程序的申请。③审核上市申报资料:完成数据开发计划并按照计划要求获得规定数据后,申请人根据产品风险程度来决定提交申请的类型。④上市后数据收集和评估:对部分产品而言,为加速上市,将部分上市前数据的要求转移至上市后,并要求申请人根据上市后数据评估,及时变更标签内容,即附加条件的批准。⑤加速审评通道的撤销:加速审批通道的申请不会因同类产品上市而被撤销,但如遇申请人提供虚假申报资料,FDA 有权在批准上市前的任何时期撤回快速审评通道决定。

(2)我国创新医疗器械审评特点:与美国类似,我国根据医疗器械产品风险,将其分为三类,第一类为低风险产品,第二类为中等风险产品,第三类为高风险产品。《医疗器械监督管理条例》规定:第一类产品的上市销售需要申请人向所在地区的市级人民政府食品药品监督管理部门备案;第二类由省级食品药品监督管理部门实施产品注册管理;第三类由国家药品监督管理局实施产品注册管理。为鼓励医疗器械创新,使患者及时用上安全可靠的创新医疗器械,我国发布了《创新医疗器械特别审批程序》和《医疗器械优先审批程序》。

1)《创新医疗器械特别审批程序》　按照早期介入、专人负责、科学审批的原则,在标准不降低、程序不减少的前提下,对创新医疗器械予以优先办理。创新指具有核心技术发明专利、产品工作原理或机制为国内首创、有显著的临床应用价值的产品。创新医疗器械特别审批程序要求申请人在提交申请前应已完成产品的前期研究,具有基本定型的产品,并在提交产品注册申请前提出创新医疗器械特别审批申请。获得特别审批后,申请人可与监管部门指定的专人及时沟通获得指导,享受优先接受质量管理体系检查和注册检验的权利。

2)《医疗器械优先审批程序》　自《国务院关于改革药品医疗器械审评审批制度的意见(国发〔2015〕44 号)》发布后,为了更好地激励创新、营造创新的社会氛围,国家药品监督管理局针对境内第三类和进口第二、三类医疗器械发布了《医疗器械优先审批程序》,并提出各省药品监督管理部门可依据自身情况制订行政区域内第二类医疗器械注册优先审批工作规范。

《医疗器械优先审批程序》有严格的准入条件,对病种(适用罕见病、恶性肿瘤、老年人特有和多发疾病)、人群(老年人、儿童)、临床需求(临床急需,尚无有效诊断或者治疗手段)、临床效果(有明显临床优势)等均有要求。获得优先审批的申请人可享受技术审评过程单独排序、优先审评,优先安排注册质量管理体系核查和优先进行行政审批等权利。但已按照创新医疗器械特别审批程序进行审批的产品,不可申请优先审批程序。

(3)二者差异:中美两国对创新和临床急需产品的审评审批程序均有明确规定,为加速产品上市,采取的共性措施有加强申请人和审评人员间的沟通、加快审评审批、进入优先审评排序序列等。除上述共性措施,FDA 的有些做法值得我们学习借鉴。

1)FDA 对创新产品的早期介入方式更加明确、介入更彻底:FDA 提出数据开发计划这一全新概念,通过与申请人共同完善数据开发计划来完成对产品研发的早期介入。数据开发计划要求由申请人向 FDA 提供数据开发计划草稿,草案内容包含申请人计划收集的上市前和上市后数据,PMA 申请时拟提交的数据类型,上市前和上市后数据的分析利用方法等。FDA 基于草稿,对申请人的数据开发计划能否支持注册申报产品安全性和有效性进行判断,并派审评人员与申请人共同改进数据开发计划。通过与申请人共同完善数据开发计划,实现 FDA 从产品研发就开始介入,包括研发过程的关键阶段、动物实验、临床试验、质量体系建立、注册申报资料填写等。我国监管部门发布的《创新医疗器械特别审批程序》也提出了早期介入的概念,但其本质是申请人提交申报资料后,经监管部门审核,对满足创新要求的由专人负责一路绿灯依照规定程序进行审评审批,仅仅是一种程序优先,而对产品研发过程的介入很少。

2)FDA 的监管更加科学、系统:FDA 的审评结论是基于申请人提交的申报资料和同类产品上市后的种种表现。但面对全新的医疗器械时,无同类产品上市后表现供参考,因此,出于对患者负责的态度,技术审评人员希望申请人尽可能多地提供临床试验数据,可这一过程无疑将大大延缓新产品上市。

通过不断地探索,FDA 意识到对于临床急需的新产品或新技术而言,通过衡量产品携不确定性上市后的风险和患者获益两个因素，更能够做出利于患者获益的决定，而且大大减轻申请人负担，鼓励研发。基于此种考虑，FDA 在 2012 年 3 月发布了在上市申报资料的审核中考虑风险-获益因素的指导原则，接着 2017 年 12 月发布了申请人最小负担原则的指导原则草案，风险-获益原则和最小负担原则作为 FDA 监管科学的核心要义，在创新或临床急需医疗器械的审评制度中均有体现，如在对创新医疗器械的技术审评过程中，减少上市前数据提交要求而提高对上市后数据的收集和监控要求等。

反观国内监管，《创新医疗器械特别审批程序》这样的制度性文件，多是对监管程序的阐述，缺乏监管科学理论支撑。这也导致在制度的制订过程中，总是难以涵盖所有情况，一旦遇见特殊情况，只能按照制度执行，而无理论作指导。

3）FDA 对上市后数据的利用率更高：FDA 对多数创新或临床急需产品的批准均带有附加条件，即通过对上市后数据的收集分析为产品安全和有效提供进一步的证据，也为今后同类产品的技术审评提供支持。而凡此种种是依赖 FDA 将上市后数据纳入内部数据库实现的。FDA 上市后数据库免费对外开放，供临床医生、患者和技术审评人员了解产品上市后的表现，如有无不良事件、不良事件级别和描述、不良事件的处置等信息。

上市后数据库不仅协助临床医生避免选择不良事件频出的医疗器械，同时也为 FDA 科学监管提供基础，使上市后数据替代部分上市前数据成为可操作性极强的监管措施。再看国内，对产品上市前的审评审批极其严格，产品一旦上市后，对其监管略显薄弱和不够全面，对医疗器械的监管整体原则是严进宽出。对上市后产品不良事件的监控一直是监管部门的责任，且相关数据未对外公开，即使各监管部门之间数据也未能实现互通有无，这就造成了产品上市前的技术审评缺乏同类产品做参考。对创新或临床急需器械而言，“附条件审批”缺乏制度来源，其技术审评依然以上市前数据作支撑，仅仅是通过技术审评优先、注册检验优先、体系核查优先等程序优势加速审评，无法从根本上加快创新或临床急需医疗器械的审评审批。

## 四、创新医疗器械发展前景与展望

随着大数据、云计算、人工智能等技术逐渐渗透到医学领域，医疗行业正发生翻天覆地的变化，精准医疗的时代已经到来。21 世纪医疗器械行业将飞速发展，在应用领域与扩展也不断发生变化，医疗科技创新孕育着新的突破，具有以下显著特点：①信息技术的渗透性更加显著，不断产生出新的产品门类，促使医疗科技创新和产业化进程逐步加快，不断向数字化、网络化、智能化、融合化方向发展；②绿色化、人性化和安全性愈发受到大家重视；③产业技术进步速度不断加快，坚持技术创新，提升研发实力；④公司通过外延并购搭建更为完善的技术路线及产品线，进行国际化资本运作。

近 15 年来，美国、日本及欧洲等发达国家，在高技术领域展开激烈的研发竞争，加速了新技术的扩散及产业化。

我国实行经济刺激计划和医疗改革之后，医疗器械领域逐步发展为未来的投资热点。医疗体制的改革终结了医院以药养医的体制，促使医院的利润模式转向医生结合器械，为医疗器械行业提供了空前机遇。但是对比发达国家技术，要想在医疗科技创新方面实现弯道超车，改善进口垄断的格局，要聚焦使用频率高、应用范围广、技术含量高的高端医疗器械，鼓励掌握核心技术的创新产品产业化，推动科技创新成果转化，提高创新产品的稳定性和可靠性，同时发挥大型企业的引领带动作用，培养出国际知名品牌。随着国内医疗器械企业的技术进步和配套产业链的成熟，以及医疗体制改革、分级诊疗、扶持国产设备等国家多项政策的推动，我国的医疗器械行业有望迎来飞速发展的黄金十年。

1. 抓住机遇，迎接挑战

(1)政策鼓励：医疗器械产业的发展与一个国家的科技以及国民经济现代化水平密切相关，近年来，中国出台了有关医疗器械产业规划、发展指导、监督措施等一系列扶持政策。2014 年以来，我国积极营造鼓励创新的政策氛围，推进医疗器械创新驱动发展轨道。2014 年 2 月，食药监制订并颁布了《创新医疗器械特别审批程序(试行)》，该程序在保障医疗器械安全、有效的前提下，鼓励医疗器械的研究与创新，促进医疗器械新技术的推广和应用，以此拉开了中国创新医疗器械蓬勃发展的序幕。同年 7 月，原国家食品药品监督管理总局令第 4 号——《医疗器械注册管理办法》颁布，自 2014 年 10 月 1 日起施行。该管理办法在总则中明确指出“国家鼓励医疗器械的研究与创新，对创新医疗器械实行特别审批，促进医疗器械新技术的推广与应用，推动医疗器械产业的发展”，正式把创新医疗器械纳入医疗器械注册管理办法中。办法还规定，创新医疗器械在注册时，样品可以委外生产，是新法规针对创新医疗器械出台的绿色通道。随后，各配套政策文件陆续出台，全面鼓励国产医疗器械创新。2015 年 8 月《关于改革药品医疗器械审评审批制度的意见》出台，主要目的是简政放权、提高审评、审批的质量和透明度。2017 年 10 月《关于深化审评审批制度改革鼓励药品医疗器械创新的意见》颁布，主要目的是为了促进医疗器械产业结构调整和技术创新，提高产业竞争力，加强医疗器械的全生命周期管理。2021 年 3 月《医疗器械监督管理条例(第 739 号)》正式将创新医疗器械写入《条例》中，明确了创新医疗器械的法律地位。

此外，为了推进医疗器械审评、审批制度改革以及实现医疗器械产业的创新发展，国家药品监督管理局先后出台了一系列法规文件，例如：2019 年 8 月《关于扩大医疗器械注册人制度试点工作的通知》明确要求，实现优化资源配置、加快推进医疗器械产业创新发展；2019 年 10 月 1 日起正式施行的《医疗器械唯一标识系统规则》有利于实现监管数据的整合和共享，提升监管效能；2020 年 4 月国家药监局发布《关于发布医疗器械注册人开展不良事件监测工作指南的通告》，要求加强对医疗器械注册人、备案人的指导、监管力度。随着监管力度的不断加强，医疗器械生产、经营企业的管理能力将逐步提升，产品品质低劣、缺乏竞争力的企业将逐步被淘汰出市场，行业集中度将会提升。

《中国制造 2025》《“十三五”国家科技创新规划》《“健康中国 2030”规划纲要》等文件都明确将高性能医疗器械列为重点发展产业，并提出深化医疗器械流通体制改革、强化医疗器械安全监管。这些政策措施的颁布实施有利于提高中国医疗器械产业的技术水平、拓展市场空间。《2020 年政府工作报告》提出重点支持新型基础设施建设，“医疗+新基建”的发展模式将给医疗器械产业带来新的发展机遇，有助于产品结构的升级。

(2)高效的审评制度：创新医疗器械特别审批程序的发布，从政策上为创新医疗器械注册审批带来了极大便利，在特别审批通道下，创新医疗器械获得注册证的时间一般在 3

~6 个月,而常规医疗器械注册的周期往往需要 6 ~ 12 个月,极大地节约了产品上市前的时间成本。高效的特别审批通道,使产品把握市场准入的先机,对企业至关重要。在创新医疗器械特别审批的过程中,监管机构会指定专人,及时沟通指导,给创新医疗器械的后续研究和审评审批工作提供指导和参考。在此条件下,创新医疗器械审批工作将快速高效的完成,为企业转化科技成果提供了便捷。

(3)优化产业结构:伴随着政策红利催化,国产医疗器械的产业规模逐年提升,产业结构稳步优化。国内医疗器械从"高端技术领域发展水平不高、产业集中度低、结构不合理、附加值低、科研创新能力弱"逐步向"产业链完备、构架合理、科研创新能力提高"发展。《创新程序修订稿》这一新政策的出台,无疑是给医疗器械行业转型升级打了一剂强心剂,从政策层面推进产业结构优化,提高企业综合竞争力。

(4)迎接挑战:国产创新医疗器械持续、快速、健康的发展不仅需要企业不断提高自身综合能力,同时也需要监管部门不断完善配套体制,切实推进创新体制改革。

1)医疗器械企业面临的挑战:核心技术创新性要求提高。长期以来,无法掌握高端医疗器械核心部件及关键技术,是我国医疗器械产业创新升级的难关之一。提前推进核心专利布局,增强知识产权保护意识,切合创新医疗器械特别审批程序中对核心技术创新性的要求,这是现阶段国内医疗器械企业面临的突出挑战。形成产学研配套体系。增加企业研发投入,企业需与医院、学校以及科研单位展开多层次的合作交流,形成产学研合作创新体系。增强产品研发和临床实际应用的联系,加速创新医疗器械成果转化。增加核心技术发明竞争力。作为医疗器械企业,应该不断提高知识产权意识,对自身研发产品进行前瞻性专利布局,完善专利和知识产权保护,提高企业核心竞争力。

在创新科技竞争激烈的时代,企业时刻面临着兼并重组、战略合作。合作共赢,开创医疗器械领域新时代。企业在与国际医疗器械巨头的抗衡中,除了提升自身综合能力外,通过与其他企业的合作甚至兼并,能够整合各自优势资源,丰富产业链,优化产品结构,集中力量做大做好国产医疗器械。

需要强调的是,经审查同意按特别程序审批的创新医疗器械,在注册申请时,标准不降低,程序不减少。产品研发是创新医疗器械最重要的阶段,而研发阶段相关质量体系的制订与管理,对于企业而言,是一个薄弱环节,是新政策下的一大挑战。质量管理体系要求更严格,企业须根据医疗器械质量管理体系和 YY/T 0287/ISO 13485 的要求,建立企业质量管理体系,确定企业的质量管理方针,完善企业质量管理体系,并保证体系切实有效运行。

另外,市场调控对企业发展也是一个不小的挑战。目前,我国中小企业偏多,产品技术含量较低,一类、二类医疗器械生产企业数量较多,而 3 类医疗器械生产企业数量较少。一般而言,一类和二类生产企业技术要求较低、资金需求较小。医疗器械产品的风险程度越高,其产品附加值及科技含量就越高。目前中国医疗器械产业发展的主力军是中小型企业,这说明中国医疗器械生产企业的技术含量相对较低,产品结构有待进一步调整。目前,从中国医疗器械上市公司的情况看,研发投入平均占总营业收入的 6% ~ 7%,这与营业收入排名世界前十的医疗器械生产企业的研发投入占比 6% ~ 6.7% 类似。然而,从研发投入金额看,两者的差距就比较明显了。如 2018 年营业收入排名世界第十位的美国 Stryker 公司全年营收为 130 亿美元，研发投入约 9 亿美元；当年中国营业收入排名第一的迈瑞公司全年营收为 137.53 亿元人民币（折合 67.42 亿美元），研发投入金额为 14.20 亿元人民币（折合 2.04 亿美元）。在今后的医疗器械行业发展过程中，如果企业不能加大研发投入，发展核心技术，势必会面临合并、重组甚至被淘汰的命运。

与发达国家相比，中国医疗器械产业整体发展尚不成熟，处于从仿制向自主创新阶段转变的过程中，创新能力不足，缺乏核心竞争力。中国医疗器械创新研发的主体主要包括科研机构、高等院校和企业，但三者之间缺乏深度的协调、合作以及有效的技术整合。尤其是在大型设备及高端医疗设备方面，由于缺乏部分关键性核心技术，影响了中国产品的国际竞争力。从医疗器械领域的专利分布看，中国企业申请的国际专利数量较少，反映出技术竞争力相对较弱，开拓国际市场的能力不足。

2）审评监管机构面临的挑战：专业技术审评要求提高。作为创新医疗器械，其核心工作原理或作用机制为国内首创，对评审人员的专业知识背景提出了更高的要求，而目前创新医疗器械技术审评相关规则往往在创新产品出现后才制订，存在一定的滞后性，新政策下针对创新产品的技术审评无疑是对监管机构审评人员的一个挑战。沟通交流制度亟待落实。2017 年 2 月，药品监督总局发布了《医疗器械审评沟通交流管理办法（试行）》，目的是贯彻落实创新医疗器械审评审批制度改革要求，鼓励医疗器械企业创新研发的积极性。对监管机构如何有效合理安排沟通交流形式、如何设立交流沟通的审评小组，切实保障审评沟通交流管理办法落实到位提出了挑战。

2. 思考与展望

医疗器械行业的稳健发展是关乎我国民生健康的大事，我国医疗器械产品同质化问题严重。我国出台的十余条新政策给这一问题带来了制度上的发展契机，需要企业抓住机遇，多方面为医疗器械行业发展提供了便利。通过创新提高产品的附加值，完善产业链。相信在新政策环境下，医疗器械行业的自我完善和成长会迈向一个新的台阶。

（1）完善的监管体制，有利于医疗器械产业稳健发展：目前，我国医疗器械产业正处于转型升级的关键时期，从“依赖进口、仿制为主”逐渐向“自主创新研究”转变的时期。完善的法规体系与监管机制有利于加速这一时期的转变，能够从源头上把控医疗器械品质，过程中控制医疗器械的安全有效，为医疗器械产业稳健发展奠定牢固的基础。立法工作的加强，使医疗器械监管工作有法可依。同时不断地完善创新医疗器械规范性文件的制订与修订，总结实际工作经验，让法规文件与实际过程中的监管衔接更加顺畅。在监管方面，政府应该采取科学有效的监管措施，制订严格的生产制造标准，保证医疗器械产品可以满足相关安全要求。注重上市后监管机制，建立完善的风险防控体系，对生产流通等关键领域实施具有针对性的监管措施，加大飞行检查力度，保证医疗器械在各个环节得到有效监管。政府应加强对医疗器械行业的重视与支持，加强对企业监督及支持服务。政府在选择加强支持的医疗器械企业时，筛选出技术实力和服务能力强，科技技术含量高的企业予以扶持，鼓励低技术含量、低产能、高能耗的企业转型。同时，由于中国医疗器械市场中存在企业法制意识淡薄、行业自律水平低等状况，医疗器械监管任务任重道远。

为了加快医疗器械行业的发展，留住好的企业，让其最快最大化发挥价值，建议改革医疗器械企业的审批程序,在保证安全的前提下加快产品上市。有关部门加强对医疗器械行业的监督、帮助和精准服务加快行政审批速度。2016 年《医疗器械优先审批程序》把符合国家科技重大专项、临床急需等情形的产品纳入优先审批。有了绿色通道,这将对加快完善创新链、产业链、政策链相互关联支撑,鼓励企业创新研发、创新发展,促进医疗器械行业转型都有着重要意义。目前,虽然我国已设立创新医疗器械审查办公室,但受限于人员数量和专业范围以及创新医疗器械本身的特点,在具体审评时,对关键技术、相关法规存在疑问,缺乏针对创新医疗器械产品核心技术层面的专业把控。随着增加监管机构的学术科研投入,提高创新医疗器械审评监管能力,针对过程中可能出现的关键技术点做好战略性布局,为创新医疗器械专家咨询制度提供保障。

从市场角度看,政府更加积极倡导使用国产产品,使国产产品能够更好地生存发展。在有关主管部门加强监督和引导下,在保证质量的情况下,积极开放更多有利于国产医疗器械产品的采购平台,鼓励采购国产企业医疗器械。构建海关与药品监督管理部门之间的数据共享渠道,保证医疗器械产品注册、出境信息的及时无缝衔接。利用互联网建立完善的医疗器械进出口追溯监管平台,使得监管机构可以及时了解医疗器械的进出口情况和产品质量信息。针对进口国的各种政策要求,中国医疗器械企业必须熟悉相关内容。例如:进入欧盟市场的医疗器械都必须进行医疗器械 CE 认证;美国 FDA 规定,外国生产的医疗器械进入美国市场之前,必须通过 FDA 注册批准。在印度,一般来说,经过美国 FDA 和欧盟 CE 批准的医疗器械产品会被优先考虑。此外,中国医疗器械行业协会应该建立一套完善的贸易壁垒预警机制,帮助企业有效防范贸易壁垒。根据国家质检总局的要求,制订完善出境检验预警机制与快速反应机制,进而提高企业应对贸易壁垒的能力。当然,解决贸易壁垒的根本途径是提升研发能力,提高医疗器械产品的技术含量。

(2)支持医疗器械创新,提高中国医疗器械产业水平:从科研方向支持医疗器械产业、支持医疗器械基础创新研究。目前中国医疗器械设备及材料企业大多走的是先仿制,后创新的道路。近年来,建设创新型强国,面向未来各个领域重大挑战,从国家政策层面上支持基础研究应用,支持前沿技术研究、创新产品开发。当今和以后,中国要继续走一段从国外引进技术和自主创新相结合的重要道路。

培养和引进科研人才是提高产业科研水平的关键。首先,培养自己的人才是提高中国医疗器械产业水平的关键,只有发展自己的科研人员,才不会在技术上继续依赖其他国家。由中国科研人员研究的专利技术是医疗器械发展核心,不仅能有助于自身科技水平提高,还能推进医疗器械产业的继续现代化和智能化。有了自己的专利保护技术,可以出口到国外,大大提高中国医疗器械产业企业的知名度和可信度,也侧面提高了中国的国际竞争力。其次,加大研发投入,引进科研人才,医疗器械研发周期长且前期需要大量的人力物力,引进科研人才可以有效解决人才不足的问题。因此,对于中小企业来讲,需要专业化的融资平台。政府应提供有关金融和税收方面的优惠政策,降低中小企业的创业、创新成本,鼓励医疗器械企业加大研发投入、培养和引进科研人才。

促进医疗器械产业结构优化。医疗器械领域对先进科研技术的依赖性较高,产业发展周期长、前期临床经费投入大,所以对于处于产业生命周期早期的国内中小型医疗器械公司,非常需要更专业化和平台化的投资。政府应重视医疗器械产业孵化器的建设。

孵化器可以促进中小企业发展，使得他们的科技成果成型，从而可以降低中小企业的创业成本并且促进科研企业的发展，也能形成企业创新的良好风气。此外，医疗器械产业在发展过程中，应关注产品结构的调整优化，不断提升产品的技术含量，加快实现由中低端产品向高附加值医疗器械产品的转型升级。医疗器械生产企业应运用国家政策、人力资源、技术等优势，在完成前期的资本积累后，逐步把重心转移至高性能、高端医疗器械产品的研发和生产，例如围绕手术机器人等技术领域进行高端医疗器械的开发。

针对当前中国医疗器械生产企业普遍规模较小的问题，鼓励医疗器械行业企业合并重组，扩大生产规模，实现规模经济效益，避免产业内部的过度竞争。通过并购上下游关联企业，实现产业链无缝对接，增强产品竞争力，产生叠加效应。对于被并购的企业而言，则可获得资金支持以及更多资源，拓展生存空间。近年来，医疗器械企业兼并重组的平均交易额达到了上百亿美元。并购这几年在国外市场频率很高，大公司可以因此获得更新科研技术，完善自身生产链，加强自身公司品牌产品竞争力，而被并购公司则可获得更多资金支持，并在大公司的支持下获得更多资源，完善已有项目。加快医疗器械企业间并购，实现规模效益和避免内部竞争，以产业链无缝对接为目标，沿着自身产品的产品链向上游或者下游延伸。国内企业通过横向和纵向整合，开发新道路，发挥产品协同作用，减少成本，通过合并体现规模效应，从而实现医疗器械企业更好、更快、更完整发展，拥有更完善的体系，从而全面提升国际竞争力。

产业集群带来的成本优势。医疗器械行业的发展离不开上游产业支持，从医疗器械生产看，涉及的上游产业主要包括生物化学、材料、电子制造、机械制造等。经过多年发展，中国形成了独具特色的医疗器械产业集群，尤其是针对中低端医疗器械产品，中国已经拥有较为成熟完整的产业链。例如：河南长垣县的医用耗材、苏州的眼科器械等特色医疗器械产业集群，此外，在长三角地区已经形成了完整的核磁共振设备上游供应链。产业集群不仅使得医疗器械生产企业的抗风险能力极大提升，而且与发达国家相比，成本方面具有较大的优势。

此外，中国有着高素质的研发团队和技术工人，在经济全球化趋势的推动之下，发达国家的医疗器械企业将部分研发、制造环节迁入中国，有助于提高中国医疗器械技术水平并开拓海外市场。

(3)促进产学研合作，加快科技成果转化：创新是推动医疗器械产业发展的重要动力源泉，对医疗器械企业而言，技术创新不仅要关注国外最新的研究动态，还应围绕临床的需要，结合中国现有的条件进行选择性研发，例如体外诊断试剂、超声诊断设备都有着巨大的市场需求。另外，应发挥政府和医疗器械行业协会的作用，创建医药产业园区，引入医疗器械领域具有关联性的企业以及研发机构，促进产学研之间有效融合，科研院所负责基础性研究、企业负责技术开发和生产，从而降低研发成本和交易成本，带动医疗器械产业的发展。

加快科技成果转移转化，促进政产学研合作加快中国科技成果向生产力转化是未来发展大趋势。在医疗器械行业中，应该积极探索适合中国医疗器械科技成果转化的模式，以机制创新加快医疗器械创新产业化发展，增加研究带来的收益。在医疗仪器开发和成果转化的过程中，应该积极开展与国内外知名医院、食品药品检定机构的合作，共建科研平台。大学研究所应多与各大研究所紧密合作,采用互聘教授、交换研究生等方式,或是与国外一流科研机构直接合作。另外,可以通过引进风险投资公司以及基金的模式,最大程度解决资金不足的问题,保证科研成果能产业化发展。

(4)需进一步完善技术培训和售后服务体系:医疗器械产品要走向国际市场,不仅面临当地既有市场主体的竞争,还要与其他外来者角逐。与国内销售相比,医疗器械的出口涉及更为严格的注册、监管、培训及服务要求,尤其是需要建立完善的技术培训和售后服务体系。

医疗器械产业要想获得长期发展,必须实现企业间的要素配置和组合,包括产业链、技术等各方面的资源整合。大型企业可以通过参股、控股等方式,汇聚品种、技术、渠道等资源,着力发展成具有核心竞争力的优势集团或领军型企业。中小型企业可以通过结成战略联盟等方式,集中多家企业的力量进行研发,致力于在中低端市场形成低成本的集聚优势。此外,企业应当与高校建立紧密的合作关系,通过共享技术、检验监测资源等,避免在技术上的重复投入。从实际情况看,中国医疗器械出口企业一般规模较小、资金实力有限、技术支持能力较弱,医疗器械企业大多没能建立完善的售后维修及维护网点,通常委托进口商或者代理商承担售后服务,导致出口产品信誉受到一定影响。主要原因在于:一是在出口贸易中,存在时差、语言障碍、质量标准差异,售后服务的开展具有一定难度,涉及的费用高、耗时长;二是中国大部分医疗器械企业以单打独斗的形式在海外市场销售商品,缺乏国际市场营销经验,综合实力有限,很难给国外用户提供高品质的售后服务。在这种模式下,出口企业必须选择技术水平、信誉度较高的进口商或代理商,同时要与进口国当地的经销商保持密切联系,及时获取市场反馈信息,为国外客户提供完善、及时的售后服务。此外,出口企业还应该重视对进口国当地医疗器械产业人才的培训,在出口产品的同时帮助国外用户建立技术团队,不仅有助于减轻售后服务的压力,还可以提升品牌形象。

(5)经济环境有利于创新医疗器械的健康发展:近年来,我国经济持续健康发展,国民经济增速保持在6%左右,许多地方政府出台优惠政策支持创新医疗器械产业发展,有的地方不仅给予医疗器械生产税费减免优惠政策,还给予医疗器械产品注册奖励、产品创新奖励、生产厂房补助等。根据浩悦资本数据库统计,截至2020年12月31日,国内创新医疗器械私募融资事件合计293起,并购事件合计19起,A+H股IPO合计13起。尽管年初受疫情影响,私募融资事件数量出现明显下滑,但全年私募融资交易较2019年实现了超30%的增长。从2018—2020年市场趋势来看,心血管介入、医疗机器人、影像三大赛道稳坐创新医疗器械私募融资前三宝座,而前三类产品中合计融资数占比由2018年的32.01%提升至2020年的38.23%,热门领域的融资集中度进一步提升。2020年,心血管介入、医疗机器人、影像和骨科四大板块融资数量合计达到141起。经济环境的利好,有利于创新医疗器械的健康发展。

# 附　录

## 附录1　医疗器械监督管理条例

2000年1月4日中华人民共和国国务院令第276号公布　2014年2月12日国务院第39次常务会议修订通过　根据2017年5月4日《国务院关于修改〈医疗器械监督管理条例〉的决定》修订　2020年12月21日国务院第119次常务会议修订通过。

### 第一章　总　　则

**第一条**　为了保证医疗器械的安全、有效，保障人体健康和生命安全，促进医疗器械产业发展，制定本条例。

**第二条**　在中华人民共和国境内从事医疗器械的研制、生产、经营、使用活动及其监督管理，适用本条例。

**第三条**　国务院药品监督管理部门负责全国医疗器械监督管理工作。

国务院有关部门在各自的职责范围内负责与医疗器械有关的监督管理工作。

**第四条**　县级以上地方人民政府应当加强对本行政区域的医疗器械监督管理工作的领导，组织协调本行政区域内的医疗器械监督管理工作以及突发事件应对工作，加强医疗器械监督管理能力建设，为医疗器械安全工作提供保障。

县级以上地方人民政府负责药品监督管理的部门负责本行政区域的医疗器械监督管理工作。县级以上地方人民政府有关部门在各自的职责范围内负责与医疗器械有关的监督管理工作。

**第五条**　医疗器械监督管理遵循风险管理、全程管控、科学监管、社会共治的原则。

**第六条**　国家对医疗器械按照风险程度实行分类管理。

第一类是风险程度低，实行常规管理可以保证其安全、有效的医疗器械。

第二类是具有中度风险，需要严格控制管理以保证其安全、有效的医疗器械。

第三类是具有较高风险，需要采取特别措施严格控制管理以保证其安全、有效的医疗器械。

评价医疗器械风险程度，应当考虑医疗器械的预期目的、结构特征、使用方法等因素。

国务院药品监督管理部门负责制定医疗器械的分类规则和分类目录，并根据医疗器械生产、经营、使用情况，及时对医疗器械的风险变化进行分析、评价，对分类规则和分类目录进行调整。制定、调整分类规则和分类目录，应当充分听取医疗器械注册人、备案人、生产经营企业以及使用单位、行业组织的意见，并参考国际医疗器械分类实践。医疗器械分类规则和分类目录应当向社会公布。

**第七条** 医疗器械产品应当符合医疗器械强制性国家标准；尚无强制性国家标准的，应当符合医疗器械强制性行业标准。

**第八条** 国家制定医疗器械产业规划和政策，将医疗器械创新纳入发展重点，对创新医疗器械予以优先审评审批，支持创新医疗器械临床推广和使用，推动医疗器械产业高质量发展。国务院药品监督管理部门应当配合国务院有关部门，贯彻实施国家医疗器械产业规划和引导政策。

**第九条** 国家完善医疗器械创新体系，支持医疗器械的基础研究和应用研究，促进医疗器械新技术的推广和应用，在科技立项、融资、信贷、招标采购、医疗保险等方面予以支持。支持企业设立或者联合组建研制机构，鼓励企业与高等学校、科研院所、医疗机构等合作开展医疗器械的研究与创新，加强医疗器械知识产权保护，提高医疗器械自主创新能力。

**第十条** 国家加强医疗器械监督管理信息化建设，提高在线政务服务水平，为医疗器械行政许可、备案等提供便利。

**第十一条** 医疗器械行业组织应当加强行业自律，推进诚信体系建设，督促企业依法开展生产经营活动，引导企业诚实守信。

**第十二条** 对在医疗器械的研究与创新方面做出突出贡献的单位和个人，按照国家有关规定给予表彰奖励。

## 第二章 医疗器械产品注册与备案

**第十三条** 第一类医疗器械实行产品备案管理，第二类、第三类医疗器械实行产品注册管理。

医疗器械注册人、备案人应当加强医疗器械全生命周期质量管理，对研制、生产、经营、使用全过程中医疗器械的安全性、有效性依法承担责任。

**第十四条** 第一类医疗器械产品备案和申请第二类、第三类医疗器械产品注册，应当提交下列资料：

（一）产品风险分析资料；

（二）产品技术要求；

（三）产品检验报告；

（四）临床评价资料；

(五)产品说明书以及标签样稿;

(六)与产品研制、生产有关的质量管理体系文件;

(七)证明产品安全、有效所需的其他资料。

产品检验报告应当符合国务院药品监督管理部门的要求,可以是医疗器械注册申请人、备案人的自检报告,也可以是委托有资质的医疗器械检验机构出具的检验报告。

符合本条例第二十四条规定的免于进行临床评价情形的,可以免于提交临床评价资料。

医疗器械注册申请人、备案人应当确保提交的资料合法、真实、准确、完整和可追溯。

**第十五条** 第一类医疗器械产品备案,由备案人向所在地设区的市级人民政府负责药品监督管理的部门提交备案资料。

向我国境内出口第一类医疗器械的境外备案人,由其指定的我国境内企业法人向国务院药品监督管理部门提交备案资料和备案人所在国(地区)主管部门准许该医疗器械上市销售的证明文件。未在境外上市的创新医疗器械,可以不提交备案人所在国(地区)主管部门准许该医疗器械上市销售的证明文件。

备案人向负责药品监督管理的部门提交符合本条例规定的备案资料后即完成备案。负责药品监督管理的部门应当自收到备案资料之日起5个工作日内,通过国务院药品监督管理部门在线政务服务平台向社会公布备案有关信息。

备案资料载明的事项发生变化的,应当向原备案部门变更备案。

**第十六条** 申请第二类医疗器械产品注册,注册申请人应当向所在地省、自治区、直辖市人民政府药品监督管理部门提交注册申请资料。申请第三类医疗器械产品注册,注册申请人应当向国务院药品监督管理部门提交注册申请资料。

向我国境内出口第二类、第三类医疗器械的境外注册申请人,由其指定的我国境内企业法人向国务院药品监督管理部门提交注册申请资料和注册申请人所在国(地区)主管部门准许该医疗器械上市销售的证明文件。未在境外上市的创新医疗器械,可以不提交注册申请人所在国(地区)主管部门准许该医疗器械上市销售的证明文件。

国务院药品监督管理部门应当对医疗器械注册审查程序和要求作出规定,并加强对省、自治区、直辖市人民政府药品监督管理部门注册审查工作的监督指导。

**第十七条** 受理注册申请的药品监督管理部门应当对医疗器械的安全性、有效性以及注册申请人保证医疗器械安全、有效的质量管理能力等进行审查。

受理注册申请的药品监督管理部门应当自受理注册申请之日起3个工作日内将注册申请资料转交技术审评机构。技术审评机构应当在完成技术审评后,将审评意见提交受理注册申请的药品监督管理部门作为审批的依据。

受理注册申请的药品监督管理部门在组织对医疗器械的技术审评时认为有必要对质量管理体系进行核查的,应当组织开展质量管理体系核查。

**第十八条** 受理注册申请的药品监督管理部门应当自收到审评意见之日起20个工作日内作出决定。对符合条件的,准予注册并发给医疗器械注册证;对不符合条件的,不予注册并书面说明理由。

受理注册申请的药品监督管理部门应当自医疗器械准予注册之日起5个工作日内,

通过国务院药品监督管理部门在线政务服务平台向社会公布注册有关信息。

**第十九条** 对用于治疗罕见疾病、严重危及生命且尚无有效治疗手段的疾病和应对公共卫生事件等急需的医疗器械，受理注册申请的药品监督管理部门可以作出附条件批准决定，并在医疗器械注册证中载明相关事项。

出现特别重大突发公共卫生事件或者其他严重威胁公众健康的紧急事件，国务院卫生主管部门根据预防、控制事件的需要提出紧急使用医疗器械的建议，经国务院药品监督管理部门组织论证同意后可以在一定范围和期限内紧急使用。

**第二十条** 医疗器械注册人、备案人应当履行下列义务：

（一）建立与产品相适应的质量管理体系并保持有效运行；

（二）制定上市后研究和风险管控计划并保证有效实施；

（三）依法开展不良事件监测和再评价；

（四）建立并执行产品追溯和召回制度；

（五）国务院药品监督管理部门规定的其他义务。

境外医疗器械注册人、备案人指定的我国境内企业法人应当协助注册人、备案人履行前款规定的义务。

**第二十一条** 已注册的第二类、第三类医疗器械产品，其设计、原材料、生产工艺、适用范围、使用方法等发生实质性变化，有可能影响该医疗器械安全、有效的，注册人应当向原注册部门申请办理变更注册手续；发生其他变化的，应当按照国务院药品监督管理部门的规定备案或者报告。

**第二十二条** 医疗器械注册证有效期为5年。有效期届满需要延续注册的，应当在有效期届满6个月前向原注册部门提出延续注册的申请。

除有本条第三款规定情形外，接到延续注册申请的药品监督管理部门应当在医疗器械注册证有效期届满前作出准予延续的决定。逾期未作决定的，视为准予延续。

有下列情形之一的，不予延续注册：

（一）未在规定期限内提出延续注册申请；

（二）医疗器械强制性标准已经修订，申请延续注册的医疗器械不能达到新要求；

（三）附条件批准的医疗器械，未在规定期限内完成医疗器械注册证载明事项。

**第二十三条** 对新研制的尚未列入分类目录的医疗器械，申请人可以依照本条例有关第三类医疗器械产品注册的规定直接申请产品注册，也可以依据分类规则判断产品类别并向国务院药品监督管理部门申请类别确认后依照本条例的规定申请产品注册或者进行产品备案。

直接申请第三类医疗器械产品注册的，国务院药品监督管理部门应当按照风险程度确定类别，对准予注册的医疗器械及时纳入分类目录。申请类别确认的，国务院药品监督管理部门应当自受理申请之日起20个工作日内对该医疗器械的类别进行判定并告知申请人。

**第二十四条** 医疗器械产品注册、备案，应当进行临床评价；但是符合下列情形之一，可以免于进行临床评价：

（一）工作机理明确、设计定型，生产工艺成熟，已上市的同品种医疗器械临床应用多年且无严重不良事件记录，不改变常规用途的；

（二）其他通过非临床评价能够证明该医疗器械安全、有效的。

国务院药品监督管理部门应当制定医疗器械临床评价指南。

**第二十五条** 进行医疗器械临床评价，可以根据产品特征、临床风险、已有临床数据等情形，通过开展临床试验，或者通过对同品种医疗器械临床文献资料、临床数据进行分析评价，证明医疗器械安全、有效。

按照国务院药品监督管理部门的规定，进行医疗器械临床评价时，已有临床文献资料、临床数据不足以确认产品安全、有效的医疗器械，应当开展临床试验。

**第二十六条** 开展医疗器械临床试验，应当按照医疗器械临床试验质量管理规范的要求，在具备相应条件的临床试验机构进行，并向临床试验申办者所在地省、自治区、直辖市人民政府药品监督管理部门备案。接受临床试验备案的药品监督管理部门应当将备案情况通报临床试验机构所在地同级药品监督管理部门和卫生主管部门。

医疗器械临床试验机构实行备案管理。医疗器械临床试验机构应当具备的条件以及备案管理办法和临床试验质量管理规范，由国务院药品监督管理部门会同国务院卫生主管部门制定并公布。

国家支持医疗机构开展临床试验，将临床试验条件和能力评价纳入医疗机构等级评审，鼓励医疗机构开展创新医疗器械临床试验。

**第二十七条** 第三类医疗器械临床试验对人体具有较高风险的，应当经国务院药品监督管理部门批准。国务院药品监督管理部门审批临床试验，应当对拟承担医疗器械临床试验的机构的设备、专业人员等条件，该医疗器械的风险程度，临床试验实施方案，临床受益与风险对比分析报告等进行综合分析，并自受理申请之日起60个工作日内作出决定并通知临床试验申办者。逾期未通知的，视为同意。准予开展临床试验的，应当通报临床试验机构所在地省、自治区、直辖市人民政府药品监督管理部门和卫生主管部门。

临床试验对人体具有较高风险的第三类医疗器械目录由国务院药品监督管理部门制定、调整并公布。

**第二十八条** 开展医疗器械临床试验，应当按照规定进行伦理审查，向受试者告知试验目的、用途和可能产生的风险等详细情况，获得受试者的书面知情同意；受试者为无民事行为能力人或者限制民事行为能力人的，应当依法获得其监护人的书面知情同意。

开展临床试验，不得以任何形式向受试者收取与临床试验有关的费用。

**第二十九条** 对正在开展临床试验的用于治疗严重危及生命且尚无有效治疗手段的疾病的医疗器械，经医学观察可能使患者获益，经伦理审查、知情同意后，可以在开展医疗器械临床试验的机构内免费用于其他病情相同的患者，其安全性数据可以用于医疗器械注册申请。

## 第三章　医疗器械生产

**第三十条** 从事医疗器械生产活动，应当具备下列条件：

（一）有与生产的医疗器械相适应的生产场地、环境条件、生产设备以及专业技术人员；

(二)有能对生产的医疗器械进行质量检验的机构或者专职检验人员以及检验设备;

(三)有保证医疗器械质量的管理制度;

(四)有与生产的医疗器械相适应的售后服务能力;

(五)符合产品研制、生产工艺文件规定的要求。

**第三十一条** 从事第一类医疗器械生产的,应当向所在地设区的市级人民政府负责药品监督管理的部门备案,在提交符合本条例第三十条规定条件的有关资料后即完成备案。

医疗器械备案人自行生产第一类医疗器械的,可以在依照本条例第十五条规定进行产品备案时一并提交符合本条例第三十条规定条件的有关资料,即完成生产备案。

**第三十二条** 从事第二类、第三类医疗器械生产的,应当向所在地省、自治区、直辖市人民政府药品监督管理部门申请生产许可并提交其符合本条例第三十条规定条件的有关资料以及所生产医疗器械的注册证。

受理生产许可申请的药品监督管理部门应当对申请资料进行审核,按照国务院药品监督管理部门制定的医疗器械生产质量管理规范的要求进行核查,并自受理申请之日起20个工作日内作出决定。对符合规定条件的,准予许可并发给医疗器械生产许可证;对不符合规定条件的,不予许可并书面说明理由。

医疗器械生产许可证有效期为5年。有效期届满需要延续的,依照有关行政许可的法律规定办理延续手续。

**第三十三条** 医疗器械生产质量管理规范应当对医疗器械的设计开发、生产设备条件、原材料采购、生产过程控制、产品放行、企业的机构设置和人员配备等影响医疗器械安全、有效的事项作出明确规定。

**第三十四条** 医疗器械注册人、备案人可以自行生产医疗器械,也可以委托符合本条例规定、具备相应条件的企业生产医疗器械。

委托生产医疗器械的,医疗器械注册人、备案人应当对所委托生产的医疗器械质量负责,并加强对受托生产企业生产行为的管理,保证其按照法定要求进行生产。医疗器械注册人、备案人应当与受托生产企业签订委托协议,明确双方权利、义务和责任。受托生产企业应当依照法律法规、医疗器械生产质量管理规范、强制性标准、产品技术要求和委托协议组织生产,对生产行为负责,并接受委托方的监督。

具有高风险的植入性医疗器械不得委托生产,具体目录由国务院药品监督管理部门制定、调整并公布。

**第三十五条** 医疗器械注册人、备案人、受托生产企业应当按照医疗器械生产质量管理规范,建立健全与所生产医疗器械相适应的质量管理体系并保证其有效运行;严格按照经注册或者备案的产品技术要求组织生产,保证出厂的医疗器械符合强制性标准以及经注册或者备案的产品技术要求。

医疗器械注册人、备案人、受托生产企业应当定期对质量管理体系的运行情况进行自查,并按照国务院药品监督管理部门的规定提交自查报告。

**第三十六条** 医疗器械的生产条件发生变化,不再符合医疗器械质量管理体系要求的,医疗器械注册人、备案人、受托生产企业应当立即采取整改措施;可能影响医疗器械安全、有效的,应当立即停止生产活动,并向原生产许可或者生产备案部门报告。

**第三十七条** 医疗器械应当使用通用名称。通用名称应当符合国务院药品监督管理部门制定的医疗器械命名规则。

**第三十八条** 国家根据医疗器械产品类别,分步实施医疗器械唯一标识制度,实现医疗器械可追溯,具体办法由国务院药品监督管理部门会同国务院有关部门制定。

**第三十九条** 医疗器械应当有说明书、标签。说明书、标签的内容应当与经注册或者备案的相关内容一致,确保真实、准确。

医疗器械的说明书、标签应当标明下列事项:

(一)通用名称、型号、规格;

(二)医疗器械注册人、备案人、受托生产企业的名称、地址以及联系方式;

(三)生产日期,使用期限或者失效日期;

(四)产品性能、主要结构、适用范围;

(五)禁忌、注意事项以及其他需要警示或者提示的内容;

(六)安装和使用说明或者图示;

(七)维护和保养方法,特殊运输、贮存的条件、方法;

(八)产品技术要求规定应当标明的其他内容。

第二类、第三类医疗器械还应当标明医疗器械注册证编号。

由消费者个人自行使用的医疗器械还应当具有安全使用的特别说明。

## 第四章 医疗器械经营与使用

**第四十条** 从事医疗器械经营活动,应当有与经营规模和经营范围相适应的经营场所和贮存条件,以及与经营的医疗器械相适应的质量管理制度和质量管理机构或者人员。

**第四十一条** 从事第二类医疗器械经营的,由经营企业向所在地设区的市级人民政府负责药品监督管理的部门备案并提交符合本条例第四十条规定条件的有关资料。

按照国务院药品监督管理部门的规定,对产品安全性、有效性不受流通过程影响的第二类医疗器械,可以免于经营备案。

**第四十二条** 从事第三类医疗器械经营的,经营企业应当向所在地设区的市级人民政府负责药品监督管理的部门申请经营许可并提交符合本条例第四十条规定条件的有关资料。

受理经营许可申请的负责药品监督管理的部门应当对申请资料进行审查,必要时组织核查,并自受理申请之日起20个工作日内作出决定。对符合规定条件的,准予许可并发给医疗器械经营许可证;对不符合规定条件的,不予许可并书面说明理由。

医疗器械经营许可证有效期为5年。有效期届满需要延续的,依照有关行政许可的法律规定办理延续手续。

**第四十三条** 医疗器械注册人、备案人经营其注册、备案的医疗器械,无需办理医疗器械经营许可或者备案,但应当符合本条例规定的经营条件。

**第四十四条** 从事医疗器械经营,应当依照法律法规和国务院药品监督管理部门制定的医疗器械经营质量管理规范的要求，建立健全与所经营医疗器械相适应的质量管理体系并保证其有效运行。

**第四十五条** 医疗器械经营企业、使用单位应当从具备合法资质的医疗器械注册人、备案人、生产经营企业购进医疗器械。购进医疗器械时，应当查验供货者的资质和医疗器械的合格证明文件，建立进货查验记录制度。从事第二类、第三类医疗器械批发业务以及第三类医疗器械零售业务的经营企业，还应当建立销售记录制度。

记录事项包括：

（一）医疗器械的名称、型号、规格、数量；

（二）医疗器械的生产批号、使用期限或者失效日期、销售日期；

（三）医疗器械注册人、备案人和受托生产企业的名称；

（四）供货者或者购货者的名称、地址以及联系方式；

（五）相关许可证明文件编号等。

进货查验记录和销售记录应当真实、准确、完整和可追溯，并按照国务院药品监督管理部门规定的期限予以保存。国家鼓励采用先进技术手段进行记录。

**第四十六条** 从事医疗器械网络销售的，应当是医疗器械注册人、备案人或者医疗器械经营企业。从事医疗器械网络销售的经营者，应当将从事医疗器械网络销售的相关信息告知所在地设区的市级人民政府负责药品监督管理的部门，经营第一类医疗器械和本条例第四十一条第二款规定的第二类医疗器械的除外。

为医疗器械网络交易提供服务的电子商务平台经营者应当对入网医疗器械经营者进行实名登记，审查其经营许可、备案情况和所经营医疗器械产品注册、备案情况，并对其经营行为进行管理。电子商务平台经营者发现入网医疗器械经营者有违反本条例规定行为的，应当及时制止并立即报告医疗器械经营者所在地设区的市级人民政府负责药品监督管理的部门；发现严重违法行为的，应当立即停止提供网络交易平台服务。

**第四十七条** 运输、贮存医疗器械，应当符合医疗器械说明书和标签标示的要求；对温度、湿度等环境条件有特殊要求的，应当采取相应措施，保证医疗器械的安全、有效。

**第四十八条** 医疗器械使用单位应当有与在用医疗器械品种、数量相适应的贮存场所和条件。医疗器械使用单位应当加强对工作人员的技术培训，按照产品说明书、技术操作规范等要求使用医疗器械。

医疗器械使用单位配置大型医用设备，应当符合国务院卫生主管部门制定的大型医用设备配置规划，与其功能定位、临床服务需求相适应，具有相应的技术条件、配套设施和具备相应资质、能力的专业技术人员，并经省级以上人民政府卫生主管部门批准，取得大型医用设备配置许可证。

大型医用设备配置管理办法由国务院卫生主管部门会同国务院有关部门制定。大型医用设备目录由国务院卫生主管部门商国务院有关部门提出，报国务院批准后执行。

**第四十九条** 医疗器械使用单位对重复使用的医疗器械，应当按照国务院卫生主管部门制定的消毒和管理的规定进行处理。

一次性使用的医疗器械不得重复使用，对使用过的应当按照国家有关规定销毁并记录。一次性使用的医疗器械目录由国务院药品监督管理部门会同国务院卫生主管部门制定、调整并公布。列入一次性使用的医疗器械目录，应当具有充足的无法重复使用的证据理由。重复使用可以保证安全、有效的医疗器械，不列入一次性使用的医疗器械目录。对因设计、生产工艺、消毒灭菌技术等改进后重复使用可以保证安全、有效的医疗器械，应当调整出一次性使用的医疗器械目录，允许重复使用。

**第五十条** 医疗器械使用单位对需要定期检查、检验、校准、保养、维护的医疗器械，应当按照产品说明书的要求进行检查、检验、校准、保养、维护并予以记录，及时进行分析、评估，确保医疗器械处于良好状态，保障使用质量；对使用期限长的大型医疗器械，应当逐台建立使用档案，记录其使用、维护、转让、实际使用时间等事项。记录保存期限不得少于医疗器械规定使用期限终止后5年。

**第五十一条** 医疗器械使用单位应当妥善保存购入第三类医疗器械的原始资料，并确保信息具有可追溯性。

使用大型医疗器械以及植入和介入类医疗器械的，应当将医疗器械的名称、关键性技术参数等信息以及与使用质量安全密切相关的必要信息记载到病历等相关记录中。

**第五十二条** 发现使用的医疗器械存在安全隐患的，医疗器械使用单位应当立即停止使用，并通知医疗器械注册人、备案人或者其他负责产品质量的机构进行检修；经检修仍不能达到使用安全标准的医疗器械，不得继续使用。

**第五十三条** 对国内尚无同品种产品上市的体外诊断试剂，符合条件的医疗机构根据本单位的临床需要，可以自行研制，在执业医师指导下在本单位内使用。具体管理办法由国务院药品监督管理部门会同国务院卫生主管部门制定。

**第五十四条** 负责药品监督管理的部门和卫生主管部门依据各自职责，分别对使用环节的医疗器械质量和医疗器械使用行为进行监督管理。

**第五十五条** 医疗器械经营企业、使用单位不得经营、使用未依法注册或者备案、无合格证明文件以及过期、失效、淘汰的医疗器械。

**第五十六条** 医疗器械使用单位之间转让在用医疗器械，转让方应当确保所转让的医疗器械安全、有效，不得转让过期、失效、淘汰以及检验不合格的医疗器械。

**第五十七条** 进口的医疗器械应当是依照本条例第二章的规定已注册或者已备案的医疗器械。

进口的医疗器械应当有中文说明书、中文标签。说明书、标签应当符合本条例规定以及相关强制性标准的要求，并在说明书中载明医疗器械的原产地以及境外医疗器械注册人、备案人指定的我国境内企业法人的名称、地址、联系方式。没有中文说明书、中文标签或者说明书、标签不符合本条规定的，不得进口。

医疗机构因临床急需进口少量第二类、第三类医疗器械的，经国务院药品监督管理部门或者国务院授权的省、自治区、直辖市人民政府批准，可以进口。进口的医疗器械应当在指定医疗机构内用于特定医疗目的。

禁止进口过期、失效、淘汰等已使用过的医疗器械。

**第五十八条** 出入境检验检疫机构依法对进口的医疗器械实施检验；检验不合格的，不得进口。

国务院药品监督管理部门应当及时向国家出入境检验检疫部门通报进口医疗器械

的注册和备案情况。进口口岸所在地出入境检验检疫机构应当及时向所在地设区的市级人民政府负责药品监督管理的部门通报进口医疗器械的通关情况。

**第五十九条** 出口医疗器械的企业应当保证其出口的医疗器械符合进口国(地区)的要求。

**第六十条** 医疗器械广告的内容应当真实合法,以经负责药品监督管理的部门注册或者备案的医疗器械说明书为准,不得含有虚假、夸大、误导性的内容。

发布医疗器械广告,应当在发布前由省、自治区、直辖市人民政府确定的广告审查机关对广告内容进行审查,并取得医疗器械广告批准文号;未经审查,不得发布。

省级以上人民政府药品监督管理部门责令暂停生产、进口、经营和使用的医疗器械,在暂停期间不得发布涉及该医疗器械的广告。

医疗器械广告的审查办法由国务院市场监督管理部门制定。

## 第五章 不良事件的处理与医疗器械的召回

**第六十一条** 国家建立医疗器械不良事件监测制度,对医疗器械不良事件及时进行收集、分析、评价、控制。

**第六十二条** 医疗器械注册人、备案人应当建立医疗器械不良事件监测体系,配备与其产品相适应的不良事件监测机构和人员,对其产品主动开展不良事件监测,并按照国务院药品监督管理部门的规定,向医疗器械不良事件监测技术机构报告调查、分析、评价、产品风险控制等情况。

医疗器械生产经营企业、使用单位应当协助医疗器械注册人、备案人对所生产经营或者使用的医疗器械开展不良事件监测;发现医疗器械不良事件或者可疑不良事件,应当按照国务院药品监督管理部门的规定,向医疗器械不良事件监测技术机构报告。

其他单位和个人发现医疗器械不良事件或者可疑不良事件,有权向负责药品监督管理的部门或者医疗器械不良事件监测技术机构报告。

**第六十三条** 国务院药品监督管理部门应当加强医疗器械不良事件监测信息网络建设。

医疗器械不良事件监测技术机构应当加强医疗器械不良事件信息监测,主动收集不良事件信息;发现不良事件或者接到不良事件报告的,应当及时进行核实,必要时进行调查、分析、评估,向负责药品监督管理的部门和卫生主管部门报告并提出处理建议。

医疗器械不良事件监测技术机构应当公布联系方式,方便医疗器械注册人、备案人、生产经营企业、使用单位等报告医疗器械不良事件。

**第六十四条** 负责药品监督管理的部门应当根据医疗器械不良事件评估结果及时采取发布警示信息以及责令暂停生产、进口、经营和使用等控制措施。

省级以上人民政府药品监督管理部门应当会同同级卫生主管部门和相关部门组织对引起突发、群发的严重伤害或者死亡的医疗器械不良事件及时进行调查和处理,并组织对同类医疗器械加强监测。

负责药品监督管理的部门应当及时向同级卫生主管部门通报医疗器械使用单位的不良事件监测有关情况。

**第六十五条** 医疗器械注册人、备案人、生产经营企业、使用单位应当对医疗器械不良事件监测技术机构、负责药品监督管理的部门、卫生主管部门开展的医疗器械不良事件调查予以配合。

**第六十六条** 有下列情形之一的,医疗器械注册人、备案人应当主动开展已上市医疗器械再评价:

(一)根据科学研究的发展,对医疗器械的安全、有效有认识上的改变;

(二)医疗器械不良事件监测、评估结果表明医疗器械可能存在缺陷;

(三)国务院药品监督管理部门规定的其他情形。

医疗器械注册人、备案人应当根据再评价结果,采取相应控制措施,对已上市医疗器械进行改进,并按照规定进行注册变更或者备案变更。再评价结果表明已上市医疗器械不能保证安全、有效的,医疗器械注册人、备案人应当主动申请注销医疗器械注册证或者取消备案;医疗器械注册人、备案人未申请注销医疗器械注册证或者取消备案的,由负责药品监督管理的部门注销医疗器械注册证或者取消备案。

省级以上人民政府药品监督管理部门根据医疗器械不良事件监测、评估等情况,对已上市医疗器械开展再评价。再评价结果表明已上市医疗器械不能保证安全、有效的,应当注销医疗器械注册证或者取消备案。

负责药品监督管理的部门应当向社会及时公布注销医疗器械注册证和取消备案情况。被注销医疗器械注册证或者取消备案的医疗器械不得继续生产、进口、经营、使用。

**第六十七条** 医疗器械注册人、备案人发现生产的医疗器械不符合强制性标准、经注册或者备案的产品技术要求,或者存在其他缺陷的,应当立即停止生产,通知相关经营企业、使用单位和消费者停止经营和使用,召回已经上市销售的医疗器械,采取补救、销毁等措施,记录相关情况,发布相关信息,并将医疗器械召回和处理情况向负责药品监督管理的部门和卫生主管部门报告。

医疗器械受托生产企业、经营企业发现生产、经营的医疗器械存在前款规定情形的,应当立即停止生产、经营,通知医疗器械注册人、备案人,并记录停止生产、经营和通知情况。医疗器械注册人、备案人认为属于依照前款规定需要召回的医疗器械,应当立即召回。

医疗器械注册人、备案人、受托生产企业、经营企业未依照本条规定实施召回或者停止生产、经营的,负责药品监督管理的部门可以责令其召回或者停止生产、经营。

## 第六章 监督检查

**第六十八条** 国家建立职业化专业化检查员制度,加强对医疗器械的监督检查。

**第六十九条** 负责药品监督管理的部门应当对医疗器械的研制、生产、经营活动以及使用环节的医疗器械质量加强监督检查,并对下列事项进行重点监督检查:

(一)是否按照经注册或者备案的产品技术要求组织生产;

(二)质量管理体系是否保持有效运行;

(三)生产经营条件是否持续符合法定要求。

必要时,负责药品监督管理的部门可以对为医疗器械研制、生产、经营、使用等活动提供产品或者服务的其他相关单位和个人进行延伸检查。

**第七十条** 负责药品监督管理的部门在监督检查中有下列职权:

(一)进入现场实施检查、抽取样品;

(二)查阅、复制、查封、扣押有关合同、票据、账簿以及其他有关资料;

(三)查封、扣押不符合法定要求的医疗器械,违法使用的零配件、原材料以及用于违法生产经营医疗器械的工具、设备;

(四)查封违反本条例规定从事医疗器械生产经营活动的场所。

进行监督检查,应当出示执法证件,保守被检查单位的商业秘密。

有关单位和个人应当对监督检查予以配合,提供相关文件和资料,不得隐瞒、拒绝、阻挠。

**第七十一条** 卫生主管部门应当对医疗机构的医疗器械使用行为加强监督检查。实施监督检查时,可以进入医疗机构,查阅、复制有关档案、记录以及其他有关资料。

**第七十二条** 医疗器械生产经营过程中存在产品质量安全隐患,未及时采取措施消除的,负责药品监督管理的部门可以采取告诫、责任约谈、责令限期整改等措施。

对人体造成伤害或者有证据证明可能危害人体健康的医疗器械,负责药品监督管理的部门可以采取责令暂停生产、进口、经营、使用的紧急控制措施,并发布安全警示信息。

**第七十三条** 负责药品监督管理的部门应当加强对医疗器械注册人、备案人、生产经营企业和使用单位生产、经营、使用的医疗器械的抽查检验。抽查检验不得收取检验费和其他任何费用,所需费用纳入本级政府预算。省级以上人民政府药品监督管理部门应当根据抽查检验结论及时发布医疗器械质量公告。

卫生主管部门应当对大型医用设备的使用状况进行监督和评估;发现违规使用以及与大型医用设备相关的过度检查、过度治疗等情形的,应当立即纠正,依法予以处理。

**第七十四条** 负责药品监督管理的部门未及时发现医疗器械安全系统性风险,未及时消除监督管理区域内医疗器械安全隐患的,本级人民政府或者上级人民政府负责药品监督管理的部门应当对其主要负责人进行约谈。

地方人民政府未履行医疗器械安全职责,未及时消除区域性重大医疗器械安全隐患的,上级人民政府或者上级人民政府负责药品监督管理的部门应当对其主要负责人进行约谈。

被约谈的部门和地方人民政府应当立即采取措施,对医疗器械监督管理工作进行整改。

**第七十五条** 医疗器械检验机构资质认定工作按照国家有关规定实行统一管理。经国务院认证认可监督管理部门会同国务院药品监督管理部门认定的检验机构,方可对医疗器械实施检验。

负责药品监督管理的部门在执法工作中需要对医疗器械进行检验的,应当委托有资质的医疗器械检验机构进行,并支付相关费用。

当事人对检验结论有异议的,可以自收到检验结论之日起7个工作日内向实施抽样检验的部门或者其上一级负责药品监督管理的部门提出复检申请,由受理复检申请的部门在复检机构名录中随机确定复检机构进行复检。承担复检工作的医疗器械检验机构应当在国务院药品监督管理部门规定的时间内作出复检结论。复检结论为最终检验结论。复检机构与初检机构不得为同一机构;相关检验项目只有一家有资质的检验机构的,复检时应当变更承办部门或者人员。复检机构名录由国务院药品监督管理部门公布。

**第七十六条** 对可能存在有害物质或者擅自改变医疗器械设计、原材料和生产工艺并存在安全隐患的医疗器械,按照医疗器械国家标准、行业标准规定的检验项目和检验方法无法检验的,医疗器械检验机构可以使用国务院药品监督管理部门批准的补充检验项目和检验方法进行检验;使用补充检验项目、检验方法得出的检验结论,可以作为负责药品监督管理的部门认定医疗器械质量的依据。

**第七十七条** 市场监督管理部门应当依照有关广告管理的法律、行政法规的规定,对医疗器械广告进行监督检查,查处违法行为。

**第七十八条** 负责药品监督管理的部门应当通过国务院药品监督管理部门在线政务服务平台依法及时公布医疗器械许可、备案、抽查检验、违法行为查处等日常监督管理信息。但是,不得泄露当事人的商业秘密。

负责药品监督管理的部门建立医疗器械注册人、备案人、生产经营企业、使用单位信用档案,对有不良信用记录的增加监督检查频次,依法加强失信惩戒。

**第七十九条** 负责药品监督管理的部门等部门应当公布本单位的联系方式,接受咨询、投诉、举报。负责药品监督管理的部门等部门接到与医疗器械监督管理有关的咨询,应当及时答复;接到投诉、举报,应当及时核实、处理、答复。对咨询、投诉、举报情况及其答复、核实、处理情况,应当予以记录、保存。

有关医疗器械研制、生产、经营、使用行为的举报经调查属实的,负责药品监督管理的部门等部门对举报人应当给予奖励。有关部门应当为举报人保密。

**第八十条** 国务院药品监督管理部门制定、调整、修改本条例规定的目录以及与医疗器械监督管理有关的规范,应当公开征求意见;采取听证会、论证会等形式,听取专家、医疗器械注册人、备案人、生产经营企业、使用单位、消费者、行业协会以及相关组织等方面的意见。

## 第七章 法律责任

**第八十一条** 有下列情形之一的,由负责药品监督管理的部门没收违法所得、违法生产经营的医疗器械和用于违法生产经营的工具、设备、原材料等物品;违法生产经营的医疗器械货值金额不足1万元的,并处5万元以上15万元以下罚款;货值金额1万元以上的,并处货值金额15倍以上30倍以下罚款;情节严重的,责令停产停业,10年内不受理相关责任人以及单位提出的医疗器械许可申请,对违法单位的法定代表人、主要负责人、直接负责的主管人员和其他责任人员,没收违法行为发生期间自本单位所获收入,并处所获收入30%以上3倍以下罚款,终身禁止其从事医疗器械生产经营活动:

(一)生产、经营未取得医疗器械注册证的第二类、第三类医疗器械;

(二)未经许可从事第二类、第三类医疗器械生产活动;

(三)未经许可从事第三类医疗器械经营活动。

有前款第一项情形、情节严重的，由原发证部门吊销医疗器械生产许可证或者医疗器械经营许可证。

**第八十二条** 未经许可擅自配置使用大型医用设备的，由县级以上人民政府卫生主管部门责令停止使用，给予警告，没收违法所得；违法所得不足1万元的，并处5万元以上10万元以下罚款；违法所得1万元以上的，并处违法所得10倍以上30倍以下罚款；情节严重的，5年内不受理相关责任人以及单位提出的大型医用设备配置许可申请，对违法单位的法定代表人、主要负责人、直接负责的主管人员和其他责任人员，没收违法行为发生期间自本单位所获收入，并处所获收入30%以上3倍以下罚款，依法给予处分。

**第八十三条** 在申请医疗器械行政许可时提供虚假资料或者采取其他欺骗手段的，不予行政许可，已经取得行政许可的，由作出行政许可决定的部门撤销行政许可，没收违法所得、违法生产经营使用的医疗器械，10年内不受理相关责任人以及单位提出的医疗器械许可申请；违法生产经营使用的医疗器械货值金额不足1万元的，并处5万元以上15万元以下罚款；货值金额1万元以上的，并处货值金额15倍以上30倍以下罚款；情节严重的，责令停产停业，对违法单位的法定代表人、主要负责人、直接负责的主管人员和其他责任人员，没收违法行为发生期间自本单位所获收入，并处所获收入30%以上3倍以下罚款，终身禁止其从事医疗器械生产经营活动。

伪造、变造、买卖、出租、出借相关医疗器械许可证件的，由原发证部门予以收缴或者吊销，没收违法所得；违法所得不足1万元的，并处5万元以上10万元以下罚款；违法所得1万元以上的，并处违法所得10倍以上20倍以下罚款；构成违反治安管理行为的，由公安机关依法予以治安管理处罚。

**第八十四条** 有下列情形之一的，由负责药品监督管理的部门向社会公告单位和产品名称，责令限期改正；逾期不改正的，没收违法所得、违法生产经营的医疗器械；违法生产经营的医疗器械货值金额不足1万元的，并处1万元以上5万元以下罚款；货值金额1万元以上的，并处货值金额5倍以上20倍以下罚款；情节严重的，对违法单位的法定代表人、主要负责人、直接负责的主管人员和其他责任人员，没收违法行为发生期间自本单位所获收入，并处所获收入30%以上2倍以下罚款，5年内禁止其从事医疗器械生产经营活动：

（一）生产、经营未经备案的第一类医疗器械；

（二）未经备案从事第一类医疗器械生产；

（三）经营第二类医疗器械，应当备案但未备案；

（四）已经备案的资料不符合要求。

**第八十五条** 备案时提供虚假资料的，由负责药品监督管理的部门向社会公告备案单位和产品名称，没收违法所得、违法生产经营的医疗器械；违法生产经营的医疗器械货值金额不足1万元的，并处2万元以上5万元以下罚款；货值金额1万元以上的，并处货值金额5倍以上20倍以下罚款；情节严重的，责令停产停业，对违法单位的法定代表人、主要负责人、直接负责的主管人员和其他责任人员，没收违法行为发生期间自本单位所获收入，并处所获收入30%以上3倍以下罚款，10年内禁止其从事医疗器械生产经营活动。

**第八十六条** 有下列情形之一的，由负责药品监督管理的部门责令改正，没收违法生产经营使用的医疗器械；违法生产经营使用的医疗器械货值金额不足1万元的，并处2万元以上5万元以下罚款；货值金额1万元以上的，并处货值金额5倍以上20倍以下罚款；情节严重的，责令停产停业，直至由原发证部门吊销医疗器械注册证、医疗器械生产许可证、医疗器械经营许可证，对违法单位的法定代表人、主要负责人、直接负责的主管人员和其他责任人员，没收违法行为发生期间自本单位所获收入，并处所获收入30%以上3倍以下罚款，10年内禁止其从事医疗器械生产经营活动：

（一）生产、经营、使用不符合强制性标准或者不符合经注册或者备案的产品技术要求的医疗器械；

（二）未按照经注册或者备案的产品技术要求组织生产，或者未依照本条例规定建立质量管理体系并保持有效运行，影响产品安全、有效；

（三）经营、使用无合格证明文件、过期、失效、淘汰的医疗器械，或者使用未依法注册的医疗器械；

（四）在负责药品监督管理的部门责令召回后仍拒不召回，或者在负责药品监督管理的部门责令停止或者暂停生产、进口、经营后，仍拒不停止生产、进口、经营医疗器械；

（五）委托不具备本条例规定条件的企业生产医疗器械，或者未对受托生产企业的生产行为进行管理；

（六）进口过期、失效、淘汰等已使用过的医疗器械。

**第八十七条** 医疗器械经营企业、使用单位履行了本条例规定的进货查验等义务，有充分证据证明其不知道所经营、使用的医疗器械为本条例第八十一条第一款第一项、第八十四条第一项、第八十六条第一项和第三项规定情形的医疗器械，并能如实说明其进货来源的，收缴其经营、使用的不符合法定要求的医疗器械，可以免除行政处罚。

**第八十八条** 有下列情形之一的，由负责药品监督管理的部门责令改正，处1万元以上5万元以下罚款；拒不改正的，处5万元以上10万元以下罚款；情节严重的，责令停产停业，直至由原发证部门吊销医疗器械生产许可证、医疗器械经营许可证，对违法单位的法定代表人、主要负责人、直接负责的主管人员和其他责任人员，没收违法行为发生期间自本单位所获收入，并处所获收入30%以上2倍以下罚款，5年内禁止其从事医疗器械生产经营活动：

（一）生产条件发生变化、不再符合医疗器械质量管理体系要求，未依照本条例规定整改、停止生产、报告；

（二）生产、经营说明书、标签不符合本条例规定的医疗器械；

（三）未按照医疗器械说明书和标签标示要求运输、贮存医疗器械；

（四）转让过期、失效、淘汰或者检验不合格的在用医疗器械。

**第八十九条** 有下列情形之一的，由负责药品监督管理的部门和卫生主管部门依据各自职责责令改正，给予警告；拒不改正的，处1万元以上10万元以下罚款；情节严重的，责令停产停业，直至由原发证部门吊销医疗器械注册证、医疗器械生产许可证、医疗器械经营许可证，对违法单位的法定代表人、主要负责人、直接负责的主管人员和其他责任人员处1万元以上3万元以下罚款：

(一)未按照要求提交质量管理体系自查报告;

(二)从不具备合法资质的供货者购进医疗器械;

(三)医疗器械经营企业、使用单位未依照本条例规定建立并执行医疗器械进货查验记录制度;

(四)从事第二类、第三类医疗器械批发业务以及第三类医疗器械零售业务的经营企业未依照本条例规定建立并执行销售记录制度;

(五)医疗器械注册人、备案人、生产经营企业、使用单位未依照本条例规定开展医疗器械不良事件监测,未按照要求报告不良事件,或者对医疗器械不良事件监测技术机构、负责药品监督管理的部门、卫生主管部门开展的不良事件调查不予配合;

(六)医疗器械注册人、备案人未按照规定制定上市后研究和风险管控计划并保证有效实施;

(七)医疗器械注册人、备案人未按照规定建立并执行产品追溯制度;

(八)医疗器械注册人、备案人、经营企业从事医疗器械网络销售未按照规定告知负责药品监督管理的部门;

(九)对需要定期检查、检验、校准、保养、维护的医疗器械,医疗器械使用单位未按照产品说明书要求进行检查、检验、校准、保养、维护并予以记录,及时进行分析、评估,确保医疗器械处于良好状态;

(十)医疗器械使用单位未妥善保存购入第三类医疗器械的原始资料。

**第九十条** 有下列情形之一的,由县级以上人民政府卫生主管部门责令改正,给予警告;拒不改正的,处5万元以上10万元以下罚款;情节严重的,处10万元以上30万元以下罚款,责令暂停相关医疗器械使用活动,直至由原发证部门吊销执业许可证,依法责令相关责任人员暂停6个月以上1年以下执业活动,直至由原发证部门吊销相关人员执业证书,对违法单位的法定代表人、主要负责人、直接负责的主管人员和其他责任人员,没收违法行为发生期间自本单位所获收入,并处所获收入30%以上3倍以下罚款,依法给予处分:

(一)对重复使用的医疗器械,医疗器械使用单位未按照消毒和管理的规定进行处理;

(二)医疗器械使用单位重复使用一次性使用的医疗器械,或者未按照规定销毁使用过的一次性使用的医疗器械;

(三)医疗器械使用单位未按照规定将大型医疗器械以及植入和介入类医疗器械的信息记载到病历等相关记录中;

(四)医疗器械使用单位发现使用的医疗器械存在安全隐患未立即停止使用、通知检修,或者继续使用经检修仍不能达到使用安全标准的医疗器械;

(五)医疗器械使用单位违规使用大型医用设备,不能保障医疗质量安全。

**第九十一条** 违反进出口商品检验相关法律、行政法规进口医疗器械的,由出入境检验检疫机构依法处理。

**第九十二条** 为医疗器械网络交易提供服务的电子商务平台经营者违反本条例规定,未履行对入网医疗器械经营者进行实名登记,审查许可、注册、备案情况,制止并报告违法行为,停止提供网络交易平台服务等管理义务的,由负责药品监督管理的部门依照《中华人民共和国电子商务法》的规定给予处罚。

**第九十三条** 未进行医疗器械临床试验机构备案开展临床试验的,由负责药品监督管理的部门责令停止临床试验并改正;拒不改正的,该临床试验数据不得用于产品注册、备案,处5万元以上10万元以下罚款,并向社会公告;造成严重后果的,5年内禁止其开展相关专业医疗器械临床试验,并处10万元以上30万元以下罚款,由卫生主管部门对违法单位的法定代表人、主要负责人、直接负责的主管人员和其他责任人员,没收违法行为发生期间自本单位所获收入,并处所获收入30%以上3倍以下罚款,依法给予处分。

临床试验申办者开展临床试验未经备案的,由负责药品监督管理的部门责令停止临床试验,对临床试验申办者处5万元以上10万元以下罚款,并向社会公告;造成严重后果的,处10万元以上30万元以下罚款。该临床试验数据不得用于产品注册、备案,5年内不受理相关责任人以及单位提出的医疗器械注册申请。

临床试验申办者未经批准开展对人体具有较高风险的第三类医疗器械临床试验的,由负责药品监督管理的部门责令立即停止临床试验,对临床试验申办者处10万元以上30万元以下罚款,并向社会公告;造成严重后果的,处30万元以上100万元以下罚款。该临床试验数据不得用于产品注册,10年内不受理相关责任人以及单位提出的医疗器械临床试验和注册申请,对违法单位的法定代表人、主要负责人、直接负责的主管人员和其他责任人员,没收违法行为发生期间自本单位所获收入,并处所获收入30%以上3倍以下罚款。

**第九十四条** 医疗器械临床试验机构开展医疗器械临床试验未遵守临床试验质量管理规范的,由负责药品监督管理的部门责令改正或者立即停止临床试验,处5万元以上10万元以下罚款;造成严重后果的,5年内禁止其开展相关专业医疗器械临床试验,由卫生主管部门对违法单位的法定代表人、主要负责人、直接负责的主管人员和其他责任人员,没收违法行为发生期间自本单位所获收入,并处所获收入30%以上3倍以下罚款,依法给予处分。

**第九十五条** 医疗器械临床试验机构出具虚假报告的,由负责药品监督管理的部门处10万元以上30万元以下罚款;有违法所得的,没收违法所得;10年内禁止其开展相关专业医疗器械临床试验;由卫生主管部门对违法单位的法定代表人、主要负责人、直接负责的主管人员和其他责任人员,没收违法行为发生期间自本单位所获收入,并处所获收入30%以上3倍以下罚款,依法给予处分。

**第九十六条** 医疗器械检验机构出具虚假检验报告的,由授予其资质的主管部门撤销检验资质,10年内不受理相关责任人以及单位提出的资质认定申请,并处10万元以上30万元以下罚款;有违法所得的,没收违法所得;对违法单位的法定代表人、主要负责人、直接负责的主管人员和其他责任人员,没收违法行为发生期间自本单位所获收入,并处所获收入30%以上3倍以下罚款,依法给予处分;受到开除处分的,10年内禁止其从事医疗器械检验工作。

**第九十七条** 违反本条例有关医疗器械广告管理规定的,依照《中华人民共和国广告法》的规定给予处罚。

**第九十八条** 境外医疗器械注册人、备案人指定的我国境内企业法人未依照本条例规定履行相关义务的，由省、自治区、直辖市人民政府药品监督管理部门责令改正，给予警告，并处5万元以上10万元以下罚款；情节严重的，处10万元以上50万元以下罚款，5年内禁止其法定代表人、主要负责人、直接负责的主管人员和其他责任人员从事医疗器械生产经营活动。

境外医疗器械注册人、备案人拒不履行依据本条例作出的行政处罚决定的，10年内禁止其医疗器械进口。

**第九十九条** 医疗器械研制、生产、经营单位和检验机构违反本条例规定使用禁止从事医疗器械生产经营活动、检验工作的人员的，由负责药品监督管理的部门责令改正，给予警告；拒不改正的，责令停产停业直至吊销许可证件。

**第一百条** 医疗器械技术审评机构、医疗器械不良事件监测技术机构未依照本条例规定履行职责，致使审评、监测工作出现重大失误的，由负责药品监督管理的部门责令改正，通报批评，给予警告；造成严重后果的，对违法单位的法定代表人、主要负责人、直接负责的主管人员和其他责任人员，依法给予处分。

**第一百零一条** 负责药品监督管理的部门或者其他有关部门工作人员违反本条例规定，滥用职权、玩忽职守、徇私舞弊的，依法给予处分。

**第一百零二条** 违反本条例规定，构成犯罪的，依法追究刑事责任；造成人身、财产或者其他损害的，依法承担赔偿责任。

## 第八章 附 则

**第一百零三条** 本条例下列用语的含义：

医疗器械，是指直接或者间接用于人体的仪器、设备、器具、体外诊断试剂及校准物、材料以及其他类似或者相关的物品，包括所需要的计算机软件；其效用主要通过物理等方式获得，不是通过药理学、免疫学或者代谢的方式获得，或者虽然有这些方式参与但是只起辅助作用；其目的是：

（一）疾病的诊断、预防、监护、治疗或者缓解；

（二）损伤的诊断、监护、治疗、缓解或者功能补偿；

（三）生理结构或者生理过程的检验、替代、调节或者支持；

（四）生命的支持或者维持；

（五）妊娠控制；

（六）通过对来自人体的样本进行检查，为医疗或者诊断目的提供信息。

医疗器械注册人、备案人，是指取得医疗器械注册证或者办理医疗器械备案的企业或者研制机构。

医疗器械使用单位，是指使用医疗器械为他人提供医疗等技术服务的机构，包括医疗机构、计划生育技术服务机构、血站、单采血浆站、康复辅助器具适配机构等。

大型医用设备，是指使用技术复杂、资金投入量大、运行成本高、对医疗费用影响大且纳入目录管理的大型医疗器械。

**第一百零四条** 医疗器械产品注册可以收取费用。具体收费项目、标准分别由国务院财政、价格主管部门按照国家有关规定制定。

**第一百零五条** 医疗卫生机构为应对突发公共卫生事件而研制的医疗器械的管理办法，由国务院药品监督管理部门会同国务院卫生主管部门制定。

从事非营利的避孕医疗器械的存储、调拨和供应，应当遵守国务院卫生主管部门会同国务院药品监督管理部门制定的管理办法。

中医医疗器械的技术指导原则，由国务院药品监督管理部门会同国务院中医药管理部门制定。

**第一百零六条** 军队医疗器械使用的监督管理，依照本条例和军队有关规定执行。

**第一百零七条** 本条例自 2021 年 6 月 1 日起施行。

# 附录2　医疗器械注册管理办法

## 第一章　总　　则

**第一条**　为规范医疗器械的注册与备案管理，保证医疗器械的安全、有效，根据《医疗器械监督管理条例》，制定本办法。

**第二条**　在中华人民共和国境内销售、使用的医疗器械，应当按照本办法的规定申请注册或者办理备案。

**第三条**　医疗器械注册是食品药品监督管理部门根据医疗器械注册申请人的申请，依照法定程序，对其拟上市医疗器械的安全性、有效性研究及其结果进行系统评价，以决定是否同意其申请的过程。

医疗器械备案是医疗器械备案人向食品药品监督管理部门提交备案资料，食品药品监督管理部门对提交的备案资料存档备查。

**第四条**　医疗器械注册与备案应当遵循公开、公平、公正的原则。

**第五条**　第一类医疗器技术管理。第二类、第三类医疗器械实行注册管理。

境内第一类医疗器械备案，备案人向设区的市级食品药品监督管理部门提交备案资料。

境内第二类医疗器械由省、自治区、直辖市食品药品监督管理部门审查，批准后发给医疗器械注册证。

境内第三类医疗器械由国家食品药品监督管理总局审查，批准后发给医疗器械注册证。

进口第一类医疗器械备案，备案人向国家食品药品监督管理总局提交备案资料。

进口第二类、第三类医疗器械由国家食品药品监督管理总局审查，批准后发给医疗器械注册证。

香港、澳门、台湾地区医疗器械的注册、备案，参照进口医疗器械办理。

**第六条**　医疗器械注册人、备案人以自己名义把产品推向市场，对产品负法律责任。

**第七条**　食品药品监督管理部门依法及时公布医疗器械注册、备案相关信息。申请人可以查询审批进度和结果，公众可以查阅审批结果。

**第八条**　国家鼓励医疗器械的研究与创新，对创新医疗器械实行特别审批，促进医疗器械新技术的推广与应用，推动医疗器械产业的发展。

## 第二章　基本要求

**第九条**　医疗器械注册申请人和备案人应当建立与产品研制、生产有关的质量管理体系，并保持有效运行。

按照创新医疗器械特别审批程序审批的境内医疗器械申请注册时,样品委托其他企业生产的,应当委托具有相应生产范围的医疗器械生产企业;不属于按照创新医疗器械特别审批程序审批的境内医疗器械申请注册时,样品不得委托其他企业生产。

**第十条** 办理医疗器械注册或者备案事务的人员应当具有相应的专业知识,熟悉医疗器械注册或者备案管理的法律、法规、规章和技术要求。

**第十一条** 申请人或者备案人申请注册或者办理备案,应当遵循医疗器械安全有效基本要求,保证研制过程规范,所有数据真实、完整和可溯源。

**第十二条** 申请注册或者办理备案的资料应当使用中文。根据外文资料翻译的,应当同时提供原文。引用未公开发表的文献资料时,应当提供资料所有者许可使用的证明文件。

申请人、备案人对资料的真实性负责。

**第十三条** 申请注册或者办理备案的进口医疗器械,应当在申请人或者备案人注册地或者生产地址所在国家(地区)已获准上市销售。

申请人或者备案人注册地或者生产地址所在国家(地区)未将该产品作为医疗器械管理的,申请人或者备案人需提供相关证明文件,包括注册地或者生产地址所在国家(地区)准许该产品上市销售的证明文件。

**第十四条** 境外申请人或者备案人应当通过其在中国境内设立的代表机构或者指定中国境内的企业法人作为代理人,配合境外申请人或者备案人开展相关工作。

代理人除办理医疗器械注册或者备案事宜外,还应当承担以下责任:

(一)与相应食品药品监督管理部门、境外申请人或者备案人的联络;

(二)向申请人或者备案人如实、准确传达相关的法规和技术要求;

(三)收集上市后医疗器械不良事件信息并反馈境外注册人或者备案人,同时向相应的食品药品监督管理部门报告;

(四)协调医疗器械上市后的产品召回工作,并向相应的食品药品监督管理部门报告;

(五)其他涉及产品质量和售后服务的连带责任。

## 第三章 产品技术要求和注册检验

**第十五条** 申请人或者备案人应当编制拟注册或者备案医疗器械的产品技术要求。第一类医疗器械的产品技术要求由备案人办理备案时提交食品药品监督管理部门。第二类、第三类医疗器械的产品技术要求由食品药品监督管理部门在批准注册时予以核准。

产品技术要求主要包括医疗器械成品的性能指标和检验方法,其中性能指标是指可进行客观判定的成品的功能性、安全性指标以及与质量控制相关的其他指标。

在中国上市的医疗器械应当符合经注册核准或者备案的产品技术要求。

**第十六条** 申请第二类、第三类医疗器械注册,应当进行注册检验。医疗器械检验机构应当依据产品技术要求对相关产品进行注册检验。

注册检验样品的生产应当符合医疗器械质量管理体系的相关要求,注册检验合格的方可进行临床试验或者申请注册。

办理第一类医疗器械备案的，备案人可以提交产品自检报告。

**第十七条** 申请注册检验，申请人应当向检验机构提供注册检验所需要的有关技术资料、注册检验用样品及产品技术要求。

**第十八条** 医疗器械检验机构应当具有医疗器械检验资质、在其承检范围内进行检验，并对申请人提交的产品技术要求进行预评价。预评价意见随注册检验报告一同出具给申请人。

尚未列入医疗器械检验机构承检范围的医疗器械，由相应的注册审批部门指定有能力的检验机构进行检验。

**第十九条** 同一注册单元内所检验的产品应当能够代表本注册单元内其他产品的安全性和有效性。

## 第四章　临床评价

**第二十条** 医疗器械临床评价是指申请人或者备案人通过临床文献资料、临床经验数据、临床试验等信息对产品是否满足使用要求或者适用范围进行确认的过程。

**第二十一条** 临床评价资料是指申请人或者备案人进行临床评价所形成的文件。

需要进行临床试验的，提交的临床评价资料应当包括临床试验方案和临床试验报告。

**第二十二条** 办理第一类医疗器械备案，不需进行临床试验。申请第二类、第三类医疗器械注册，应当进行临床试验。

有下列情形之一的，可以免于进行临床试验：

（一）工作机理明确、设计定型，生产工艺成熟，已上市的同品种医疗器械临床应用多年且无严重不良事件记录，不改变常规用途的；

（二）通过非临床评价能够证明该医疗器械安全、有效的；

（三）通过对同品种医疗器械临床试验或者临床使用获得的数据进行分析评价，能够证明该医疗器械安全、有效的。

免于进行临床试验的医疗器械目录由国家食品药品监督管理总局制定、调整并公布。未列入免于进行临床试验的医疗器械目录的产品，通过对同品种医疗器械临床试验或者临床使用获得的数据进行分析评价，能够证明该医疗器械安全、有效的，申请人可以在申报注册时予以说明，并提交相关证明资料。

**第二十三条** 开展医疗器械临床试验，应当按照医疗器械临床试验质量管理规范的要求，在取得资质的临床试验机构内进行。临床试验样品的生产应当符合医疗器械质量管理体系的相关要求。

**第二十四条** 第三类医疗器械进行临床试验对人体具有较高风险的，应当经国家食品药品监督管理总局批准。需进行临床试验审批的第三类医疗器械目录由国家食品药品监督管理总局制定、调整并公布。

**第二十五条** 临床试验审批是指国家食品药品监督管理总局根据申请人的申请，对拟开展临床试验的医疗器械的风险程度、临床试验方案、临床受益与风险对比分析报告等进行综合分析，以决定是否同意开展临床试验的过程。

**第二十六条** 需进行医疗器械临床试验审批的，申请人应当按照相关要求向国家食品药品监督管理总局报送申报资料。

**第二十七条** 国家食品药品监督管理总局受理医疗器械临床试验审批申请后，应当自受理申请之日起3个工作日内将申报资料转交医疗器械技术审评机构。

技术审评机构应当在40个工作日内完成技术审评。国家食品药品监督管理总局应当在技术审评结束后20个工作日内作出决定。准予开展临床试验的，发给医疗器械临床试验批件；不予批准的，应当书面说明理由。

**第二十八条** 技术审评过程中需要申请人补正资料的，技术审评机构应当一次告知需要补正的全部内容。申请人应当在1年内按照补正通知的要求一次提供补充资料。技术审评机构应当自收到补充资料之日起40个工作日内完成技术审评。申请人补充资料的时间不计算在审评时限内。

申请人逾期未提交补充资料的，由技术审评机构终止技术审评，提出不予批准的建议，国家食品药品监督管理总局核准后作出不予批准的决定。

**第二十九条** 有下列情形之一的，国家食品药品监督管理总局应当撤销已获得的医疗器械临床试验批准文件：

（一）临床试验申报资料虚假的；

（二）已有最新研究证实原批准的临床试验伦理性和科学性存在问题的；

（三）其他应当撤销的情形。

**第三十条** 医疗器械临床试验应当在批准后3年内实施；逾期未实施的，原批准文件自行废止，仍需进行临床试验的，应当重新申请。

## 第五章 产品注册

**第三十一条** 申请医疗器械注册，申请人应当按照相关要求向食品药品监督管理部门报送申报资料。

**第三十二条** 食品药品监督管理部门收到申请后对申报资料进行形式审查，并根据下列情况分别作出处理：

（一）申请事项属于本部门职权范围，申报资料齐全、符合形式审查要求的，予以受理；

（二）申报资料存在可以当场更正的错误的，应当允许申请人当场更正；

（三）申报资料不齐全或者不符合形式审查要求的，应当在5个工作日内一次告知申请人需要补正的全部内容，逾期不告知的，自收到申报资料之日起即为受理；

（四）申请事项不属于本部门职权范围的，应当即时告知申请人不予受理。

食品药品监督管理部门受理或者不予受理医疗器械注册申请，应当出具加盖本部门专用印章并注明日期的受理或者不予受理的通知书。

**第三十三条** 受理注册申请的食品药品监督管理部门应当自受理之日起3个工作日内将申报资料转交技术审评机构。

技术审评机构应当在60个工作日内完成第二类医疗器械注册的技术审评工作，在

90 个工作日内完成第三类医疗器械注册的技术审评工作。

需要外聘专家审评、药械组合产品需与药品审评机构联合审评的，所需时间不计算在内，技术审评机构应当将所需时间书面告知申请人。

**第三十四条** 食品药品监督管理部门在组织产品技术审评时可以调阅原始研究资料，并组织对申请人进行与产品研制、生产有关的质量管理体系核查。

境内第二类、第三类医疗器械注册质量管理体系核查，由省、自治区、直辖市食品药品监督管理部门开展，其中境内第三类医疗器械注册质量管理体系核查，由国家食品药品监督管理总局技术审评机构通知相应省、自治区、直辖市食品药品监督管理部门开展核查，必要时参与核查。省、自治区、直辖市食品药品监督管理部门应当在 30 个工作日内根据相关要求完成体系核查。

国家食品药品监督管理总局技术审评机构在对进口第二类、第三类医疗器械开展技术审评时，认为有必要进行质量管理体系核查的，通知国家食品药品监督管理总局质量管理体系检查技术机构根据相关要求开展核查，必要时技术审评机构参与核查。

质量管理体系核查的时间不计算在审评时限内。

**第三十五条** 技术审评过程中需要申请人补正资料的，技术审评机构应当一次告知需要补正的全部内容。申请人应当在 1 年内按照补正通知的要求一次提供补充资料；技术审评机构应当自收到补充资料之日起 60 个工作日内完成技术审评。申请人补充资料的时间不计算在审评时限内。

申请人对补正资料通知内容有异议的，可以向相应的技术审评机构提出书面意见，说明理由并提供相应的技术支持资料。

申请人逾期未提交补充资料的，由技术审评机构终止技术审评，提出不予注册的建议，由食品药品监督管理部门核准后作出不予注册的决定。

**第三十六条** 受理注册申请的食品药品监督管理部门应当在技术审评结束后 20 个工作日内作出决定。对符合安全、有效要求的，准予注册，自作出审批决定之日起 10 个工作日内发给医疗器械注册证，经过核准的产品技术要求以附件形式发给申请人。对不予注册的，应当书面说明理由，并同时告知申请人享有申请复审和依法申请行政复议或者提起行政诉讼的权利。

医疗器械注册证有效期为 5 年。

**第三十七条** 医疗器械注册事项包括许可事项和登记事项。许可事项包括产品名称、型号、规格、结构及组成、适用范围、产品技术要求、进口医疗器械的生产地址等；登记事项包括注册人名称和住所、代理人名称和住所、境内医疗器械的生产地址等。

**第三十八条** 对用于治疗罕见疾病以及应对突发公共卫生事件急需的医疗器械，食品药品监督管理部门可以在批准该医疗器械注册时要求申请人在产品上市后进一步完成相关工作，并将要求载明于医疗器械注册证中。

**第三十九条** 对于已受理的注册申请，有下列情形之一的，食品药品监督管理部门作出不予注册的决定，并告知申请人：

（一）申请人对拟上市销售医疗器械的安全性、有效性进行的研究及其结果无法证明产品安全、有效的；

(二)注册申报资料虚假的;

(三)注册申报资料内容混乱、矛盾的;

(四)注册申报资料的内容与申报项目明显不符的;

(五)不予注册的其他情形。

**第四十条** 对于已受理的注册申请,申请人可以在行政许可决定作出前,向受理该申请的食品药品监督管理部门申请撤回注册申请及相关资料,并说明理由。

**第四十一条** 对于已受理的注册申请,有证据表明注册申报资料可能虚假的,食品药品监督管理部门可以中止审批。经核实后,根据核实结论继续审查或者作出不予注册的决定。

**第四十二条** 申请人对食品药品监督管理部门作出的不予注册决定有异议的,可以自收到不予注册决定通知之日起 20 个工作日内,向作出审批决定的食品药品监督管理部门提出复审申请。复审申请的内容仅限于原申请事项和原申报资料。

**第四十三条** 食品药品监督管理部门应当自受理复审申请之日起 30 个工作日内作出复审决定,并书面通知申请人。维持原决定的,食品药品监督管理部门不再受理申请人再次提出的复审申请。

**第四十四条** 申请人对食品药品监督管理部门作出的不予注册的决定有异议,且已申请行政复议或者提起行政诉讼的,食品药品监督管理部门不受理其复审申请。

**第四十五条** 医疗器械注册证遗失的,注册人应当立即在原发证机关指定的媒体上登载遗失声明。自登载遗失声明之日起满 1 个月后,向原发证机关申请补发,原发证机关在 20 个工作日内予以补发。

**第四十六条** 医疗器械注册申请直接涉及申请人与他人之间重大利益关系的,食品药品监督管理部门应当告知申请人、利害关系人可以依照法律、法规以及国家食品药品监督管理总局的其他规定享有申请听证的权利;对医疗器械注册申请进行审查时,食品药品监督管理部门认为属于涉及公共利益的重大许可事项,应当向社会公告,并举行听证。

**第四十七条** 对新研制的尚未列入分类目录的医疗器械,申请人可以直接申请第三类医疗器械产品注册,也可以依据分类规则判断产品类别并向国家食品药品监督管理总局申请类别确认后,申请产品注册或者办理产品备案。

直接申请第三类医疗器械注册的,国家食品药品监督管理总局按照风险程度确定类别。境内医疗器械确定为第二类的,国家食品药品监督管理总局将申报资料转申请人所在地省、自治区、直辖市食品药品监督管理部门审评审批;境内医疗器械确定为第一类的,国家食品药品监督管理总局将申报资料转申请人所在地设区的市级食品药品监督管理部门备案。

**第四十八条** 注册申请审查过程中及批准后发生专利权纠纷的,应当按照有关法律、法规的规定处理。

## 第六章 注册变更

**第四十九条** 已注册的第二类、第三类医疗器械,医疗器械注册证及其附件载明的内容发生变化，注册人应当向原注册部门申请注册变更，并按照相关要求提交申报资料。

产品名称、型号、规格、结构及组成、适用范围、产品技术要求、进口医疗器械生产地址等发生变化的，注册人应当向原注册部门申请许可事项变更。

注册人名称和住所、代理人名称和住所发生变化的，注册人应当向原注册部门申请登记事项变更；境内医疗器械生产地址变更的，注册人应当在相应的生产许可变更后办理注册登记事项变更。

**第五十条** 登记事项变更资料符合要求的，食品药品监督管理部门应当在10个工作日内发给医疗器械注册变更文件。登记事项变更资料不齐全或者不符合形式审查要求的，食品药品监督管理部门应当一次告知需要补正的全部内容。

**第五十一条** 对于许可事项变更，技术审评机构应当重点针对变化部分进行审评，对变化后产品是否安全、有效作出评价。

受理许可事项变更申请的食品药品监督管理部门应当按照本办法第五章规定的时限组织技术审评。

**第五十二条** 医疗器械注册变更文件与原医疗器械注册证合并使用，其有效期与该注册证相同。取得注册变更文件后，注册人应当根据变更内容自行修改产品技术要求、说明书和标签。

**第五十三条** 许可事项变更申请的受理与审批程序，本章未作规定的，适用本办法第五章的相关规定。

## 第七章 延续注册

**第五十四条** 医疗器械注册证有效期届满需要延续注册的，注册人应当在医疗器械注册证有效期届满6个月前，向食品药品监督管理部门申请延续注册，并按照相关要求提交申报资料。

除有本办法第五十五条规定情形外，接到延续注册申请的食品药品监督管理部门应当在医疗器械注册证有效期届满前作出准予延续的决定。逾期未作决定的，视为准予延续。

**第五十五条** 有下列情形之一的，不予延续注册：

（一）注册人未在规定期限内提出延续注册申请的；

（二）医疗器械强制性标准已经修订，该医疗器械不能达到新要求的；

（三）对用于治疗罕见疾病以及应对突发公共卫生事件急需的医疗器械，批准注册部门在批准上市时提出要求，注册人未在规定期限内完成医疗器械注册证载明事项的。

**第五十六条** 医疗器械延续注册申请的受理与审批程序，本章未作规定的，适用本办法第五章的相关规定。

## 第八章 产品备案

**第五十七条** 第一类医疗器械生产前，应当办理产品备案。

**第五十八条** 办理医疗器械备案，备案人应当按照《医疗器械监督管理条例》第九条的规定提交备案资料。

备案资料符合要求的,食品药品监督管理部门应当当场备案;备案资料不齐全或者不符合规定形式的,应当一次告知需要补正的全部内容,由备案人补正后备案。

对备案的医疗器械,食品药品监督管理部门应当按照相关要求的格式制作备案凭证,并将备案信息表中登载的信息在其网站上予以公布。

**第五十九条** 已备案的医疗器械,备案信息表中登载内容及备案的产品技术要求发生变化的,备案人应当提交变化情况的说明及相关证明文件,向原备案部门提出变更备案信息。备案资料符合形式要求的,食品药品监督管理部门应当将变更情况登载于变更信息中,将备案资料存档。

**第六十条** 已备案的医疗器械管理类别调整的,备案人应当主动向食品药品监督管理部门提出取消原备案;管理类别调整为第二类或者第三类医疗器械的,按照本办法规定申请注册。

## 第九章 监督管理

**第六十一条** 国家食品药品监督管理总局负责全国医疗器械注册与备案的监督管理工作,对地方食品药品监督管理部门医疗器械注册与备案工作进行监督和指导。

**第六十二条** 省、自治区、直辖市食品药品监督管理部门负责本行政区域的医疗器械注册与备案的监督管理工作,组织开展监督检查,并将有关情况及时报送国家食品药品监督管理总局。

**第六十三条** 省、自治区、直辖市食品药品监督管理部门按照属地管理原则,对进口医疗器械代理人注册与备案相关工作实施日常监督管理。

**第六十四条** 设区的市级食品药品监督管理部门应当定期对备案工作开展检查,并及时向省、自治区、直辖市食品药品监督管理部门报送相关信息。

**第六十五条** 已注册的医疗器械有法律、法规规定应当注销的情形,或者注册证有效期未满但注册人主动提出注销的,食品药品监督管理部门应当依法注销,并向社会公布。

**第六十六条** 已注册的医疗器械,其管理类别由高类别调整为低类别的,在有效期内的医疗器械注册证继续有效。如需延续的,注册人应当在医疗器械注册证有效期届满6个月前,按照改变后的类别向食品药品监督管理部门申请延续注册或者办理备案。

医疗器械管理类别由低类别调整为高类别的,注册人应当依照本办法第五章的规定,按照改变后的类别向食品药品监督管理部门申请注册。国家食品药品监督管理总局在管理类别调整通知中应当对完成调整的时限作出规定。

**第六十七条** 省、自治区、直辖市食品药品监督管理部门违反本办法规定实施医疗器械注册的,由国家食品药品监督管理总局责令限期改正;逾期不改正的,国家食品药品监督管理总局可以直接公告撤销该医疗器械注册证。

**第六十八条** 食品药品监督管理部门、相关技术机构及其工作人员,对申请人或者备案人提交的试验数据和技术秘密负有保密义务。

## 第十章 法律责任

**第六十九条** 提供虚假资料或者采取其他欺骗手段取得医疗器械注册证的,按照

《医疗器械监督管理条例》第六十四条第一款的规定予以处罚。

备案时提供虚假资料的，按照《医疗器械监督管理条例》第六十五条第二款的规定予以处罚。

**第七十条** 伪造、变造、买卖、出租、出借医疗器械注册证的，按照《医疗器械监督管理条例》第六十四条第二款的规定予以处罚。

**第七十一条** 违反本办法规定，未依法办理第一类医疗器械变更备案或者第二类、第三类医疗器械注册登记事项变更的，按照《医疗器械监督管理条例》有关未备案的情形予以处罚。

**第七十二条** 违反本办法规定，未依法办理医疗器械注册许可事项变更的，按照《医疗器械监督管理条例》有关未取得医疗器械注册证的情形予以处罚。

**第七十三条** 申请人未按照《医疗器械监督管理条例》和本办法规定开展临床试验的，由县级以上食品药品监督管理部门责令改正，可以处 3 万元以下罚款；情节严重的，应当立即停止临床试验，已取得临床试验批准文件的，予以注销。

## 第十一章 附 则

**第七十四条** 医疗器械注册或者备案单元原则上以产品的技术原理、结构组成、性能指标和适用范围为划分依据。

**第七十五条** 医疗器械注册证中“结构及组成”栏内所载明的组合部件，以更换耗材、售后服务、维修等为目的，用于原注册产品的，可以单独销售。

**第七十六条** 医疗器械注册证格式由国家食品药品监督管理总局统一制定。

注册证编号的编排方式为：

×1 械注×2××××3×4××5××××6。其中：

×1 为注册审批部门所在地的简称：

境内第三类医疗器械、进口第二类、第三类医疗器械为“国”字；

境内第二类医疗器械为注册审批部门所在地省、自治区、直辖市简称；

×2 为注册形式：

“准”字适用于境内医疗器械；

“进”字适用于进口医疗器械；

“许”字适用于香港、澳门、台湾地区的医疗器械；

××××3 为首次注册年份；

×4 为产品管理类别；

××5 为产品分类编码；

××××6 为首次注册流水号。

延续注册的，××××3 和××××6 数字不变。产品管理类别调整的，应当重新编号。

**第七十七条** 第一类医疗器械备案凭证编号的编排方式为：

×1 械备××××2××××3 号。

其中：

×1 为备案部门所在地的简称：

进口第一类医疗器械为“国”字；

境内第一类医疗器械为备案部门所在地省、自治区、直辖市简称加所在地设区的市级行政区域的简称（无相应设区的市级行政区域时，仅为省、自治区、直辖市的简称）；

××××2 为备案年份；

××××3 为备案流水号。

**第七十八条** 按医疗器械管理体外诊断试剂的注册与备案适用《体外诊断试剂注册管理办法》。

**第七十九条** 医疗器械应急审批程序和创新医疗器械特别审批程序由国家食品药品监督管理总局另行制定。

**第八十条** 根据工作需要，国家食品药品监督管理总局可以委托省、自治区、直辖市食品药品监督管理部门或者技术机构、相关社会组织承担医疗器械注册有关的具体工作。

**第八十一条** 医疗器械产品注册收费项目、收费标准按照国务院财政、价格主管部门的有关规定执行。

**第八十二条** 本办法自2014年10月1日起施行。2004年8月9日公布的《医疗器械注册管理办法》（原国家食品药品监督管理局令第16号）同时废止。

# 附录3 关于深化审评审批制度改革鼓励药品医疗器械创新的意见

新华社北京10月8日电 近日，中共中央办公厅、国务院办公厅印发了《关于深化审评审批制度改革鼓励药品医疗器械创新的意见》，并发出通知，要求各地区各部门结合实际认真贯彻落实。

《关于深化审评审批制度改革鼓励药品医疗器械创新的意见》全文如下。

当前，我国药品医疗器械产业快速发展，创新创业方兴未艾，审评审批制度改革持续推进。但总体上看，我国药品医疗器械科技创新支撑不够，上市产品质量与国际先进水平存在差距。为促进药品医疗器械产业结构调整和技术创新，提高产业竞争力，满足公众临床需要，现就深化审评审批制度改革鼓励药品医疗器械创新提出以下意见。

**一、改革临床试验管理**

（一）临床试验机构资格认定实行备案管理。具备临床试验条件的机构在食品药品监管部门指定网站登记备案后，可接受药品医疗器械注册申请人委托开展临床试验。临床试验主要研究者应具有高级职称，参加过3个以上临床试验。注册申请人可聘请第三方对临床试验机构是否具备条件进行评估认证。鼓励社会力量投资设立临床试验机构。临床试验机构管理规定由食品药品监管总局会同国家卫生计生委制定。

（二）支持临床试验机构和人员开展临床试验。支持医疗机构、医学研究机构、医药高等学校开展临床试验，将临床试验条件和能力评价纳入医疗机构等级评审。对开展临床试验的医疗机构建立单独评价考核体系，仅用于临床试验的病床不计入医疗机构总病床，不规定病床效益、周转率、使用率等考评指标。鼓励医疗机构设立专职临床试验部门，配备职业化的临床试验研究者。完善单位绩效工资分配激励机制，保障临床试验研究者收入水平。鼓励临床医生参与药品医疗器械技术创新活动，对临床试验研究者在职务提升、职称晋升等方面与临床医生一视同仁。允许境外企业和科研机构在我国依法同步开展新药临床试验。

（三）完善伦理委员会机制。临床试验应符合伦理道德标准，保证受试者在自愿参与前被告知足够的试验信息，理解并签署知情同意书，保护受试者的安全、健康和权益。临床试验机构应成立伦理委员会，负责审查本机构临床试验方案，审核和监督临床试验研究者的资质，监督临床试验开展情况并接受监管部门检查。各地可根据需要设立区域伦理委员会，指导临床试验机构伦理审查工作，可接受不具备伦理审查条件的机构或注册申请人委托对临床试验方案进行伦理审查，并监督临床试验开展情况。卫生计生、中医药管理、食品药品监管等部门要加强对伦理委员会工作的管理指导和业务监督。

（四）提高伦理审查效率。注册申请人提出临床试验申请前，应先将临床试验方案提交临床试验机构伦理委员会审查批准。在我国境内开展多中心临床试验的，经临床试验组长单位伦理审查后，其他成员单位应认可组长单位的审查结论，不再重复审查。国家临床医学研究中心及承担国家科技重大专项和国家重点研发计划支持项目的临床试验机构，应整合资源建立统一的伦理审查平台，逐步推进伦理审查互认。

（五）优化临床试验审批程序。建立完善注册申请人与审评机构的沟通交流机制。受理药物临床试验和需审批的医疗器械临床试验申请前，审评机构应与注册申请人进行会议沟通，提出意见建议。受理临床试验申请后一定期限内，食品药品监管部门未给出否定或质疑意见即视为同意，注册申请人可按照提交的方案开展临床试验。临床试验期间，发生临床试验方案变更、重大药学变更或非临床研究安全性问题的，注册申请人应及时将变更情况报送审评机构；发现存在安全性及其他风险的，应及时修改临床试验方案、暂停或终止临床试验。药品注册申请人可自行或委托检验机构对临床试验样品出具检验报告，连同样品一并报送药品审评机构，并确保临床试验实际使用的样品与提交的样品一致。优化临床试验中涉及国际合作的人类遗传资源活动审批程序，加快临床试验进程。

（六）接受境外临床试验数据。在境外多中心取得的临床试验数据，符合中国药品医疗器械注册相关要求的，可用于在中国申报注册申请。对在中国首次申请上市的药品医疗器械，注册申请人应提供是否存在人种差异的临床试验数据。

（七）支持拓展性临床试验。对正在开展临床试验的用于治疗严重危及生命且尚无有效治疗手段疾病的药品医疗器械，经初步观察可能获益，符合伦理要求的，经知情同意后可在开展临床试验的机构内用于其他患者，其安全性数据可用于注册申请。

（八）严肃查处数据造假行为。临床试验委托协议签署人和临床试验研究者是临床试验数据的第一责任人，须对临床试验数据可靠性承担法律责任。建立基于风险和审评需要的检查模式，加强对非临床研究、临床试验的现场检查和有因检查，检查结果向社会公开。未通过检查的，相关数据不被接受；存在真实性问题的，应及时立案调查，依法追究相关非临床研究机构和临床试验机构责任人、虚假报告提供责任人、注册申请人及合同研究组织责任人的责任；拒绝、逃避、阻碍检查的，依法从重处罚。注册申请人主动发现问题并及时报告的，可酌情减免处罚。

**二、加快上市审评审批**

（九）加快临床急需药品医疗器械审评审批。对治疗严重危及生命且尚无有效治疗手段疾病以及公共卫生方面等急需的药品医疗器械，临床试验早期、中期指标显示疗效并可预测其临床价值的，可附带条件批准上市，企业应制定风险管控计划，按要求开展研究。鼓励新药和创新医疗器械研发，对国家科技重大专项和国家重点研发计划支持以及由国家临床医学研究中心开展临床试验并经中心管理部门认可的新药和创新医疗器械，给予优先审评审批。

（十）支持罕见病治疗药品医疗器械研发。国家卫生计生委或由其委托有关行业协（学）会公布罕见病目录，建立罕见病患者登记制度。罕见病治疗药品医疗器械注册申请人可提出减免临床试验的申请。对境外已批准上市的罕见病治疗药品医疗器械，可附带条件批准上市，企业应制定风险管控计划，按要求开展研究。

（十一）严格药品注射剂审评审批。严格控制口服制剂改注射制剂，口服制剂能够满足临床需求的，不批准注射制剂上市。严格控制肌肉注射制剂改静脉注射制剂，肌肉注射制剂能够满足临床需求的，不批准静脉注射制剂上市。大容量注射剂、小容量注射剂、注射用无菌粉针之间互改剂型的申请，无明显临床优势的不予批准。

（十二）实行药品与药用原辅料和包装材料关联审批。原料药、药用辅料和包装材料在审批药品注册申请时一并审评审批，不再发放原料药批准文号，经关联审评审批的原料药、药用辅料和包装材料及其质量标准在指定平台公示，供相关企业选择。药品上市许可持有人对生产制剂所选用的原料药、药用辅料和包装材料的质量负责。

（十三）支持中药传承和创新。建立完善符合中药特点的注册管理制度和技术评价体系，处理好保持中药传统优势与现代药品研发要求的关系。中药创新药，应突出疗效新的特点；中药改良型新药，应体现临床应用优势；经典名方类中药，按照简化标准审评审批；天然药物，按照现代医学标准审评审批。提高中药临床研究能力，中药注册申请需提交上市价值和资源评估材料，突出以临床价值为导向，促进资源可持续利用。鼓励运用现代科学技术研究开发传统中成药，鼓励发挥中药传统剂型优势研制中药新药，加强中药质量控制。

（十四）建立专利强制许可药品优先审评审批制度。在公共健康受到重大威胁情况下，对取得实施强制许可的药品注册申请，予以优先审评审批。公共健康受到重大威胁的情形和启动强制许可的程序，由国家卫生计生委会同有关部门规定。

**三、促进药品创新和仿制药发展**

（十五）建立上市药品目录集。新批准上市或通过仿制药质量和疗效一致性评价的药品，载入中国上市药品目录集，注明创新药、改良型新药及与原研药品质量和疗效一致的仿制药等属性，以及有效成份、剂型、规格、上市许可持有人、取得的专利权、试验数据保护期等信息。

（十六）探索建立药品专利链接制度。为保护专利权人合法权益，降低仿制药专利侵权风险，鼓励仿制药发展，探索建立药品审评审批与药品专利链接制度。药品注册申请人提交注册申请时，应说明涉及的相关专利及其权属状态，并在规定期限内告知相关药品专利权人。专利权存在纠纷的，当事人可以向法院起诉，期间不停止药品技术审评。对通过技术审评的药品，食品药品监管部门根据法院生效判决、裁定或调解书作出是否批准上市的决定；超过一定期限未取得生效判决、裁定或调解书的，食品药品监管部门可批准上市。

（十七）开展药品专利期限补偿制度试点。选择部分新药开展试点，对因临床试验和审评审批延误上市的时间，给予适当专利期限补偿。

（十八）完善和落实药品试验数据保护制度。药品注册申请人在提交注册申请时，可同时提交试验数据保护申请。对创新药、罕见病治疗药品、儿童专用药、创新治疗用生物制品以及挑战专利成功药品注册申请人提交的自行取得且未披露的试验数据和其他数据，给予一定的数据保护期。数据保护期自药品批准上市之日起计算。数据保护期内，不批准其他申请人同品种上市申请，申请人自行取得的数据或获得上市许可的申请人同意的除外。

（十九）促进药品仿制生产。坚持鼓励创新与促进药品仿制生产、降低用药负担并重，定期发布专利权到期、终止、无效且尚无仿制申请的药品清单，引导仿制药研发生产，提高公众用药可及性。完善相关研究和评价技术指导原则，支持生物类似药、具有临床价值的药械组合产品的仿制。加快推进仿制药质量和疗效一致性评价。

（二十）发挥企业的创新主体作用。鼓励药品医疗器械企业增加研发投入，加强新产品研发和已上市产品的继续研究，持续完善生产工艺。允许科研机构和科研人员在承担相关法律责任的前提下申报临床试验。使用国家财政拨款开展新药和创新医疗器械研发及相关技术研究并作为职务科技成果转化的，单位可以规定或与科研人员约定奖励和报酬的方式、数额和时限，调动科研人员参与的积极性，促进科技成果转移转化。

（二十一）支持新药临床应用。完善医疗保险药品目录动态调整机制，探索建立医疗保险药品支付标准谈判机制，及时按规定将新药纳入基本医疗保险支付范围，支持新药研发。各地可根据疾病防治需要，及时将新药纳入公立医院药品集中采购范围。鼓励医疗机构优先采购和使用疗效明确、价格合理的新药。

**四、加强药品医疗器械全生命周期管理**

（二十二）推动上市许可持有人制度全面实施。及时总结药品上市许可持有人制度试点经验，推动修订药品管理法，力争早日在全国推开。允许医疗器械研发机构和科研人员申请医疗器械上市许可。

（二十三）落实上市许可持有人法律责任。药品上市许可持有人须对药品临床前研究、临床试验、生产制造、销售配送、不良反应报告等承担全部法律责任，确保提交的研究资料和临床试验数据真实、完整、可追溯，确保生产工艺与批准工艺一致且生产过程持续合规，确保销售的各批次药品与申报样品质量一致，确保对上市药品进行持续研究，及时报告发生的不良反应，评估风险情况，并提出改进措施。

医疗器械上市许可持有人须对医疗器械设计开发、临床试验、生产制造、销售配送、不良事件报告等承担全部法律责任，确保提交的研究资料和临床试验数据真实、完整、可追溯，确保对上市医疗器械进行持续研究，及时报告发生的不良事件，评估风险情况，并提出改进措施。

受药品医疗器械上市许可持有人委托进行研发、临床试验、生产制造、销售配送的企业、机构和个人，须承担法律法规规定的责任和协议约定的责任。

（二十四）建立上市许可持有人直接报告不良反应和不良事件制度。上市许可持有人承担不良反应和不良事件报告的主体责任，隐瞒不报或逾期报告的，依法从严惩处。食品药品监管部门应对报告的不良反应和不良事件进行调查分析，视情责令上市许可持有人采取暂停销售、召回、完善质量控制等措施。

（二十五）开展药品注射剂再评价。根据药品科学进步情况，对已上市药品注射剂进行再评价，力争用5至10年左右时间基本完成。上市许可持有人须将批准上市时的研究情况、上市后持续研究情况等进行综合分析，开展产品成份、作用机理和临床疗效研究，评估其安全性、有效性和质量可控性。通过再评价的，享受仿制药质量和疗效一致性评价的相关鼓励政策。

（二十六）完善医疗器械再评价制度。上市许可持有人须根据科学进步情况和不良事件评估结果，主动对已上市医疗器械开展再评价。再评价发现产品不能保证安全、有效的,上市许可持有人应及时申请注销上市许可;隐匿再评价结果、应提出注销申请而未提出的,撤销上市许可并依法查处。

(二十七)规范药品学术推广行为。药品上市许可持有人须将医药代表名单在食品药品监管部门指定的网站备案,向社会公开。医药代表负责药品学术推广,向医务人员介绍药品知识,听取临床使用的意见建议。医药代表的学术推广活动应公开进行,在医疗机构指定部门备案。禁止医药代表承担药品销售任务,禁止向医药代表或相关企业人员提供医生个人开具的药品处方数量。医药代表误导医生使用药品或隐匿药品不良反应的,应严肃查处;以医药代表名义进行药品经营活动的,按非法经营药品查处。

**五、提升技术支撑能力**

(二十八)完善技术审评制度。建立审评为主导、检查检验为支撑的技术审评体系,完善审评项目管理人制度、审评机构与注册申请人会议沟通制度、专家咨询委员会制度,加强内部管理,规范审评流程。组建以临床医学专业人员为主,药学、药理毒理学、统计学等专业人员组成的药品审评团队,负责新药审评。组建由临床医学、临床诊断、机械、电子、材料、生物医学工程等专业人员组成的医疗器械审评团队,负责创新医疗器械审评。除生产工艺等技术秘密外,审评结论及依据全部公开,接受社会监督。统一第二类医疗器械审评标准,逐步实现国家统一审评。

(二十九)落实相关工作人员保密责任。参与药品医疗器械受理审查、审评审批、检查检验等监管工作的人员,对注册申请人提交的技术秘密和试验数据负有保密义务。违反保密义务的,依法依纪追究责任,处理结果向社会公开;涉嫌犯罪的,移交司法机关追究刑事责任。完善对注册申请材料的管理,确保查阅、复制情况可追溯。

(三十)加强审评检查能力建设。将药品医疗器械审评纳入政府购买服务范围,提供规范高效审评服务。加快药品医疗器械审评审批信息化建设,制定注册申请电子提交技术要求,完善电子通用技术文档系统,逐步实现各类注册申请的电子提交和审评审批。建立上市药品医疗器械品种档案。

(三十一)落实全过程检查责任。药品医疗器械研发过程和药物非临床研究质量管理规范、药物临床试验质量管理规范、医疗器械临床试验质量管理规范执行情况,由国家食品药品监管部门组织检查。药品医疗器械生产过程和生产质量管理规范执行情况,由省级以上食品药品监管部门负责检查。药品医疗器械经营过程和经营质量管理规范执行情况,由市县两级食品药品监管部门负责检查。检查发现问题的,应依法依规查处并及时采取风险控制措施;涉嫌犯罪的,移交司法机关追究刑事责任。推动违法行为处罚到人,检查和处罚结果向社会公开。

(三十二)建设职业化检查员队伍。依托现有资源加快检查员队伍建设,形成以专职检查员为主体、兼职检查员为补充的职业化检查员队伍。实施检查员分级管理制度,强化检查员培训,加强检查装备配备,提升检查能力和水平。

(三十三)加强国际合作。深化多双边药品医疗器械监管政策与技术交流,积极参与国际规则和标准的制定修订,推动逐步实现审评、检查、检验标准和结果国际共享。

**六、加强组织实施**

(三十四)加强组织领导。各地区各有关部门要充分认识深化审评审批制度改革鼓励药品医疗器械创新的重要意义，高度重视药品医疗器械审评审批改革和创新工作，将其作为建设创新型国家、促进高科技产业发展的重要内容予以支持，加强统筹协调，细化实施方案，健全工作机制，切实抓好任务落实。坚持运用法治思维和法治方式推进改革，不断完善相关法律法规和制度体系，改革措施涉及法律修改或需要取得相应授权的，按程序提请修改法律或由立法机关授权后实施。

（三十五）强化协作配合。充分发挥药品医疗器械审评审批制度改革部际联席会议制度的作用，及时研究解决改革中遇到的矛盾和问题。国家食品药品监管部门要发挥好牵头作用，抓好改革具体实施，协调推进任务落实。各相关部门要依法履职，分工协作，形成改革合力。发展改革部门要支持医药高科技产品的发展，将临床试验机构建设纳入医疗机构建设发展的重要内容。科技部门要加强医药科技发展规划和指导，抓好新药和创新医疗器械研发相关科技计划（专项、基金）的实施。工业和信息化部门要加强医药产业发展规划和指导，强化临床用药生产保障。财政部门要做好药品医疗器械审评审批、检查检验所需经费保障。人力资源社会保障部门要做好医疗保险政策支持新药发展相关工作。卫生计生部门要加强对临床试验机构建设的指导，加强伦理委员会管理和临床试验研究者培训。知识产权部门要做好与专利有关的药品医疗器械知识产权保护工作。中医药管理部门要做好中医药创新工作。

（三十六）做好宣传解释。正面宣传鼓励药品医疗器械创新的重要意义，加强审评审批制度改革重要政策、重大措施解读，及时解答社会各界关注的热点问题，主动回应社会关切，合理引导各方预期，营造改革实施的良好舆论氛围。

# 附录4 专利法

(1984年3月12日第六届全国人民代表大会常务委员会第四次会议通过 根据1992年9月4日第七届全国人民代表大会常务委员会第二十七次会议《关于修改〈中华人民共和国专利法〉的决定》第一次修正 根据2000年8月25日第九届全国人民代表大会常务委员会第十七次会议《关于修改〈中华人民共和国专利法〉的决定》第二次修正 根据2008年12月27日第十一届全国人民代表大会常务委员会第六次会议《关于修改〈中华人民共和国专利法〉的决定》第三次修正 根据2020年10月17日第十三届全国人民代表大会常务委员会第二十二次会议《关于修改〈中华人民共和国专利法〉的决定》第四次修正)

## 目 录



## 第一章 总 则

**第一条** 为了保护专利权人的合法权益,鼓励发明创造,推动发明创造的应用,提高创新能力,促进科学技术进步和经济社会发展,制定本法。

**第二条** 本法所称的发明创造是指发明、实用新型和外观设计。

发明,是指对产品、方法或者其改进所提出的新的技术方案。

实用新型,是指对产品的形状、构造或者其结合所提出的适于实用的新的技术方案。

外观设计,是指对产品的整体或者局部的形状、图案或者其结合以及色彩与形状、图案的结合所作出的富有美感并适于工业应用的新设计。

**第三条** 国务院专利行政部门负责管理全国的专利工作;统一受理和审查专利申请,依法授予专利权。

省、自治区、直辖市人民政府管理专利工作的部门负责本行政区域内的专利管理工作。

**第四条** 申请专利的发明创造涉及国家安全或者重大利益需要保密的，按照国家有关规定办理。

**第五条** 对违反法律、社会公德或者妨害公共利益的发明创造，不授予专利权。

对违反法律、行政法规的规定获取或者利用遗传资源，并依赖该遗传资源完成的发明创造，不授予专利权。

**第六条** 执行本单位的任务或者主要是利用本单位的物质技术条件所完成的发明创造为职务发明创造。职务发明创造申请专利的权利属于该单位，申请被批准后，该单位为专利权人。该单位可以依法处置其职务发明创造申请专利的权利和专利权，促进相关发明创造的实施和运用。

非职务发明创造，申请专利的权利属于发明人或者设计人；申请被批准后，该发明人或者设计人为专利权人。

利用本单位的物质技术条件所完成的发明创造，单位与发明人或者设计人订有合同，对申请专利的权利和专利权的归属作出约定的，从其约定。

**第七条** 对发明人或者设计人的非职务发明创造专利申请，任何单位或者个人不得压制。

**第八条** 两个以上单位或者个人合作完成的发明创造、一个单位或者个人接受其他单位或者个人委托所完成的发明创造，除另有协议的以外，申请专利的权利属于完成或者共同完成的单位或者个人；申请被批准后，申请的单位或者个人为专利权人。

**第九条** 同样的发明创造只能授予一项专利权。但是，同一申请人同日对同样的发明创造既申请实用新型专利又申请发明专利，先获得的实用新型专利权尚未终止，且申请人声明放弃该实用新型专利权的，可以授予发明专利权。

两个以上的申请人分别就同样的发明创造申请专利的，专利权授予最先申请的人。

**第十条** 专利申请权和专利权可以转让。

中国单位或者个人向外国人、外国企业或者外国其他组织转让专利申请权或者专利权的，应当依照有关法律、行政法规的规定办理手续。

转让专利申请权或者专利权的，当事人应当订立书面合同，并向国务院专利行政部门登记，由国务院专利行政部门予以公告。专利申请权或者专利权的转让自登记之日起生效。

**第十一条** 发明和实用新型专利权被授予后，除本法另有规定的以外，任何单位或者个人未经专利权人许可，都不得实施其专利，即不得为生产经营目的制造、使用、许诺销售、销售、进口其专利产品，或者使用其专利方法以及使用、许诺销售、销售、进口依照该专利方法直接获得的产品。

外观设计专利权被授予后，任何单位或者个人未经专利权人许可，都不得实施其专利，即不得为生产经营目的制造、许诺销售、销售、进口其外观设计专利产品。

**第十二条** 任何单位或者个人实施他人专利的，应当与专利权人订立实施许可合同，向专利权人支付专利使用费。被许可人无权允许合同规定以外的任何单位或者个人实施该专利。

**第十三条** 发明专利申请公布后，申请人可以要求实施其发明的单位或者个人支付适当的费用。

**第十四条** 专利申请权或者专利权的共有人对权利的行使有约定的，从其约定。没有约定的，共有人可以单独实施或者以普通许可方式许可他人实施该专利；许可他人实施该专利的，收取的使用费应当在共有人之间分配。

除前款规定的情形外，行使共有的专利申请权或者专利权应当取得全体共有人的同意。

**第十五条** 被授予专利权的单位应当对职务发明创造的发明人或者设计人给予奖励；发明创造专利实施后，根据其推广应用的范围和取得的经济效益，对发明人或者设计人给予合理的报酬。

国家鼓励被授予专利权的单位实行产权激励，采取股权、期权、分红等方式，使发明人或者设计人合理分享创新收益。

**第十六条** 发明人或者设计人有权在专利文件中写明自己是发明人或者设计人。

专利权人有权在其专利产品或者该产品的包装上标明专利标识。

**第十七条** 在中国没有经常居所或者营业所的外国人、外国企业或者外国其他组织在中国申请专利的，依照其所属国同中国签订的协议或者共同参加的国际条约，或者依照互惠原则，根据本法办理。

**第十八条** 在中国没有经常居所或者营业所的外国人、外国企业或者外国其他组织在中国申请专利和办理其他专利事务的，应当委托依法设立的专利代理机构办理。

中国单位或者个人在国内申请专利和办理其他专利事务的，可以委托依法设立的专利代理机构办理。

专利代理机构应当遵守法律、行政法规，按照被代理人的委托办理专利申请或者其他专利事务；对被代理人发明创造的内容，除专利申请已经公布或者公告的以外，负有保密责任。专利代理机构的具体管理办法由国务院规定。

**第十九条** 任何单位或者个人将在中国完成的发明或者实用新型向外国申请专利的，应当事先报经国务院专利行政部门进行保密审查。保密审查的程序、期限等按照国务院的规定执行。

中国单位或者个人可以根据中华人民共和国参加的有关国际条约提出专利国际申请。申请人提出专利国际申请的，应当遵守前款规定。

国务院专利行政部门依照中华人民共和国参加的有关国际条约、本法和国务院有关规定处理专利国际申请。

对违反本条第一款规定向外国申请专利的发明或者实用新型，在中国申请专利的，不授予专利权。

**第二十条** 申请专利和行使专利权应当遵循诚实信用原则。不得滥用专利权损害公共利益或者他人合法权益。

滥用专利权，排除或者限制竞争，构成垄断行为的，依照《中华人民共和国反垄断法》处理。

**第二十一条** 国务院专利行政部门应当按照客观、公正、准确、及时的要求，依法处理有关专利的申请和请求。

国务院专利行政部门应当加强专利信息公共服务体系建设,完整、准确、及时发布专利信息,提供专利基础数据,定期出版专利公报,促进专利信息传播与利用。

在专利申请公布或者公告前,国务院专利行政部门的工作人员及有关人员对其内容负有保密责任。

## 第二章　授予专利权的条件

**第二十二条**　授予专利权的发明和实用新型,应当具备新颖性、创造性和实用性。

新颖性,是指该发明或者实用新型不属于现有技术;也没有任何单位或者个人就同样的发明或者实用新型在申请日以前向国务院专利行政部门提出过申请,并记载在申请日以后公布的专利申请文件或者公告的专利文件中。

创造性,是指与现有技术相比,该发明具有突出的实质性特点和显著的进步,该实用新型具有实质性特点和进步。

实用性,是指该发明或者实用新型能够制造或者使用,并且能够产生积极效果。

本法所称现有技术,是指申请日以前在国内外为公众所知的技术。

**第二十三条**　授予专利权的外观设计,应当不属于现有设计;也没有任何单位或者个人就同样的外观设计在申请日以前向国务院专利行政部门提出过申请,并记载在申请日以后公告的专利文件中。

授予专利权的外观设计与现有设计或者现有设计特征的组合相比,应当具有明显区别。

授予专利权的外观设计不得与他人在申请日以前已经取得的合法权利相冲突。

本法所称现有设计,是指申请日以前在国内外为公众所知的设计。

**第二十四条**　申请专利的发明创造在申请日以前六个月内,有下列情形之一的,不丧失新颖性:

(一)在国家出现紧急状态或者非常情况时,为公共利益目的首次公开的;

(二)在中国政府主办或者承认的国际展览会上首次展出的;

(三)在规定的学术会议或者技术会议上首次发表的;

(四)他人未经申请人同意而泄露其内容的。

**第二十五条**　对下列各项,不授予专利权:

(一)科学发现;

(二)智力活动的规则和方法;

(三)疾病的诊断和治疗方法;

(四)动物和植物品种;

(五)原子核变换方法以及用原子核变换方法获得的物质;

(六)对平面印刷品的图案、色彩或者二者的结合作出的主要起标识作用的设计。

对前款第(四)项所列产品的生产方法,可以依照本法规定授予专利权。

## 第三章　专利的申请

**第二十六条**　申请发明或者实用新型专利的,应当提交请求书、说明书及其摘要和权利要求书等文件。

请求书应当写明发明或者实用新型的名称，发明人的姓名，申请人姓名或者名称、地址，以及其他事项。

说明书应当对发明或者实用新型作出清楚、完整的说明，以所属技术领域的技术人员能够实现为准；必要的时候，应当有附图。摘要应当简要说明发明或者实用新型的技术要点。

权利要求书应当以说明书为依据，清楚、简要地限定要求专利保护的范围。

依赖遗传资源完成的发明创造，申请人应当在专利申请文件中说明该遗传资源的直接来源和原始来源；申请人无法说明原始来源的，应当陈述理由。

**第二十七条** 申请外观设计专利的，应当提交请求书、该外观设计的图片或者照片以及对该外观设计的简要说明等文件。

申请人提交的有关图片或者照片应当清楚地显示要求专利保护的产品的外观设计。

**第二十八条** 国务院专利行政部门收到专利申请文件之日为申请日。如果申请文件是邮寄的，以寄出的邮戳日为申请日。

**第二十九条** 申请人自发明或者实用新型在外国第一次提出专利申请之日起十二个月内，或者自外观设计在外国第一次提出专利申请之日起六个月内，又在中国就相同主题提出专利申请的，依照该外国同中国签订的协议或者共同参加的国际条约，或者依照相互承认优先权的原则，可以享有优先权。

申请人自发明或者实用新型在中国第一次提出专利申请之日起十二个月内，或者自外观设计在中国第一次提出专利申请之日起六个月内，又向国务院专利行政部门就相同主题提出专利申请的，可以享有优先权。

**第三十条** 申请人要求发明、实用新型专利优先权的，应当在申请的时候提出书面声明，并且在第一次提出申请之日起十六个月内，提交第一次提出的专利申请文件的副本。

申请人要求外观设计专利优先权的，应当在申请的时候提出书面声明，并且在三个月内提交第一次提出的专利申请文件的副本。

申请人未提出书面声明或者逾期未提交专利申请文件副本的，视为未要求优先权。

**第三十一条** 一件发明或者实用新型专利申请应当限于一项发明或者实用新型。属于一个总的发明构思的两项以上的发明或者实用新型，可以作为一件申请提出。

一件外观设计专利申请应当限于一项外观设计。同一产品两项以上的相似外观设计，或者用于同一类别并且成套出售或者使用的产品的两项以上外观设计，可以作为一件申请提出。

**第三十二条** 申请人可以在被授予专利权之前随时撤回其专利申请。

**第三十三条** 申请人可以对其专利申请文件进行修改，但是，对发明和实用新型专利申请文件的修改不得超出原说明书和权利要求书记载的范围，对外观设计专利申请文件的修改不得超出原图片或者照片表示的范围。

## 第四章 专利申请的审查和批准

**第三十四条** 国务院专利行政部门收到发明专利申请后，经初步审查认为符合本法要求的，自申请日起满十八个月，即行公布。国务院专利行政部门可以根据申请人的请求早日公布其申请。

**第三十五条** 发明专利申请自申请日起三年内，国务院专利行政部门可以根据申请人随时提出的请求，对其申请进行实质审查；申请人无正当理由逾期不请求实质审查的，该申请即被视为撤回。

国务院专利行政部门认为必要的时候，可以自行对发明专利申请进行实质审查。

**第三十六条** 发明专利的申请人请求实质审查的时候，应当提交在申请日前与其发明有关的参考资料。

发明专利已经在外国提出过申请的，国务院专利行政部门可以要求申请人在指定期限内提交该国为审查其申请进行检索的资料或者审查结果的资料；无正当理由逾期不提交的，该申请即被视为撤回。

**第三十七条** 国务院专利行政部门对发明专利申请进行实质审查后，认为不符合本法规定的，应当通知申请人，要求其在指定的期限内陈述意见，或者对其申请进行修改；无正当理由逾期不答复的，该申请即被视为撤回。

**第三十八条** 发明专利申请经申请人陈述意见或者进行修改后，国务院专利行政部门仍然认为不符合本法规定的，应当予以驳回。

**第三十九条** 发明专利申请经实质审查没有发现驳回理由的，由国务院专利行政部门作出授予发明专利权的决定，发给发明专利证书，同时予以登记和公告。发明专利权自公告之日起生效。

**第四十条** 实用新型和外观设计专利申请经初步审查没有发现驳回理由的，由国务院专利行政部门作出授予实用新型专利权或者外观设计专利权的决定，发给相应的专利证书，同时予以登记和公告。实用新型专利权和外观设计专利权自公告之日起生效。

**第四十一条** 专利申请人对国务院专利行政部门驳回申请的决定不服的，可以自收到通知之日起三个月内向国务院专利行政部门请求复审。国务院专利行政部门复审后，作出决定，并通知专利申请人。

专利申请人对国务院专利行政部门的复审决定不服的，可以自收到通知之日起三个月内向人民法院起诉。

## 第五章 专利权的期限、终止和无效

**第四十二条** 发明专利权的期限为二十年，实用新型专利权的期限为十年，外观设计专利权的期限为十五年，均自申请日起计算。

自发明专利申请日起满四年，且自实质审查请求之日起满三年后授予发明专利权的，国务院专利行政部门应专利权人的请求，就发明专利在授权过程中的不合理延迟给予专利权期限补偿，但由申请人引起的不合理延迟除外。

为补偿新药上市审评审批占用的时间，对在中国获得上市许可的新药相关发明专利，国务院专利行政部门应专利权人的请求给予专利权期限补偿。补偿期限不超过五年，新药批准上市后总有效专利权期限不超过十四年。

**第四十三条** 专利权人应当自被授予专利权的当年开始缴纳年费。

**第四十四条** 有下列情形之一的，专利权在期限届满前终止：

（一）没有按照规定缴纳年费的；

（二）专利权人以书面声明放弃其专利权的。

专利权在期限届满前终止的，由国务院专利行政部门登记和公告。

**第四十五条** 自国务院专利行政部门公告授予专利权之日起，任何单位或者个人认为该专利权的授予不符合本法有关规定的，可以请求国务院专利行政部门宣告该专利权无效。

**第四十六条** 国务院专利行政部门对宣告专利权无效的请求应当及时审查和作出决定，并通知请求人和专利权人。宣告专利权无效的决定，由国务院专利行政部门登记和公告。

对国务院专利行政部门宣告专利权无效或者维持专利权的决定不服的，可以自收到通知之日起三个月内向人民法院起诉。人民法院应当通知无效宣告请求程序的对方当事人作为第三人参加诉讼。

**第四十七条** 宣告无效的专利权视为自始即不存在。

宣告专利权无效的决定，对在宣告专利权无效前人民法院作出并已执行的专利侵权的判决、调解书，已经履行或者强制执行的专利侵权纠纷处理决定，以及已经履行的专利实施许可合同和专利权转让合同，不具有追溯力。但是因专利权人的恶意给他人造成的损失，应当给予赔偿。

依照前款规定不返还专利侵权赔偿金、专利使用费、专利权转让费，明显违反公平原则的，应当全部或者部分返还。

## 第六章　专利实施的特别许可

**第四十八条** 国务院专利行政部门、地方人民政府管理专利工作的部门应当会同同级相关部门采取措施，加强专利公共服务，促进专利实施和运用。

**第四十九条** 国有企业事业单位的发明专利，对国家利益或者公共利益具有重大意义的，国务院有关主管部门和省、自治区、直辖市人民政府报经国务院批准，可以决定在批准的范围内推广应用，允许指定的单位实施，由实施单位按照国家规定向专利权人支付使用费。

**第五十条** 专利权人自愿以书面方式向国务院专利行政部门声明愿意许可任何单位或者个人实施其专利，并明确许可使用费支付方式、标准的，由国务院专利行政部门予以公告，实行开放许可。就实用新型、外观设计专利提出开放许可声明的，应当提供专利权评价报告。

专利权人撤回开放许可声明的，应当以书面方式提出，并由国务院专利行政部门予以公告。开放许可声明被公告撤回的，不影响在先给予的开放许可的效力。

**第五十一条** 任何单位或者个人有意愿实施开放许可的专利的，以书面方式通知专利权人，并依照公告的许可使用费支付方式、标准支付许可使用费后，即获得专利实施许可。

开放许可实施期间，对专利权人缴纳专利年费相应给予减免。

实行开放许可的专利权人可以与被许可人就许可使用费进行协商后给予普通许可，但不得就该专利给予独占或者排他许可。

**第五十二条** 当事人就实施开放许可发生纠纷的，由当事人协商解决；不愿协商或者协商不成的，可以请求国务院专利行政部门进行调解，也可以向人民法院起诉。

**第五十三条** 有下列情形之一的，国务院专利行政部门根据具备实施条件的单位或者个人的申请，可以给予实施发明专利或者实用新型专利的强制许可：

（一）专利权人自专利权被授予之日起满三年，且自提出专利申请之日起满四年，无正当理由未实施或者未充分实施其专利的；

（二）专利权人行使专利权的行为被依法认定为垄断行为，为消除或者减少该行为对竞争产生的不利影响的。

**第五十四条** 在国家出现紧急状态或者非常情况时，或者为了公共利益的目的，国务院专利行政部门可以给予实施发明专利或者实用新型专利的强制许可。

**第五十五条** 为了公共健康目的，对取得专利权的药品，国务院专利行政部门可以给予制造并将其出口到符合中华人民共和国参加的有关国际条约规定的国家或者地区的强制许可。

**第五十六条** 一项取得专利权的发明或者实用新型比前已经取得专利权的发明或者实用新型具有显著经济意义的重大技术进步，其实施又有赖于前一发明或者实用新型的实施的，国务院专利行政部门根据后一专利权人的申请，可以给予实施前一发明或者实用新型的强制许可。

在依照前款规定给予实施强制许可的情形下，国务院专利行政部门根据前一专利权人的申请，也可以给予实施后一发明或者实用新型的强制许可。

**第五十七条** 强制许可涉及的发明创造为半导体技术的，其实施限于公共利益的目的和本法第五十三条第（二）项规定的情形。

**第五十八条** 除依照本法第五十三条第（二）项、第五十五条规定给予的强制许可外，强制许可的实施应当主要为了供应国内市场。

**第五十九条** 依照本法第五十三条第（一）项、第五十六条规定申请强制许可的单位或者个人应当提供证据，证明其以合理的条件请求专利权人许可其实施专利，但未能在合理的时间内获得许可。

**第六十条** 国务院专利行政部门作出的给予实施强制许可的决定，应当及时通知专利权人，并予以登记和公告。

给予实施强制许可的决定，应当根据强制许可的理由规定实施的范围和时间。强制许可的理由消除并不再发生时，国务院专利行政部门应当根据专利权人的请求，经审查后作出终止实施强制许可的决定。

**第六十一条** 取得实施强制许可的单位或者个人不享有独占的实施权，并且无权允许他人实施。

**第六十二条** 取得实施强制许可的单位或者个人应当付给专利权人合理的使用费，或者依照中华人民共和国参加的有关国际条约的规定处理使用费问题。付给使用费的，其数额由双方协商；双方不能达成协议的，由国务院专利行政部门裁决。

**第六十三条** 专利权人对国务院专利行政部门关于实施强制许可的决定不服的，专利权人和取得实施强制许可的单位或者个人对国务院专利行政部门关于实施强制许可的使用费的裁决不服的，可以自收到通知之日起三个月内向人民法院起诉。

## 第七章 专利权的保护

**第六十四条** 发明或者实用新型专利权的保护范围以其权利要求的内容为准，说明书及附图可以用于解释权利要求的内容。

外观设计专利权的保护范围以表示在图片或者照片中的该产品的外观设计为准，简要说明可以用于解释图片或者照片所表示的该产品的外观设计。

**第六十五条** 未经专利权人许可，实施其专利，即侵犯其专利权，引起纠纷的，由当事人协商解决；不愿协商或者协商不成的，专利权人或者利害关系人可以向人民法院起诉，也可以请求管理专利工作的部门处理。管理专利工作的部门处理时，认定侵权行为成立的，可以责令侵权人立即停止侵权行为，当事人不服的，可以自收到处理通知之日起十五日内依照《中华人民共和国行政诉讼法》向人民法院起诉；侵权人期满不起诉又不停止侵权行为的，管理专利工作的部门可以申请人民法院强制执行。进行处理的管理专利工作的部门应当事人的请求，可以就侵犯专利权的赔偿数额进行调解；调解不成的，当事人可以依照《中华人民共和国民事诉讼法》向人民法院起诉。

**第六十六条** 专利侵权纠纷涉及新产品制造方法的发明专利的，制造同样产品的单位或者个人应当提供其产品制造方法不同于专利方法的证明。

专利侵权纠纷涉及实用新型专利或者外观设计专利的，人民法院或者管理专利工作的部门可以要求专利权人或者利害关系人出具由国务院专利行政部门对相关实用新型或者外观设计进行检索、分析和评价后作出的专利权评价报告，作为审理、处理专利侵权纠纷的证据；专利权人、利害关系人或者被控侵权人也可以主动出具专利权评价报告。

**第六十七条** 在专利侵权纠纷中，被控侵权人有证据证明其实施的技术或者设计属于现有技术或者现有设计的，不构成侵犯专利权。

**第六十八条** 假冒专利的，除依法承担民事责任外，由负责专利执法的部门责令改正并予公告，没收违法所得，可以处违法所得五倍以下的罚款；没有违法所得或者违法所得在五万元以下的，可以处二十五万元以下的罚款；构成犯罪的，依法追究刑事责任。

**第六十九条** 负责专利执法的部门根据已经取得的证据，对涉嫌假冒专利行为进行查处时，有权采取下列措施：

（一）询问有关当事人，调查与涉嫌违法行为有关的情况；

（二）对当事人涉嫌违法行为的场所实施现场检查；

（三）查阅、复制与涉嫌违法行为有关的合同、发票、账簿以及其他有关资料；

（四）检查与涉嫌违法行为有关的产品；

（五）对有证据证明是假冒专利的产品，可以查封或者扣押。

管理专利工作的部门应专利权人或者利害关系人的请求处理专利侵权纠纷时，可以采取前款第（一）项、第（二）项、第（四）项所列措施。

负责专利执法的部门、管理专利工作的部门依法行使前两款规定的职权时，当事人应当予以协助、配合,不得拒绝、阻挠。

**第七十条** 国务院专利行政部门可以应专利权人或者利害关系人的请求处理在全国有重大影响的专利侵权纠纷。

地方人民政府管理专利工作的部门应专利权人或者利害关系人请求处理专利侵权纠纷,对在本行政区域内侵犯其同一专利权的案件可以合并处理;对跨区域侵犯其同一专利权的案件可以请求上级地方人民政府管理专利工作的部门处理。

**第七十一条** 侵犯专利权的赔偿数额按照权利人因被侵权所受到的实际损失或者侵权人因侵权所获得的利益确定;权利人的损失或者侵权人获得的利益难以确定的,参照该专利许可使用费的倍数合理确定。对故意侵犯专利权,情节严重的,可以在按照上述方法确定数额的一倍以上五倍以下确定赔偿数额。

权利人的损失、侵权人获得的利益和专利许可使用费均难以确定的,人民法院可以根据专利权的类型、侵权行为的性质和情节等因素,确定给予三万元以上五百万元以下的赔偿。

赔偿数额还应当包括权利人为制止侵权行为所支付的合理开支。

人民法院为确定赔偿数额,在权利人已经尽力举证,而与侵权行为相关的账簿、资料主要由侵权人掌握的情况下,可以责令侵权人提供与侵权行为相关的账簿、资料;侵权人不提供或者提供虚假的账簿、资料的,人民法院可以参考权利人的主张和提供的证据判定赔偿数额。

**第七十二条** 专利权人或者利害关系人有证据证明他人正在实施或者即将实施侵犯专利权、妨碍其实现权利的行为,如不及时制止将会使其合法权益受到难以弥补的损害的,可以在起诉前依法向人民法院申请采取财产保全、责令作出一定行为或者禁止作出一定行为的措施。

**第七十三条** 为了制止专利侵权行为,在证据可能灭失或者以后难以取得的情况下,专利权人或者利害关系人可以在起诉前依法向人民法院申请保全证据。

**第七十四条** 侵犯专利权的诉讼时效为三年,自专利权人或者利害关系人知道或者应当知道侵权行为以及侵权人之日起计算。

发明专利申请公布后至专利权授予前使用该发明未支付适当使用费的,专利权人要求支付使用费的诉讼时效为三年,自专利权人知道或者应当知道他人使用其发明之日起计算,但是,专利权人于专利权授予之日前即已知道或者应当知道的,自专利权授予之日起计算。

**第七十五条** 有下列情形之一的,不视为侵犯专利权:

(一)专利产品或者依照专利方法直接获得的产品,由专利权人或者经其许可的单位、个人售出后,使用、许诺销售、销售、进口该产品的;

(二)在专利申请日前已经制造相同产品、使用相同方法或者已经作好制造、使用的必要准备,并且仅在原有范围内继续制造、使用的;

(三)临时通过中国领陆、领水、领空的外国运输工具,依照其所属国同中国签订的协议或者共同参加的国际条约,或者依照互惠原则,为运输工具自身需要而在其装置和设备中使用有关专利的;

（四）专为科学研究和实验而使用有关专利的；

（五）为提供行政审批所需要的信息，制造、使用、进口专利药品或者专利医疗器械的，以及专门为其制造、进口专利药品或者专利医疗器械的。

**第七十六条** 药品上市审评审批过程中，药品上市许可申请人与有关专利权人或者利害关系人，因申请注册的药品相关的专利权产生纠纷的，相关当事人可以向人民法院起诉，请求就申请注册的药品相关技术方案是否落入他人药品专利权保护范围作出判决。国务院药品监督管理部门在规定的期限内，可以根据人民法院生效裁判作出是否暂停批准相关药品上市的决定。

药品上市许可申请人与有关专利权人或者利害关系人也可以就申请注册的药品相关的专利权纠纷，向国务院专利行政部门请求行政裁决。

国务院药品监督管理部门会同国务院专利行政部门制定药品上市许可审批与药品上市许可申请阶段专利权纠纷解决的具体衔接办法，报国务院同意后实施。

**第七十七条** 为生产经营目的使用、许诺销售或者销售不知道是未经专利权人许可而制造并售出的专利侵权产品，能证明该产品合法来源的，不承担赔偿责任。

**第七十八条** 违反本法第十九条规定向外国申请专利，泄露国家秘密的，由所在单位或者上级主管机关给予行政处分；构成犯罪的，依法追究刑事责任。

**第七十九条** 管理专利工作的部门不得参与向社会推荐专利产品等经营活动。

管理专利工作的部门违反前款规定的，由其上级机关或者监察机关责令改正，消除影响，有违法收入的予以没收；情节严重的，对直接负责的主管人员和其他直接责任人员依法给予处分。

**第八十条** 从事专利管理工作的国家机关工作人员以及其他有关国家机关工作人员玩忽职守、滥用职权、徇私舞弊，构成犯罪的，依法追究刑事责任；尚不构成犯罪的，依法给予处分。

## 第八章 附 则

**第八十一条** 向国务院专利行政部门申请专利和办理其他手续，应当按照规定缴纳费用。

**第八十二条** 本法自1985年4月1日起施行。

# 附录5 创新医疗器械特别审查申报资料编写指南

为规范创新医疗器械特别审查申请，提高申报资料质量，促进医疗器械创新发展，根据《医疗器械监督管理条例》（国务院令第680号）、《医疗器械注册管理办法》（国家食品药品监督管理总局令第4号）、《体外诊断试剂注册管理办法》（国家食品药品监督管理总局令第5号）、《创新医疗器械特别审查程序》（国家药品监督管理局公告2018年第83号）要求，制定本指南。

本指南对申请创新医疗器械的申报资料准备和撰写要求进行了规范，旨在使申请人明确在申报过程中应予关注的重点内容，以期解决申报过程中遇到的一些共性问题。

一、申报资料内容

（一）创新医疗器械特别审查申请表

产品名称应当符合《医疗器械通用名称命名规则》等文件相关规定。性能结构及组成、主要工作原理或者作用机理、预期用途部分填写的内容应当可反映产品特性的全部重要信息，简明扼要，用语规范、专业，不易产生歧义，申请表信息（包括备注）应当完整真实、回避专家理由应当具体。

（二）申请人企业资质证明文件

1. 境内申请人应当提交：

企业营业执照复印件。

2. 境外申请人应当提交：

境外申请人注册地所在国家（地区）医疗器械主管部门出具的企业资质证明文件。文件需经原出证机关签章或者经当地公证机构公证。

（三）产品知识产权情况及证明文件

1. 提供产品核心技术知识产权情况说明。如存在多项发明专利，建议以列表方式展示发明专利名称、专利权人、专利状态等信息。

2. 提供相关知识产权情况证明文件

（1）申请人已获取中国发明专利权的，需提供经申请人签章的专利授权证书、权利要求书、说明书复印件和专利主管部门出具的专利登记簿副本原件。创新医疗器械特别审查申请时间距专利授权公告日不超过5年。

（2）申请人依法通过受让取得在中国发明专利使用权的，除提交专利权人持有的专利授权证书、权利要求书、说明书、专利登记簿副本复印件外，还需提供经专利主管部门出具的《专利实施许可合同备案证明》原件。创新医疗器械特别审查申请时间距专利授权公告日不超过5年。

（3）发明专利申请已由国务院专利行政部门公开、未获得授权的，需提供经申请人签章的发明专利已公开证明文件（如发明专利申请公布通知书、发明专利申请公布及进入实质审查阶段通知书、发明专利申请进入实质审查阶段通知书等）复印件和公布版本的权利要求书、说明书复印件。由国家知识产权局专利检索咨询中心出具检索报告，报告载明产品核心技术方案具备新颖性和创造性。发明专利申请审查过程中，权利要求书和说明书应专利审查部门要求发生修改的，需提交修改文本；专利权人发生变更的，提交专利主管部门出具的证明性文件，如手续合格通知书复印件。

（四）产品研发过程及结果综述

综述产品研发的立题依据及已开展的实验室研究、动物实验研究（如有）、临床研究及结果（如有），提交包括设计输入、设计验证及设计输出在内的产品研发情况综合报告。

（五）产品技术文件，至少应当包括：

1. 产品的适用范围/预期用途

（1）应当明确产品适用范围/预期提供的治疗、诊断等符合《医疗器械监督管理条例》第七十六条定义的目的，并描述其适用的医疗阶段（如治疗后的监测、康复等）；

（2）说明产品是一次性使用还是重复使用；

（3）说明预期与其组合使用的器械（如适用）；

（4）目标患者人群的信息（如成人、儿童或新生儿），患者选择标准的信息，以及使用过程中需要监测的参数、考虑的因素。

2. 产品工作原理或者作用机理

详述产品实现其适用范围/预期用途的工作原理或者作用机理，提供相关基础研究资料。

3. 明确产品主要技术指标及确定依据，主要原材料、关键元器件的指标要求，主要生产工艺过程及流程图，主要技术指标的检验方法。

（六）产品创新的证明性文件，至少应当包括：

1. 国内核心刊物或国外权威刊物公开发表的能够充分说明产品临床应用价值的学术论文、专著及文件综述（如有）。

可提供本产品的文献资料，亦可提供境外同类产品的文献资料。

2. 国内外已上市同类产品应用情况的分析及对比

（1）提供境内已上市同类产品检索情况说明。一般应当包括检索数据库、检索日期、检索关键字及各检索关键字检索到的结果，分析所申请医疗器械与已上市同类产品（如有）在工作原理或者作用机理方面的不同之处。

（2）提供境外已上市同类产品应用情况的说明。提供支持产品在技术上处于国际领先水平的对比分析资料（如有）。

3. 产品的创新内容及在临床应用的显著价值

（1）产品创新性综述

阐述产品的创新内容，论述通过创新使所申请医疗器械较现有产品或治疗手段在安全、有效、节约等方面发生根本性改进和具有显著临床应用价值。

（2）支持产品具备创新性的相关技术资料。

（七）产品风险分析资料

1. 基于产品已开展的风险管理过程研究结果；

2. 参照 YY/T 0316《医疗器械 风险管理对医疗器械的应用》标准相关要求编写。

（八）产品说明书（样稿）

应当符合《医疗器械说明书和标签管理规定》（国家食品药品监督管理总局令第 6 号）的相关要求。

（九）其他证明产品符合《创新医疗器械特别审查程序》第二条的资料

如产品或者其核心技术曾经获得过国家级、省部级科技奖励，请说明并提交相关证明文件复印件。

（十）所提交资料真实性的自我保证声明

境内产品申请由申请人出具，进口产品申请由申请人和代理人分别出具。

（十一）代理人相关资料

境外申请人应当委托中国境内的企业法人作为代理人或者由其在中国境内的办事机构提出申请，并提交以下文件：

1. 境外申请人委托代理人或者其在中国境内办事机构办理创新医疗器械特别审查申请的委托书；

2. 代理人或者申请人在中国境内办事机构的承诺书；

3. 代理人营业执照或者申请人在中国境内办事机构的机构登记证明。

**二、申报资料格式**

（一）申报资料应当按本指南第一部分顺序排列并装订成册。

（二）应当有所提交资料目录，包括申报资料的一级和二级标题。每项二级标题对应的资料应当单独编制页码。

（三）由申请人编写的文件按 A4 规格纸张打印，字体大小适于阅读。

（四）申报资料使用复印件的，复印件应当清晰并与原件一致，彩色图片、图表应当提供彩色副件。

**三、其他**

（一）申请人应当如实填写《创新医疗器械特别审查申请表》的全部内容。

（二）境内创新医疗器械特别审查申请申报资料若无特别说明，均应为原件，并由申请人签章。“签章”是指：企业盖章，或其法定代表人、负责人签名加企业盖章。

（三）进口创新医疗器械特别审查申请申报资料若无特别说明，原文资料均应由申请人签章，中文资料由代理人签章。原文资料“签章”是指：申请人的法定代表人或者负责人签名，或者签名并加盖组织机构印章，并且应当提交由申请人所在地公证机构出具的公证件；中文资料“签章”是指：代理人盖公章，或者其法定代表人、负责人签名并加盖公章。

（四）申报资料应当使用中文。原文为外文的，应当有中文译本。

（五）对于再次申请创新医疗器械特别审查的，需提供历次申请受理号及审查结果，并提交产品变化情况及申报资料完善情况说明。若有申报资料原件已在历次创新医疗器械特别审查申请时提交，可提供经申请人签章的复印件，同时申请人出具文件声明该申报资料原件所在申报资料的受理号及位置。

（六）申请人申报时需同时提交申报资料的全部电子文档并提交电子版与纸质版一致性声明。电子文件应以 PDF 格式用 U 盘方式报送。

# 附录6 创新医疗器械特别审查程序

**第一条** 为了保障医疗器械的安全、有效,鼓励医疗器械的研究与创新,促进医疗器械新技术的推广和应用,推动医疗器械产业发展,根据《医疗器械监督管理条例》《医疗器械注册管理办法》《体外诊断试剂注册管理办法》等法规和规章,制定本程序。

**第二条** 符合下列情形的医疗器械审查,适用于本程序:

(一)申请人通过其主导的技术创新活动,在中国依法拥有产品核心技术发明专利权,或者依法通过受让取得在中国发明专利权或其使用权,创新医疗器械特别审查申请时间距专利授权公告日不超过5年;或者核心技术发明专利的申请已由国务院专利行政部门公开,并由国家知识产权局专利检索咨询中心出具检索报告,报告载明产品核心技术方案具备新颖性和创造性。

(二)申请人已完成产品的前期研究并具有基本定型产品,研究过程真实和受控,研究数据完整和可溯源。

(三)产品主要工作原理或者作用机理为国内首创,产品性能或者安全性与同类产品比较有根本性改进,技术上处于国际领先水平,且具有显著的临床应用价值。

**第三条** 药品监督管理部门及相关技术机构,根据各自职责和本程序规定,按照早期介入、专人负责、科学审查的原则,在标准不降低、程序不减少的前提下,对创新医疗器械予以优先办理,并加强与申请人的沟通交流。

**第四条** 申请人申请创新医疗器械特别审查,应当在第二类、第三类医疗器械首次注册申请前,填写《创新医疗器械特别审查申请表》(见附1),并提交支持拟申请产品符合本程序第二条要求的资料。资料应当包括:

(一)申请人企业资质证明文件。

(二)产品知识产权情况及证明文件。

(三)产品研发过程及结果综述。

(四)产品技术文件,至少应当包括:

1. 产品的适用范围或者预期用途;

2. 产品工作原理或者作用机理;

3. 产品主要技术指标及确定依据,主要原材料、关键元器件的指标要求,主要生产工艺过程及流程图,主要技术指标的检验方法。

(五)产品创新的证明性文件,至少应当包括:

1. 核心刊物公开发表的能够充分说明产品临床应用价值的学术论文、专著及文件综述;

2. 国内外已上市同类产品应用情况的分析及对比(如有);

3. 产品的创新内容及在临床应用的显著价值。

(六)产品风险分析资料。

(七)产品说明书(样稿)。

(八)其他证明产品符合本程序第二条的资料。

(九)所提交资料真实性的自我保证声明。

境外申请人应当委托中国境内的企业法人作为代理人或者由其在中国境内的办事机构提出申请,并提交以下文件:

1. 境外申请人委托代理人或者其在中国境内办事机构办理创新医疗器械特别审查申请的委托书;

2. 代理人或者申请人在中国境内办事机构的承诺书;

3. 代理人营业执照或者申请人在中国境内办事机构的机构登记证明。

申报资料应当使用中文。原文为外文的,应当有中文译本。

**第五条** 境内申请人应当向其所在地的省级药品监督管理部门提出创新医疗器械特别审查申请。省级药品监督管理部门对申报项目是否符合本程序第二条要求进行初审,并于20个工作日内出具初审意见。经初审不符合第二条要求的,省级药品监督管理部门应当告知申请人;符合第二条要求的,省级药品监督管理部门将申报资料和初审意见一并报送国家药品监督管理局行政事项受理服务和投诉举报中心(以下简称受理和举报中心)。

境外申请人应当向国家药品监督管理局提出创新医疗器械特别审查申请。

**第六条** 受理和举报中心对创新医疗器械特别审查申请申报资料进行形式审查,对符合本程序第四条规定的形式要求的予以受理,并给予受理编号,编排方式为:CQTS×××××1×××2,其中××××1为申请的年份;×××2为产品流水号。

对于已受理的创新医疗器械特别审查申请,申请人可以在审查决定作出前,申请撤回创新医疗器械特别审查申请及相关资料,并说明理由。

**第七条** 国家药品监督管理局医疗器械技术审评中心(以下简称器审中心)设立创新医疗器械审查办公室,对创新医疗器械特别审查申请进行审查。

**第八条** 创新医疗器械审查办公室收到创新医疗器械特别审查申请后,组织专家进行审查。

申请资料存在以下五种情形之一的,创新医疗器械审查办公室不组织专家进行审查:

1. 申请资料虚假的;

2. 申请资料内容混乱、矛盾的;

3. 申请资料的内容与申报项目明显不符的;

4. 申请资料中产品知识产权证明文件不完整、专利权不清晰的;

5. 前次审查意见已明确指出产品主要工作原理或者作用机理非国内首创,且再次申请时产品设计未发生改变的。

**第九条** 创新医疗器械审查办公室收到创新医疗器械特别审查申请后,应当于60个工作日内出具审查意见(公示及异议处理时间不计算在内)。

**第十条** 经创新医疗器械审查办公室审查,对拟进行特别审查的申请项目,应当在器审中心网站将申请人、产品名称予以公示,公示时间应当不少于10个工作日。对于公示内容有异议的,应当对相关意见研究后作出最终审查决定。

**第十一条** 创新医疗器械审查办公室作出审查决定后,将审查结果通过器审中心网站告知申请人。

审查结果告知后5年内,未申报注册的创新医疗器械,不再按照本程序实施审查。5年后,申请人可按照本程序重新申请创新医疗器械特别审查。

**第十二条** 经审查拟同意进行特别审查的申请项目,创新医疗器械审查办公室在出具审查意见时一并对医疗器械管理类别进行界定。所申请创新医疗器械的管理属性存在疑问的,申请人应当先进行属性界定后再提出创新医疗器械特别审查申请。对于境内企业申请,如产品被界定为第二类医疗器械,相应的省级药品监督管理部门可参照本程序进行审查。

**第十三条** 对于经审查同意按本程序审查的创新医疗器械,申请人所在地省级药品监督管理部门应当指定专人,应申请人的要求及时沟通、提供指导。在收到申请人质量管理体系核查申请后,应当予以优先办理。

**第十四条** 对于创新医疗器械,医疗器械检验机构在进行检验时,应当优先进行检验,并出具检验报告。

**第十五条** 创新医疗器械的临床试验应当按照医疗器械临床试验相关规定的要求进行,药品监督管理部门应当根据临床试验的进程进行监督检查。

**第十六条** 创新医疗器械临床研究工作需重大变更的,如临床试验方案修订,使用方法、规格型号、预期用途、适用范围或人群的调整等,申请人应当评估变更对医疗器械安全性、有效性和质量可控性的影响。产品主要工作原理或者作用机理发生变化的创新医疗器械,应当按照本程序重新申请。

**第十七条** 对于创新医疗器械,在产品注册申请受理前以及技术审评过程中,器审中心应当指定专人,应申请人的要求及时沟通、提供指导,共同讨论相关技术问题。

**第十八条** 对于创新医疗器械,申请人在注册申请受理前以及技术审评过程中可填写创新医疗器械沟通交流申请表(见附2),就下列问题与器审中心沟通交流:

(一)重大技术问题;

(二)重大安全性问题;

(三)临床试验方案;

(四)阶段性临床试验结果的总结与评价;

(五)其他需要沟通交流的重要问题。

**第十九条** 器审中心应当对申请人提交的沟通交流申请及相关资料及时进行审核,并将审核结果告知申请人(见附3)。器审中心同意进行沟通交流的,应当明确告知申请人拟讨论的问题,与申请人商定沟通交流的形式、时间、地点、参加人员等,并安排与申请人沟通交流。沟通交流应当形成记录,记录需经双方签字确认,供该产品的后续研究及审评工作参考。

**第二十条** 受理和举报中心受理创新医疗器械注册申请后,应当将该注册申请项目标记为"创新医疗器械",并及时进行注册申报资料流转。

**第二十一条** 器审中心对已受理注册申报的创新医疗器械,应当优先进行技术审评;技术审评结束后,国家药品监督管理局优先进行行政审批。

**第二十二条** 属于下列情形之一的,国家药品监督管理局可终止本程序并告知申请人:

(一)申请人主动要求终止的;

(二)申请人未按规定的时间及要求履行相应义务的;

(三)申请人提供伪造和虚假资料的;

(四)全部核心技术发明专利申请被驳回或视为撤回的;

(五)失去产品全部核心技术发明专利专利权或者使用权的;

(六)申请产品不再作为医疗器械管理的;

(七)经专家审查会议讨论确定不宜再按照本程序管理的。

**第二十三条** 国家药品监督管理局在实施本程序过程中,应当加强与有关部门的沟通和交流,及时了解创新医疗器械的研发进展。

**第二十四条** 按本程序审查获准注册的医疗器械申请许可事项变更的,国家药品监督管理局予以优先办理。

**第二十五条** 突发公共卫生事件应急所需医疗器械,按照《医疗器械应急审批程序》办理。

**第二十六条** 本程序对创新医疗器械注册管理未作规定的,按照《医疗器械注册管理办法》等相关规定执行。

**第二十七条** 省、自治区、直辖市药品监督管理部门可参照本程序开展行政区域内第二类创新医疗器械特别审查工作。

**第二十八条** 本程序自2018年12月1日起施行。原国家食品药品监督管理总局印发的《创新医疗器械特别审批程序(试行)》(食药监械管〔2014〕13号)同时废止。

附表:1. 创新医疗器械特别审查申请表

2. 创新医疗器械沟通交流申请表

3. 创新医疗器械沟通交流申请回复单

附表 1-1

## 创新医疗器械特别审查申请表
## （境内申请人）

受理号：CQTS××××1×××2

| | |
|---|---|
| 产品名称 | |
| 申请人名称 | |
| 申请人注册地址 | |
| 生产地址 | |
| 规格型号 | |
| 性能结构及组成 | |
| 主要工作原理或者作用机理 | |
| 适用范围或者预期用途 | |

联系人：________ 联系电话：________ 传真：________

联系地址：________________

e-mail：____________ 手机：____________

续表

| |
|---|
| 申请资料：<br><br>（可附页） |
| 备注：申请人如实填写利益相关方面的专家/单位信息，包括并不限于理化指标检测、生物性能试验、动物实验、临床试验、合作研究者、知识产权买卖方等，并明确申请回避的专家及理由。 |
| 申请人（盖章）：________________<br><br>法定代表人（签字）：________________ 申请日期：________ |
| 初审意见：<br><br>经初审，该申请符合《创新医疗器械特别审查程序》相关要求，同意报国家药品监督管理局进一步审查。<br><br>××药品监督管理局<br>（盖章）<br>日期： |

附表 1-2

# 创新医疗器械特别审查申请表
# （境外申请人）

受理号：CQTS××××1×××2

| | |
|---|---|
| 产品名称 | |
| 申请人名称 | |
| 申请人注册地址 | |
| 生产地址 | |
| 规格型号 | |
| 性能结构及组成 | |
| 主要工作原理或者作用机理 | |
| 适用范围或者预期用途 | |

申请人在中国境内的代理人或办事机构名称：________________

联系人：__________ 联系电话：__________ 传真：__________

联系地址：________________________________

e-mail：________________________ 手机：__________

续表

| |
|---|
| 申请资料：<br><br><br><br><br><br>（可附页） |
| 备注：申请人如实填写利益相关方面的专家/单位信息，包括并不限于理化指标检测、生物性能试验、动物实验、临床试验、合作研究者、知识产权买卖方等，并明确申请回避的专家及理由。 |
| 申请人盖章或签字：<br><br>申请人在中国境内的代理人或办事机构盖章：<br><br>申请人在中国境内的代理人或办事机构负责人（签字）：____________________<br><br>申请日期：______________ |

附表 2

## 创新医疗器械沟通交流申请表

| | | | |
|---|---|---|---|
| 申请人名称 | | | |
| 境外申请人在中国境内的代理人或办事机构名称 | | | |
| 产品名称 | | | |
| 创新医疗器械特别审查通知单编号 | | 目前工作进展的阶段 | |
| 拟沟通交流的部门 | | | |
| 拟沟通交流的方式 | | | |
| 拟沟通交流的议题 | | | |

**续表**

<table>
<tr><td colspan="6">沟通交流的相关资料：<br><br>（可附页）</td></tr>
<tr><td rowspan="5">申请参加的人员（可附页）</td><td>姓名</td><td>工作单位</td><td>职称</td><td>专业</td><td>研究中负责的工作</td></tr>
<tr><td></td><td></td><td></td><td></td><td></td></tr>
<tr><td></td><td></td><td></td><td></td><td></td></tr>
<tr><td></td><td></td><td></td><td></td><td></td></tr>
<tr><td></td><td></td><td></td><td></td><td></td></tr>
<tr><td>备注</td><td colspan="5"></td></tr>
</table>

**续表**

| |
|---|
| 申请人(盖章)_______________________ 申请日期_____________ |
| 联 系 人:___________ 联系电话:___________ 传真:_____________<br>联系地址:_____________________________________________________<br>e-mail:______________________________ 手机:___________________ |

注:申请人提出沟通交流时,对拟讨论问题应有完整的解决方案或合理的解释依据。

附表 3

## 创新医疗器械沟通交流申请回复单

| | | | |
|---|---|---|---|
| 申请人名称 | | | |
| 境外申请人在中国境内的代理人或办事机构名称 | | | |
| 产品名称 | | | |
| 创新医疗器械特别审查通知单编号 | | | |
| 沟通交流申请日期 | | 是否同意 | □同意交流<br>□不同意交流 |
| 同意交流的议题或不同意交流的原因 | | | |
| 会议时间 | | 会议地点 | |
| 会议资料要求 | （可附页） | | |

续表

| | | | | |
|---|---|---|---|---|
| 拟参加部门（可附页） | 单位及部门 | 职责范围 | 人数 | 备注 |
| | | | | |
| | | | | |
| | | | | |
| | | | | |
| | | | | |
| | | | | |
| 联系方式 | 会议联系人：________ 联系电话：________<br>传　　真：________ e-mail：________ | | | |
| 备注 | | | | |

# 附录7　河南省第二类创新医疗器械界定审查工作程序

**第一条【适用范围】**　本程序适用于我省第二类创新医疗器械界定审查工作(以下简称"创新医疗器械界定审查")。

**第二条【申请条件】**　申请创新医疗器械界定审查的医疗器械应符合下列条件之一:

(一)获得国家项目支持或我省科技重大专项、重点研发计划的;

(二)仿制国外进口产品,填补国内同类产品空白的;

(三)申报产品为河南省内首创、首仿,并有重大的实质性创新提高的;

(四)具有重大技术创新、产品功能有重大创新提高,或生产工艺有重大改进突破的;

(五)持有发明专利首次生产的。

**第三条【申请时机】**　申请人申请创新医疗器械界定审查,应当在产品注册申请前,向省食品药品审评查验中心提出申请。

**第四条【申报资料要求】**　申请人应当提交第二类创新医疗器械界定审查申请资料,内容应包含但不限于《河南省第二类创新器械申报资料编写指南(试行)》(2020 年第 18 号)"一、申报资料内容"中第(一)项至第(五)项。

如申请产品未列入《分类目录》及相关分类界定文件,其管理属性存疑的,申请资料应提供申请界定产品的分类界定文件。

**第五条【省局职责】**　河南省药品监督管理局医疗器械注册管理处(以下简称"省局器械注册处")负责我省第二类创新医疗器械界定的管理。

**第六条【中心职责】**　省食品药品审评查验中心(以下简称"省审评查验中心")设立第二类创新医疗器械审查办公室(以下简称"创新审查办公室"),负责第二类创新医疗器械界定审查工作。

**第七条【资料受理】**　创新审查办公室收到创新医疗器械界定审查申请后,在 5 个工作日内完成对申报资料的形式审查。对符合本程序第四条规定的形式要求的予以受理。

对于已受理的创新医疗器械界定审查申请,申请人可以在界定审查决定作出前,自愿申请撤回创新医疗器械界定审查申请及相关资料。

**第八条【界定审查】**　创新审查办公室对已受理的创新医疗器械界定审查申请项目,组织专家进行审查。

**第九条【工作时限】**　创新审查办公室收到创新医疗器械界定审查申请后,应当于 30 个工作日内给出审查意见。其中,补充资料、异议处理时间不计算在内。

**第十条【异议处理】**　经创新审查办公室审查,将界定的结果及时告知申请人。申请人对于告知内容有异议的,可以向创新审查办公室提交书面意见并说明理由。创新审查办公室对相关意见进行研究,出具最终界定审查意见,报省局器械注册处核准。

**第十一条【结果告知】**　界定审查结果告知后,对于界定为创新医疗器械的,申请人应按医疗器械产品注册法律法规要求申报注册,进入快速审评审批绿色通道。

界定审查结果告知后5年内,未申报注册的创新医疗器械,不再享受创新医疗器械的有关政策。申请人可按照本程序重新申请创新医疗器械界定审查。

**第十二条【终止情形】** 属于下列情形之一的,创新审查办公室可终止本程序并告知申请人:

(一)申请人主动要求终止的;

(二)申请人提供伪造和虚假资料的;

(三)申请资料内容混乱、矛盾,知识产权证明文件不完整、专利权不清晰的;

(四)申请人未按规定的时间及要求履行相应义务的;

(五)审查期间,知识产权、发明专利发生变化,不能支持创新医疗器械申报的;

(六)前次审查意见已明确指出产品不属于创新医疗器械的理由,再次申请时产品相关内容未发生改变的;

(七)其他不适用本程序的情况。

**第十三条【同期申请】** 界定审查期间与申报产品工作原理、作用机理、预期用途等相同的其他申报产品,仍按本程序执行。

**第十四条【重大变化】** 产品研发过程中主要工作原理或者作用机理发生变化的、涉及本程序第二条(四)中内容发生重大变化的创新医疗器械,应当按照本程序重新申请。

**第十五条【施行时间】** 本程序自2021年7月15日起施行,由河南省药品监督管理局器械注册处负责解释。

# 参考文献


[1]张敬. 医疗器械企业的技术获取路径探讨[J]. 企业技术开发,2018,37(3):54-56.

[2]孟晓. 我国医疗器械行业发展概况及发展趋势[J]. 临床医药文献电子杂志,2017,4(87):17221.

[3]蔡天智. 浅谈中国医疗器械产业国际化趋势[J]. 中国医疗器械信息,2016,22(13):21-22,69.

[4]宫政,杜兴华. 专利申请流程与高校专利管理分析[J]. 科技风,2021,4(18):127-128.

[5]王礞. 企业申请国内专利的准备工作与注意事项[J]. 专利代理,2020,4(04):82-89.

[6]候延香. 基于SWOT分析法的企业专利战略制定[J]. 情报科学,2007,(1):146-151.

[7]冯小青. 企业专利战略基本问题之探讨[J]. 河南社会科学,2007,(3):91-95.

[8]黄庆. 实话专利战略,提高我国综合竞争力[J]. 知识产权,2003,13:20-25.

[9]张燕舞,兰小筠. 企业战略与竞争分析方法之一专利分析法[J]. 情报科学,2003,21(8):808-810.

[10]翟东升,王明吉. 基于专利地图理论的专利分析系统研究[J]. 情报杂志,2006,(3):5-6.

[11]郭婕婷,肖国华. 专利分析方法研究[J]. 情报杂志,2008,(1):7-14.

[12]王永红. 定量专利分析的样本选取与数据清洗[J]. 情报理论与实践,2007,30:91-96.

[13]徐维锋,王婷,张光勋. 境内第二类有源医疗器械注册常见问题探讨[J]. 医疗卫生装备,2018,3(39):72-75.

[14]耿健,崔海坡.《医疗器械生产质量管理规范》实施中的问题及对策[J]. 产业与科技论坛,2016,15(3):46-47.

[15]王朋. 从生产企业的角度浅析医疗器械上市后风险管理[J]. 中国医疗器械信息,2012,18(8):27-31.

[16]史新立,田佳鑫,骆庆峰,等. 如何积极推进高端创新医疗器械发展[J]. 中国医疗器械信息,2020,26(21):15-18.

[17]姜工琼,陈波,瞿霞,等. 我国医疗器械监管研究综述[J]. 产业科技创新,2020,2(5):110-114.

[18]杜然然,欧阳昭连,李扬,等. 我国创新医疗器械审评问题与策略探讨[J]. 中国医疗器械杂志,2015,39(2):142-145.

[19]杨勇,雷孝锋,李尔华,高旭年.《创新医疗器械特别审批程序(试行)》解读[J]. 分子诊断与治疗杂志,2016,8(2):142-144.

[20]宋铎. 创新医疗器械特别审批的相关要求探讨[J]. 中国医疗器械信息,2015,21(9):16-19.

[21]杨辉,胡凯. 新政策下国产创新医疗器械的机遇与挑战[J]. 中国医疗设备,2019,34(2):161-164.

[22]李杨,罗斐. 浅谈创新型治疗类医疗器械中临床试验设计的注意要点[J]. 中国医疗器械信息,2020,26(07):27-30.

[23]王安婷,沈炜炯,吴翊,等. 上海:以制度机制创新,服务医疗器械产业健康发展,保障人民用械安全[J]. 上海医学,2021,44(2):69-72.

[24]闵玥,蓝翁驰,刘斌. 浅谈中美医疗器械监管创新[J]. 中国医疗器械杂志,2018,42(3):206-209.

[25]仉琪,姜雨萌,李耀华. 美国 FDA 突破性器械项目政策介绍及对我国的启示[J]. 中国医疗器械信息,2020,26(1):1-3.

[26]商惠,张世庆. 浅谈美国医疗器械监管机构重组及启示[J]. 中国医疗器械杂志,2020,44(2):154-157.

[27]黄琬纯,杨静怡,梁毅. 美国 FDA 医疗器械和放射健康中心机构重组基本情况及其启示[J]. 中国食品药品监管,2020,(6):42-50.

[28]严舒,徐东紫,欧阳昭连. 美国人工智能医疗器械监管与应用分析[J]. 中国医疗设备,2021,36(2):117-122.

[29]仉琪,姜雨萌,李耀华. 美国 FDA 突破性器械项目政策介绍及对我国的启示[J]. 中国医疗器械信息,2020,26(1):1-3.

[30]程京,邢婉丽. 医疗器械与新型穿戴式医疗设备的发展战略研究[J]. 中国工程科学,2017,19(2):68-71.